编委会

创新创业
理论与实践

中小企业案例研究

（第一辑）

THEORY AND PRACTICE OF INNOVATION
AND ENTREPRENEURSHIP

CASE STUDIES OF SMALL
AND MEDIUM-SIZED ENTERPRISES

宁波财经学院新经济案例中心◎编著

ZHEJIANG UNIVERSITY PRESS
浙江大学出版社
·杭州·

图书在版编目（CIP）数据

创新创业理论与实践：中小企业案例研究. 第一辑 /
宁波财经学院新经济案例中心编著. — 杭州：浙江大学
出版社，2022.12（2023.7重印）
ISBN 978-7-308-23302-6

Ⅰ.①创… Ⅱ.①宁… Ⅲ.①中小企业—企业管理—
案例—中国 Ⅳ.①F279.243

中国版本图书馆CIP数据核字（2022）第226124号

创新创业理论与实践——中小企业案例研究（第一辑）

CHUANGXIN CHUANGYE LILUN YU SHIJIAN

ZHONGXIAO QIYE ANLI YANJIU

宁波财经学院新经济案例中心 编著

责任编辑	朱　玲
责任校对	傅宏梁
封面设计	雷建军
出版发行	浙江大学出版社
	（杭州市天目山路148号　邮政编码310007）
	（网址：http://www.zjupress.com）
排　　版	杭州朝曦图文设计有限公司
印　　刷	广东虎彩云印刷有限公司绍兴分公司
开　　本	787mm×1092mm　1/16
印　　张	12.5
字　　数	237千
版 印 次	2022年12月第1版　2023年7月第2次印刷
书　　号	ISBN 978-7-308-23302-6
定　　价	49.00元

前　言

宁波财经学院基于区域中小企业发展新产业、新业态、新技术等需求，在"双创"价值引领下，持续开展高素质应用型人才培养系列改革。学校不断凝练学科方向，打造高水平学科平台，通过学科交叉融合和产学研协同创新，构建了"双院制"协同育人模式，在全国高校率先成立了校企融合的实体性创业学院，规模化创新推进"翻转课堂"教学模式改革，形成了"以点带面、点面结合、覆盖全校"的应用型人才培养新格局。

作为一所以财经类人才培养为主的高校，在管理案例从"教学案例"到"教学案例与研究性案例并重"，再到"案例学"学科蒙现的背景下，学校高度重视案例的研究、开发与教学，已建立了新经济案例中心、案例网站、独立的案例库以及与之配套的制度体系，持续把卓越的中小企业实践研发成案例，不断地把这些案例推向本科教学，把中小企业实践"搬进"课堂，使"翻转课堂"与"案例教学"模式高度融合，试图彻底改变财经类应用型高校的"应用型"难题。我们深信经过不懈的探索和努力，最终会形成具有鲜明应用特色的财经类高校人才培养新模式。

为此，把我校青年学者入库案例编写成《创新创业理论与实践——中小企业案例研究》一书，将启迪与激励我校从事中小企业研究、中小企业实践的学者，以及从事教育教学改革的管理者，共同托起我校以服务"中小企业"为使命的大学定位。

为此，我们在2021年正式启动了《创新创业理论与实践——中小企业案例研究》一书的征稿工作。

　　本书最大的优势是这些青年学者的案例均入选过国内重要的管理案例库，作者团队成员均参加过国内多项案例大赛并获得过多项大奖，在中小企业的选择、案例的开发、案例的研究以及研究方法的选择等方面有着积极的示范意义。

　　本书的启动和出版离不开中国管理案例共享中心、清华大学中国工商管理案例中心及浙江大学出版社的支持和帮助，在此一并表示感谢！

2022年6月于宁波财经学院芦港校区

目 录

第一章　商业模式创新理论与实践案例

商业模式是企业价值创造的基本逻辑，不同部分组成连接关系，各组成部分即其构成要素。商业模式创新即把新的商业模式引入社会生产体系，并为客户和自身创造价值，通俗地说，就是指企业以新的有效方式营利。

第一节　商业模式创新相关理论

一、商业模式的概念

商业模式体现了企业战略决策，阐述了企业以系统观念整合内外部资源和活动并为顾客、合作伙伴及企业自身创造价值。商业模式是指为实现客户价值最大化，把能使企业运行的内外各要素整合起来，形成一个完整、高效、具有独特核心竞争力的运行系统，并通过最优实现形式满足客户需求，实现客户与自身价值的系统。

商业模式画布是由瑞士专家亚历山大·奥斯特瓦德和尹夫·皮尼厄提出的一种用来描述商业模式、可视化商业模式、评估商业模式以及改变商业模式的通用语言。商业模式的九个模块共同形成了一张商业模式"画布"，可以清晰地描述出企业创造价值、传递价值和获取价值的基本原理。

（1）价值主张，即企业的核心卖点，描述企业面向特定目标客户创造价值的产品或服务载体；

（2）客户细分，是指企业想要服务的人群或组织，即公司正在为谁创造价值，谁是公司最重要的客户；

（3）渠道通路，描述企业如何沟通、接触、影响细分的目标客户，并向其提供产品和服务；

（4）客户关系，描述企业与目标客户群体建立的关系类型；

（5）关键业务，是指为了确保其商业模式可行，企业必须做的最重要的事情；

（6）核心资源，描述让商业模式有效运转所必需的最重要因素；

（7）重要伙伴，描述让商业模式有效运作所需的供应商与合作伙伴网络；

（8）成本结构，是指运营商业模式所引发的所有成本；

（9）收入来源，是指企业从目标客户群体获得经济收益的途径。

二、商业模式设计方法

商业竞争已从产品竞争、企业竞争、产业链竞争过渡到商业模式竞争。企业通过商业模式竞争获得先发优势和结构性竞争壁垒。商业模式应以企业及其相关利益者的价值创造和价值获取为目标。商业模式设计方法一般可以归纳为全盘复制法、借鉴提升法和整合超越法三种方法。

（1）全盘复制法。将较为优秀的商业模式全盘拿来为我所用，全盘复制的方法主要适用于行业内的企业，特别是同属一个细分市场或拥有相同产品的企业，也包括直接竞对手之间商业模式的互相复制。当然也需进行必要的适应性改进。

（2）借鉴提升法。学习和研究优秀商业模式，通过比照本企业，寻找本企业商业模式与创新点的不足，结合企业实际进行改进或部分创新。学习优秀商业模式的方法适用范围最为广泛，不同行业、不同竞争定位的企业都适用。

（3）整合超越法。基于企业已经建立的平台或优势，依托消费者的隐性核心需求，通过吸收和完善其他商业模式进行整合创新，使自己在本领域拥有产业链优势、混合业务优势和相关竞争壁垒。整合创新模式适用于行业领导者或细分市场领导者。

三、商业模式创新

我们把商业模式的组成要素简单分为"为谁""做什么""如何做""如何盈利"四个部分，基于商业模式组成要素的商业模式创新主要有重新定义顾客需求、改变价值主张、改变顾客接触方式、改变收入模式、以顾客价值为中心的协同模式创新五种途径。

（1）重新定义顾客需求。企业根据目标顾客核心需求提出顾客价值主张，进而去实现顾客价值主张。首要的任务就是洞察目标顾客的需求，这就要求企业要从根本上重新定义顾客需求，找出相应的顾客核心的价值主张，进而获取潜在利润。

（2）改变价值主张。正确的价值主张是企业生存和发展的基础，也是构成企业商业模式的基础要素；作为商业模式的核心要素，价值主张的变化与创新，必将导致其他各个要素的一系列变化；由价值主张变化引发的商业模式变革是企业商业模式最深层次的变革。

（3）改变顾客接触方式。改变顾客接触方式包括两个方面：①企业的产品/服务是以何种方式送达顾客的；②企业与顾客之间进行信息的传递和沟通的方式是什么。在这两个方面，针对顾客接触方式的改变已成为商业模式创新的一个突破点。

（4）改变收入模式。改变收入模式具体包括三个要素：①收入的介质，即通过哪种产品/服务获得收入；②交易方式，即企业用何种方式或渠道取得收入；③计费方法，即企业如何对收入介质进行定价。

（5）以顾客价值为中心的协同模式创新。通过向顾客提供比竞争对手更大的价值来获得持续竞争优势，关键是企业要以客户价值为中心，并通过各种手段与其他企业之间产生协同效应。

四、电商企业商业模式创新

1. 生鲜电商渠道模式

布拉德、詹姆斯对农产品与电子商务的结合进行了包括宏观、中观、微观三个层次在内的分析，针对性地提出了应对措施，以期推动农产品电商的发展[①]；肖芳将国内生鲜电商的主流运营模式总结为四种，包括综合平台电商、垂直电商、物流企业电商以及线下超市电商[②]；洪涛等提出我国存在"产地＋平台＋消费者""平台＋自营＋直销"等在内的18种农产品电商渠道模式[③]；孙永波、李霞依据生鲜电商特点，将生鲜电商分为平台综合型、自营垂直型、产地直供电商、传统超市构建的电商网站、生鲜电商外包等五类模式[④]。

2. 垂直型生鲜电商

目前垂直型生鲜电商渠道研究的重点在于渠道内涵、渠道模式与未来发展方向。关于垂直型生鲜电商的内涵，汪旭晖、张其林从核心电商企业是否直接参与交易来区分平台型和垂直型两种生鲜电商，认为垂直型生鲜电商是一种通过自建交易平台销售生

---

① 布拉德·阿伦·克兰丁尔,詹姆斯·L.伯罗.网络营销[M].张卫东,编译.北京:电子工业出版社,2010.
② 肖芳.供应链是生鲜电商成败的关键[J].互联网周刊,2013(13):52–53.
③ 洪涛,张传林,李晓春.我国农产品电子商务模式发展研究（下）[J].商业时代,2014(17):76–79,129.
④ 孙永波,李霞.基于模糊综合评价法的中粮"我买网"商业模式研究[J].商业研究,2017(3):151–158.

鲜农产品的电商[①]；王珊珊等提出垂直型生鲜电商渠道区别于平台型生鲜电商渠道的一个特点是自身拥有生鲜农产品资源、供应渠道、销售渠道[②]。关于垂直型生鲜电商模式，张力基于商业模式，从价值主张、盈利模式两个方面，以四家企业为例分析了垂直型生鲜电商渠道的共性特征[③]；进一步的，汪旭晖、张其林从货源组织、零售交易、物流配送三个方面比较分析了平台型和垂直型生鲜电商渠道[④]。在此基础上，有学者从货源组织、物流配送两个方面分析了垂直型生鲜电商渠道目前存在的问题。

3. 线上线下相融合

王国顺、何芳菲提出，实体零售与网络零售协同形态从双渠道并行，到双渠道协同，并向更高的协同形态演进[⑤]；张琳根据协同程度由低到高，将线上线下协同分为相互独立、中度协同和高度融合三个程度[⑥]。

本部分包括M6生鲜："互联网＋"背景下如何实现商业模式创新；不落窠臼："蓝米"的商业模式创新探索；小企业如何撑起大平台：大数据视角下"弹个车"商业模式创新之路三个案例。

第二节　商业模式创新相关案例

［案例1］　M6生鲜："互联网+"背景下如何实现商业模式创新[⑦]

一、案例正文

　　摘　要：自2004年成立以来，M6生鲜从一家名不见经传的生鲜小店发展成为在宁波拥有近80家直营生鲜便利店及100多组分布于各写字楼、社区的M6生鲜城市公共智

---

① 汪旭晖,张其林.电子商务破解生鲜农产品流通困局的内在机理——基于天猫生鲜与沱沱工社的双案例比较研究[J].中国软科学,2016(2):39-55.

② 王珊珊,杨昕,陈芬."互联网+"时代的生鲜电商运作模式研究[J].全国商情,2016(12):25-27.

③ 张力.垂直生鲜电商商业模式的构建研究[J].中国商论,2015(18):16.

④ 汪旭晖,张其林.电子商务破解生鲜农产品流通困局的内在机理——基于天猫生鲜与沱沱工社的双案例比较研究[J].中国软科学,2016(2):39-55.

⑤ 王国顺,何芳菲.实体零售与网络零售的协同形态及演进[J].北京工业大学学报（社会科学版）,2013(6):27-33.

⑥ 张琳.零售企业线上线下协同经营机制研究[J].中国流通经济,2015(2):57-64.

⑦ 案例来源：中国管理案例共享中心，已获授权使用。

能自助柜的生鲜电商企业。2015年,M6生鲜将这股生鲜风吹向省城杭州,已在杭州设立了5家直营生鲜便利店。本案例以M6生鲜成长过程中的重要阶段和成绩为主线,重点描述了叶维水及其合作伙伴在面对生鲜市场规模不断扩大却亏损逐渐严重、储存运输配送冷链系统缺失等成长过程中的难题时,寻找机会,通过实时把握生鲜电商的行业需求,创新M6生鲜的商业模式,对生产、销售、售后等环节创新变革的成长历程。案例旨在引导学生感受M6生鲜的成长历程,探索商业模式的创新,为生鲜电商行业的发展提供重要借鉴与启示。

关键词:生鲜电商;垂直型;商业模式;协作式

0 引言

M6生鲜,取自"Morning 6"(早上6点)的缩写,意味着在新的一天刚刚开始,M6的生鲜产品就都已配送完成。

——M6生鲜创始人 叶维水

2004年7月的一天清晨,略带潮湿气息的暑风飘过一间低矮的楼房,阳光刚从树梢的间隙穿过,就被来来往往的行人踩碎,独属夏季的酷热在宁波的惊驾路格外明显,这是M6生鲜在宁波地区的第一家门店,巨大的落地玻璃窗里琳琅满目的商品摆放在架台上、冰柜中,并排陈列的蓄水盆里氧气泵冒着气泡,活虾活鱼在水中翻腾,这是叶维水记忆中最深的一天,他回顾着M6这18年来的成长经历:从初生时一家小小的传统生鲜门店,到长达五年的哺育(供应链测试),慢慢站稳脚跟,至如今智能化3.0时代,M6的商业模式经历了从初生时的社区超市概念逐步成长探索新形势下的生鲜电商模式。值得骄傲的是,在不断的成长过程中,M6生鲜始终保持着对生鲜电商的炽热之心,M6生鲜的商业模式正在逐步创新发展。每每想到此处,叶维水感到欣慰,在黑暗中找寻光亮,看到光亮后拂去一脸的疲惫,让更多的人、更多的城市感受到M6生鲜的便利、新鲜是叶维水的初衷,更是使命!

1 初生:M6生鲜初长成

我想带一个20多人的小团队,拥有一片属于自己的菜园子,闲暇之时,与小伙伴们一起在园子里采摘、品尝、喝茶和聊天,这是我最初的憧憬。

——M6生鲜创始人 叶维水

1.1 M6生鲜的成长之路

叶维水早期从事过石油、钢铁、商超等相关工作，甚至还与影视只有一步之遥，唯独没有涉足过农业、互联网，只因对食品新鲜的追求创建了M6生鲜。

创建于2004年的M6生鲜，出生于浙江省宁波市，M6从出生到成长到如今的不断创新迈进，其主要经历如图1-1所示。

历经18年的创业成长，M6生鲜拥有了近80家直营生鲜便利商及100多组分布于宁波、杭州各写字楼和社区的M6城市公共智能自助柜（依靠物联网与移动互联网技术开发的智能保温柜），服务了宁波、杭州逾50万居民。

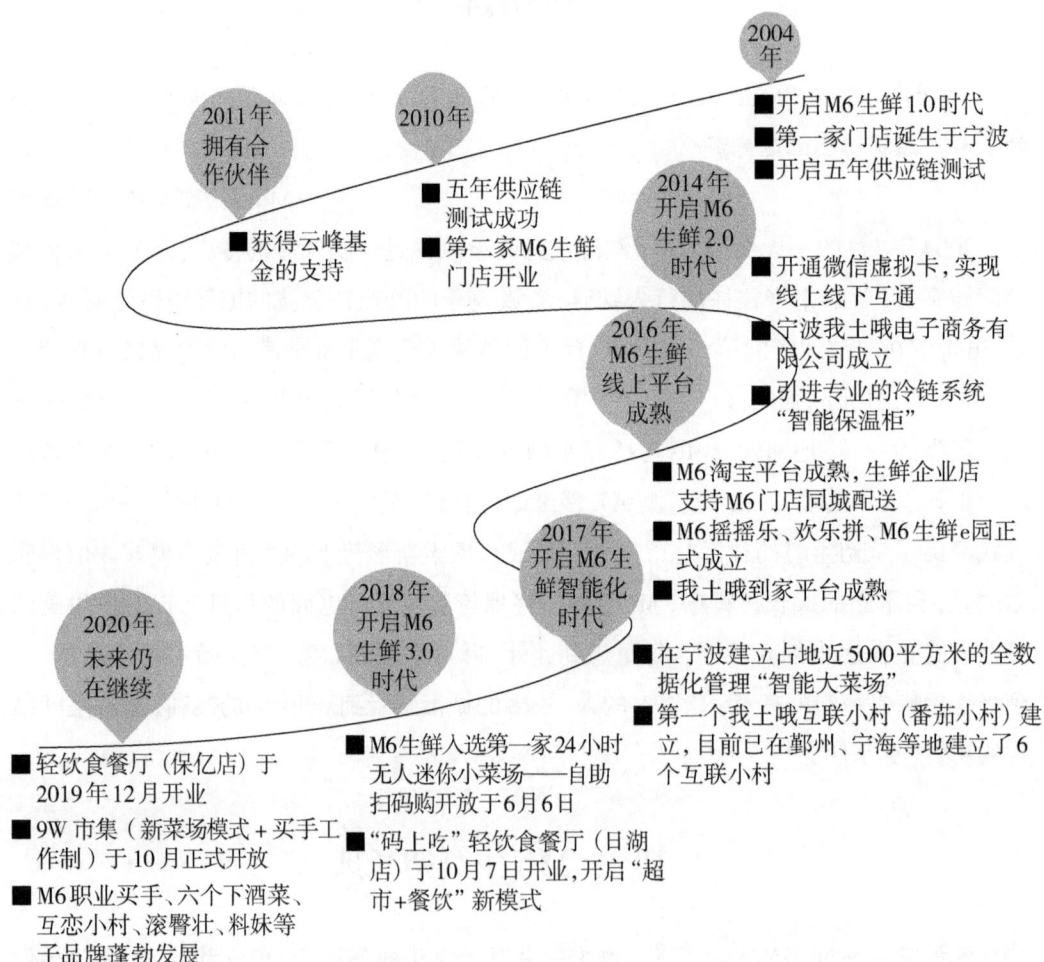

2004年
- 开启M6生鲜1.0时代
- 第一家门店诞生于宁波
- 开启五年供应链测试

2011年拥有合作伙伴
- 获得云峰基金的支持

2010年
- 五年供应链测试成功
- 第二家M6生鲜门店开业

2014年 开启M6生鲜2.0时代
- 开通微信虚拟卡，实现线上线下互通
- 宁波我土哦电子商务有限公司成立
- 引进专业的冷链系统"智能保温柜"

2016年 M6生鲜线上平台成熟
- M6淘宝平台成熟，生鲜企业店支持M6门店同城配送
- M6摇摇乐、欢乐拼、M6生鲜e园正式成立
- 我土哦到家平台成熟

2017年 开启M6生鲜智能化时代
- 在宁波建立占地近5000平方米的全数据化管理"智能大菜场"
- 第一个我土哦互联小村（番茄小村）建立，目前已在鄞州、宁海等地建立了6个互联小村

2018年 开启M6生鲜3.0时代
- M6生鲜入选第一家24小时无人迷你小菜场——自助扫码购开放于6月6日
- "码上吃"轻饮食餐厅（日湖店）于10月7日开业，开启"超市+餐饮"新模式

2020年 未来仍在继续
- 轻饮食餐厅（保亿店）于2019年12月开业
- 9W市集（新菜场模式+买手工作制）于10月正式开放
- M6职业买手、六个下酒菜、互恋小村、滚臀壮、料妹等子品牌蓬勃发展

图1-1　M6成长之路

对于所有在M6购买过商品的消费者来说，印象最深的就是整洁的门店以及新鲜的菜品，而拥有品种丰富、价格合理的生鲜产品，快速配送的冷链物流机制，线上线下双重便利渠道的M6生鲜自然追求将"M6模式"推广至更远更广。

十几年来，叶维水陪着M6生鲜一直孤独地奔跑在新零售的前沿，是M6创造了中国社区纯生鲜小店连锁的业态，从M6生鲜的1.0时代不断迭代到目前的3.0时代，从100多平方米的鲜选店到上千平方米的"M6＋"店到9W市集，从田头到餐桌，从小区的街边到写字楼，从线下到线上，M6生鲜从未停止过创新与探索的脚步，不断越过山丘，寻找美好食材……

1.2 M6面临的行业形势

中国是一个以农耕为主的农业大国，在生活水平不断提高的前提下，消费者对于生鲜的要求也越来越高，纯天然绿色有机食物成为现时代消费者的普遍消费需求。

2005年，第一家生鲜电商"易果生鲜"诞生于上海。至2015年，我国生鲜电商行业市场交易规模达到542亿元，同比增长86.9%，生鲜市场在政策助推下迅速发展，成为下一个千亿市场。

但2016年对于生鲜电商来说是最为艰难的一年，一边是老牌及新兴生鲜电商遭遇挫折，如"青年菜君"崩盘、"爱鲜蜂"大规模裁员、"美味七七""果食帮"关门。而另一边，"易果生鲜"作为首家生鲜电商在上半年宣布率先完成C轮融资，随后，"天天果园"宣布获得1亿美元融资，接着，"每日优鲜"宣布获得2亿元B＋轮融资，"本来生活"也于2016年5月初完成了C、C＋轮融资，数额达1.17亿美元，这让原本死气沉沉的生鲜电商似乎又看到了生机。

生鲜电商行业的领航者"易果生鲜"却给所有的消费者、生鲜电商企业憋了一记大招：2017年后半年，"易果生鲜"渐渐走到"幕后"，转型成为生鲜电商行业的赋能者，这一改变使得生鲜电商行业在2018年进行了全面洗牌。"盒马鲜生""超级物种"等新业态的诞生也给生鲜电商行业带来了新的活力和竞争冲击。2020年年初，突如其来的新冠肺炎疫情推动了生鲜电商的发展，足不出户就能买到菜成为流行，借助互联网大数据的生鲜行业尽管前途光明，但生鲜物流、损耗、储存等问题仍是巨大的挑战。

2 哺育：探索M6生鲜商业模式

> 不可否认的是，生鲜是最困难的零售，理应需要最优秀的人来进行，可现在大多是小贩在售卖，这就为我们赢得了一个机会。
>
> ——M6生鲜创始人 叶维水

2.1 生鲜就是新鲜：M6生鲜商业模式的1.0时代

2004年7月，宁波惊驾路的第一家M6门店开业，干净整洁的台面上摆放着形形色色的瓜果蔬菜，闪着玻璃光泽的水族箱内是清晨刚运输来的千岛湖鲢鱼和活虾活蟹。说起18年前的第一家门店开业，叶维水总是回忆满满：他曾带着自己的创业团队上山下海，见过清晨挂着露水的青菜大棚，亲手采摘过的留着清香的苹果，乘着渔船抄着渔网捕捞的新鲜黄鱼。

2010年1月，宁波中山小区热闹非凡，M6生鲜第二家门店华泰街店正式营业，相比第一家门店开业的喜悦，叶维水心中多了一份踏实和满足，长达六年的沉淀，是试着一点点地摸索解答交给自己的难题，他和合作伙伴一直陪伴着M6生鲜探索适合自己的商业模式，那是M6生鲜的1.0时代，是在传统的店铺式经营下，商品—顾客—门店的有机循环（见图1-2）。

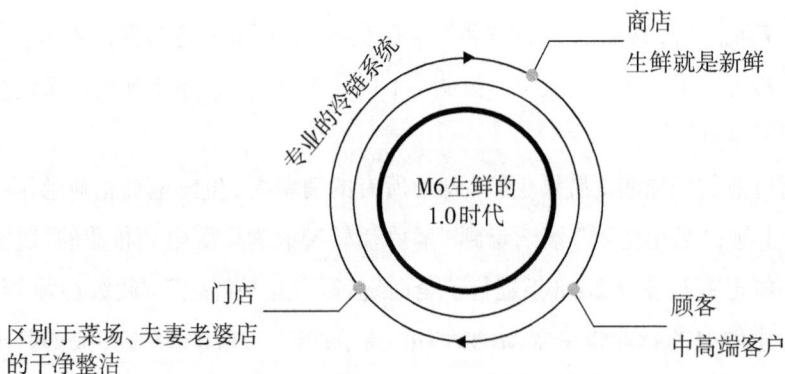

图1-2 M6生鲜1.0时代商业模式概念

M6生鲜的所有商品都贯彻着"生鲜就是新鲜"的目标，又赋予了诸多产品新的含义。叶维水想起自己选择与新疆枣合作时，他问合作商负责人张建："枣在市场上这么多，我为什么要选择你这个？"张建说："叶总，我给你讲个故事吧，30年前，我堂哥参加新疆生产建设兵团扎根至今，新疆独特的气候和天山雪水培育出芳香甜蜜、肉厚核小的灰枣、骏枣。每年冬天,堂哥都会寄来一袋袋亲手栽种的枣子,寄托他的浓浓思乡之情。"这是张建赋予新疆灰枣的含义,这正如叶维水的初心,M6生鲜不仅卖的是产品,更是想要融入你的生活,为快节奏的都市人带去便捷、满意和情怀。

在产品的采购环节,虽然M6的生鲜绝大多数采购自农场,但叶维水会要求在各个农场单独设立一片试验区,以试验该农场的土质情况,保证生产的放心。M6生鲜为了保证产品的新鲜,实行晚收早卖、早收晚卖的理念。用传统的工匠精神保证每一份生鲜的质量,生产的放心才能为销售提供坚实的支撑。

叶维水说:"我一定要保证蔬菜、生鲜海产的新鲜度,并且在同等新鲜度的情况下还可以保证价格的绝对优势。"叶维水清楚自己说出这句话的压力有多巨大,要保证新鲜就要保证各个阶段的冷链运输,但完善冷链运输的高额成本平摊在每一株菜上又要如何保证菜品的低价?

直到2014年,叶维水用专业的冷链系统"智能保温柜"给甬城人民提交了一份满意的答卷(见图1-3)。

图1-3　M6生鲜智能保温柜

M6生鲜引进专业的冷链系统"智能保温柜",探索发展新的生鲜市场,解决生鲜配送"最后一公里"难题。把"送货"与"提货"环节连接起来,使用便捷,不仅能够让每一个人都成为使用者,而且存放拿取无须密码,只需轻轻点击互联网地址链接即可,使用者能够轻松掌握,确保每一款M6生鲜产品的新鲜度。

2.2 初心就是使命：M6生鲜商业模式的2.0时代

鲜红门帘上白色的"M6鲜选"四个大字是叶维水为M6的重新定义：社区的厨房，居民的杂货铺，时尚的菜篮子。M6生鲜的1.0版本只有线下门店，到2016年，叶维水面对着越开越多的门店发愁，店多了，我要怎么卖？此时生鲜产品的销售面临从原始传统的门店单一兜售模式向大数据时代迈进的挑战。线上要怎么做？传统单一的商业模式如何创新才能适应M6生鲜的快速发展？这一问题时刻困扰着叶维水，他开始寻求新的突破点。这时，阿里集团协助他解决了这个燃眉之急。同年，叶维水与阿里合作，将全部服务器搬上阿里云，"M6欢乐拼""M6摇摇乐"等移动互联网轻应用平台应运而生。

在连锁模式的线下销售中，数据化的分析整合在一定程度上改进了总部对各家连锁店的经营决策，M6生鲜在2.0时代就体验到了"大数据"的作用，如图1-4所示。

图1-4　M6智能化数据显示屏

"大数据"的作用好比，当我走进一家M6生鲜门店，挑选好自己心仪的商品，物品一经收银员扫描，宁波总部的服务器马上就能知道是在哪个门店，购买了什么产品，如果我恰好是实名制会员，不仅可以享受优惠，更能通过"大数据"量身定制，这无形之中提升了我的用户体验，更是帮助M6生鲜总部更好地了解了各个地区的销售情况，有利于对进货、配送等提供有价值的参考，从而降低配送和损耗。

在一些细节上，叶维水要求M6生鲜的收银模块甚至比一些大商超更细致。比如，信息被扫描进系统后，顾客突然要求退掉其中一件或几件，或者整单退掉，为什么要退掉，这些信息全都被写入了后台数据库。不仅如此，M6生鲜服务器的"贴心"更体现在想我所想：M6生鲜的大数据会从互联网上收集信息，从中国农历正月初一开始推算，分析不同节气和温度下，顾客的生鲜购买习惯发生的变化来决定产品的进购数量和预定业务。

这些都是M6生鲜的2.0时代,以"线上＋线下"相结合为平台,大数据分析技术贯穿其中,以冷链配送服务提供完善保障,如图1-5所示。

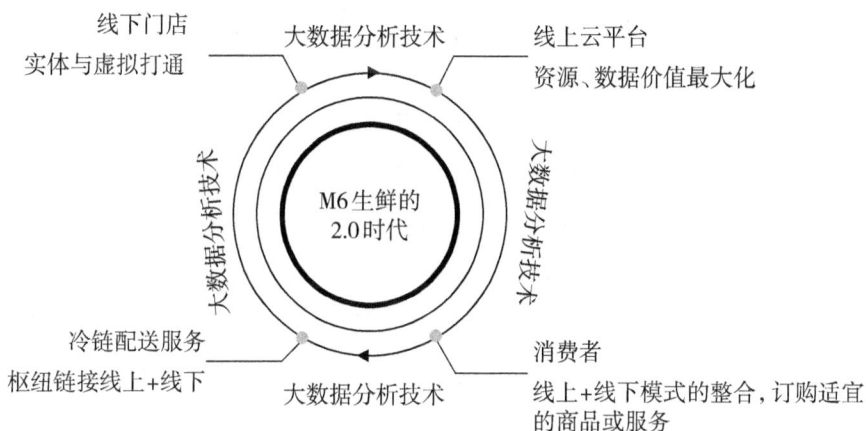

图1-5　M6生鲜2.0时代商业模式概念

生鲜电商的初尝试以及云服务模式的落地,M6生鲜的2.0时代让其在面对困境跌倒后重新站起,拍拍身上的泥水,朝着亮光大步向前。

2.3 挑战就是机遇:M6生鲜商业模式的3.0时代

叶维水心想:"社区的厨房,居民的杂货铺,时尚的菜篮子不能只是M6生鲜的标语口号,要让居民百姓切切实实地感受到。"自M6生鲜开启自营垂直型电商渠道模式,打通了"线上渠道"和"线下渠道"两个不同的方向后,叶维水带领着M6生鲜进入了3.0时代,把事情越做越复杂,但M6生鲜与消费者的距离却越来越近,越来越透明。数字是检验M6生鲜时代变迁最好的证明,以1.0时代第一家传统M6生鲜店(惊驾路店)为例,其店铺经过了2.0时代的大数据革新,至3.0时代的社区冷链工作室与无人购迷你菜场结合,参与并见证了M6商业模式的变革,如表1-1所示。

表1-1　M6生鲜(惊驾路店)1.0时代(估值)至3.0时代数据对比

阶段	时间	门店客流量/ (人/日)	销售额/(元/日)	损耗率/(%/日)	毛利率/(%/日)
1.0时代	2004—2013年	300～350	7000～8000	15～16	20～22
2.0时代	2014—2017年	400	14000	15	25
3.0时代	2018年至今	450	19800	14.5	25

注:该表数据以惊驾路店为例,图1.0时代传统店铺无大数据记录,故此数据为估值,由企业方提供。

在M6生鲜，我们能发现多样化的线上平台：宁波我土哦物联智能科技有限公司、宁波我土哦电子商务公司。这些线上平台运用自身平台的优势将生鲜产业链延伸至互联网。除了这些，M6生鲜还处在你身边的每一个角落，密布越来越广的线下门店，京东到家（京东到家是京东2015年重点打造的O2O生活服务平台，是基于传统B2C模式向高端领域的重要提升）、网易优选的入驻以及开设的第一家24小时无人迷你小菜场——M6生鲜24小时自助扫码购，让更多的消费者有了更多的渠道进行消费。在上线支付宝、微信公众号等多个线上平台后，M6生鲜逐渐构建起了一套多渠道的网上销售体系。

叶维水说："我是第一个M6生鲜的消费者，我也始终是M6生鲜的消费者。"

100多平方米的门店，60多种蔬菜品种，占近一半营业面积的水产品，植入物联网芯片的智能电子保温柜，在宁波拥有80多家直营生鲜便利店（社区冷链工作站）及100多组分布于宁波各写字楼、社区的M6城市公共智能自助柜（依靠物联网与移动互联网技术开发的智能保温柜）、8家24小时自助扫码购迷你小菜场和3家"码上吃"轻饮食餐厅，在上海拥有了多家异地实验室商场是叶维水为M6生鲜开辟的3.0时代新渠道。

用独创的"M6生鲜便利商店"—"我土哦M6生鲜E点"—"M6城市公共智能自助柜"重度垂直扩张的线下拓展模式向所有消费者证明了M6生鲜的新鲜力量：以背靠1个小区、辐射2个小区、管理6组城市公共自助柜的思路，将社区冷链工作站作为中心（服务半径为1千米），建立2～3个我土哦商店，再设立6～7组城市公共智能自动柜，辅之24小时自助扫码购迷你小菜场（无人技术）、码上吃"超市＋餐厅"轻饮食模式、全数据化智慧大菜场（互联小村），从而建立了一个完整的生态圈，见图1-6。

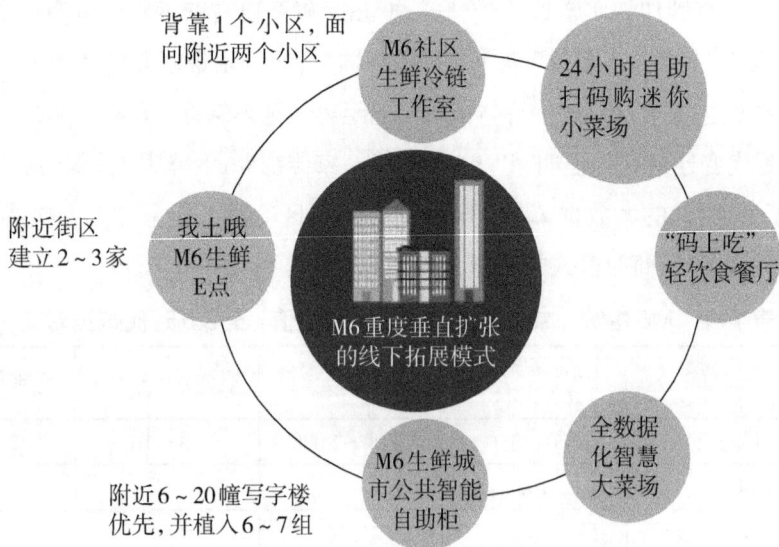

图1-6　M6重度垂直扩张的线下拓展模式示意

3 青年: 创新M6生鲜商业模式

我们之前是在走夜路,根本不知道地上的石头障碍,摸爬滚打十多年以后,突然,时间窗打开了,光线一点点照进来,抬头看我们自己,满脸的疲惫感和皱纹;转头看新零售的人,很年轻、很光鲜。所以我们要洗把脸,M6生鲜在此之前已经死亡,夜路走得太长了,现在我们重生,跟着向前一起跑。

——M6生鲜创始人　叶维水

3.1 协作即共赢: 创新"生产—销售—售后"三方商业模式

探索M6生鲜的商业模式,它基于大数据资源,实现生产、销售、售后各方活动的多方位协作和交互性合作。叶维水始终坚持生产、销售、售后三方不分离的原则,融会贯通,形成一套可持续发展的协作式商业模式。

在生产方面,叶维水剖析了自产自销的弊端,选择与宁波等地品质佳、价格优的生鲜供应商合作(例如,象山黑猪养殖户黄余迪、甬港海产、白鹭源等很多知名品牌企业),持续循环着生产内部的协作。

为促进销售,叶维水支持年轻团队创新,开展一系列生产类活动(例如,西点烘焙室、吃货军团),提高与消费者的交互性。大多数消费者会在体验完烘焙、采摘活动后多次购买M6生鲜淘宝店提供的烘焙原料、生态农庄提供的新鲜蔬菜,为M6生鲜培养了一大批忠实顾客,从而促进了生产—销售之间的协作。

在销售方面,M6生鲜始终坚持线上线下的销售模式:线下M6生鲜实施实体店连锁化经营,与我土哦商店、城市公共智能自动柜配合,建立一个完整的生态圈重度垂直扩张;线上M6生鲜自行经营微信、淘宝平台的销售,除此之外,与京东到家、阿里云合作,全方位打造M6生鲜多渠道的网络销售平台;为了提供独创的配菜类产品,叶维水打破常规,不拘泥与厨师方面的合作,拓宽思路,与宁波纺织服装职业技术学院、宁波职业技术学校厨师专业的学生实施校企合作,共同研发多样化的产品种类,提升消费者的体验。上述都是销售方面的内部协作。

在售后方面,叶维水鼓励与旗下的物流配送公司、其他配送公司合作,尽可能地缩短"最后一公里"的运输时间;并为了保证产品新鲜程度,加强冷链系统:城市公共智能自动柜享有保鲜功能,线上产品可选择门店新鲜自提,为他人购买的产品可凭单号提货,为消费者提供最便捷的服务,实现售后环节的内部协作。

售后环节中,任何消费者的反馈都会被记录:销量好、评价好的产品,多次退换的产品，质量屡次出现问题的产品，都会被反馈到生产和销售环节，根据数据分析增加或减少产品的采购或销售，从而实现了售后—销售—生产的协作。

在M6生鲜所有员工、团队的心目中，会议室里实时跳动的数字是最初的记忆点，也是最深的记忆点，而贯穿"生产—销售—售后"三方位协作的基础是M6生鲜实施了大数据分析：以大数据实时反馈生产、销售、售后环节的情况（例如，天气情况不佳，苹果生产方发生困难，M6采购的数量不多，因此苹果分配进每家门店的数量会相应减少，但是根据大数据分析，以往销量佳的门店依旧会获得大量的苹果，而以往销售差的门店可能会不配送或少配送），用数据分析实现了生产—销售—生产的全方位协作。

3.2 需求即效益：优化"生产—销售—售后"三方商业模式

在如今"互联网＋"大背景下，各个企业都渴望通过识别市场机会，发现互联网的契机，紧跟时代大潮，以确保企业提供的产品或服务能满足消费者内心的迫切需求。

在叶维水心中，M6生鲜是一家专注于生鲜电商的初生型企业，在宁波运用自己敏锐的市场洞察力和创新营销能力摸爬滚打，闯下一片属于自己的生鲜天地。

在成长的第一阶段，叶维水善于运用现有的网络营销资源，在明确市场背景的前提下，精准自身产品的市场定位，2010年M6生鲜成长以来，叶维水就及时把握时代契机，借势借力，借助"三农"政策的推动作用，在互联网线上平台闯下属于自己的生鲜天地。而他通过对市场机会的敏锐识别，依靠对自身企业背景的认识和产品市场的准确定位，明确了M6生鲜商业模式的创新方向，同时驱动商业式"营销—运作—盈利"三模块的持续创新（创新营销—创新运行—协同绩效）。

在成长的第二阶段，叶维水从创新营销模式（互联网营销＋品牌营销）、创新运作模式（资源整合＋运作管理方式）和协同创新绩效（客户绩效＋产品绩效）出发，运用高端的产品，配合完善的服务，有效地提高了用户体验的质量，无形中培育了M6生鲜产品的品牌口碑。在互联网时代，如何满足用户个性化需求，成为生鲜电商关注的热点。尤其是互联网、大数据等科学技术为生鲜行业转型升级提供了良机。在叶维水的观念里，产品是核心、服务是重点，在对附属服务进行创新性研发的同时，M6生鲜开始采用新式的销售模式，带来了双重竞争优势。"生产—销售—售后"三方协作的商业模式创新也在一定程度上驱动商业式"营销—运作—盈利"三模块的持续创新（创新营销—创新运行—协同绩效）。比如，全生态的玉米，等玉米自然生长到一定月份便开始为顾客配送，这也是一种C2B的概念，在玉米种植的时候，订单已经安排好，订完即止。

在营销模式上，M6生鲜采用电商平台、粉丝效应等隐形策略传播口碑与品牌。在盈利模式上，M6生鲜通过互联网销售，团队协作，不仅减少了中间环节成本，提高了规模效益，更是利用网络平台实现了数据收集、盈利合作一体化，营造了和谐循环的M6生鲜商业新模式，大大提高了M6生鲜的资源利用率和运作效率。

制定全新的私人订制式的消费者模式进行销售，同时完善互联网式的配送、搬运、保鲜等售后服务，并通过微信平台对M6生鲜产品实现互联网式的操作、控制和反馈，从而快速吸引了青年市场的热捧。

在未来的发展阶段，叶维水更是运用互联网思维，接受新式互联网营销形式，推出了全新的"四步走"战略：

第一步是O2O，即在用户的小区门口设立植入物联网芯片的智能电子保温柜，用户在线上购买生鲜后，由M6生鲜送到购物柜里，消费者可在自己方便的时间持卡取物。

第二步是"优品预定"，采用C2B模式，向消费者提供M6生鲜门店里没有的产品，满足高端需求。

第三步是"优品分享"，消费者可以购买M6生鲜某类产品的电子码作为礼物，发送给他希望接收的人，对方就可以持电子码到M6生鲜的任何门店就近提货或预约提货。

第四步是F2F（farm to family），即"农场之选"，M6生鲜近20万持卡用户可以自由选择农场，由农场送货至M6生鲜的配送仓，再由M6生鲜通过一天四次的物流车送达就近的门店，消费者可以选择到就近的门店自提或者由门店安排即时送货。

M6生鲜基于商业式的"营销—运作—盈利"三模块的持续创新，制定了属于其独特的"生产—销售—售后"三方协作的商业模式，促进企业将消费者群体的真实反馈转化为知识的有效积累，使M6生鲜紧跟市场需求，加快技术整合和创新的步伐，进行新一轮的商业模式创新，让M6生鲜在激烈的生鲜电商竞争中脱颖而出，形成自身的竞争优势。

4　未来：M6生鲜的成长未完待续

不论是叶维水出于对生鲜商品纯粹的热爱，还是其敏锐的市场洞察力，M6生鲜创新的商业模式："生产—销售—售后"三方协作得到了消费者的认可，叶维水始终坚持着自己的田园思想：菜一定要是新鲜的，人一定要是愉悦的，这样的人本思想也始终围绕在M6生鲜的商品、服务、团队等。在叶维水的心中，M6生鲜不仅是自己田园梦的第一步，更像是自己陪伴着长大的孩子，商品是孩子，消费者更是孩子，他尽自己最大的努力让M6生鲜实现"社区的厨房，居民的杂货铺，时尚的菜篮子"，更希望通过M6生鲜，让都市里形形色色的人爱上厨房、爱上生活。

M6生鲜作为一家宁波本土的生鲜电商，杭州是它走出去的第一城。未来，如何走向更广阔的市场，如何深耕M6生鲜的商业模式，如何将卖菜不再拘泥于卖菜，如何提升自己进入4.0甚至更完美的时代，叶维水的思考从未停止，M6生鲜的成长未完待续……

M6 Fresh: How to Achieve Business Model
Innovation against the Background of "Internet Plus"

Abstract: Since its founding in 2004, M6 Fresh has developed from a little-known fresh food store into a fresh food e-commerce enterprise with nearly 80 direct fresh food convenience stores and more than 100 groups distributed in offices and communities. In 2015, M6 Fresh brought this fresh air to Hangzhou, where it has set up five directly operated fresh food convenience stores. The main thread of this case is the important stage and achievement in the growing process of M6 Fresh, during which Ye Weishui and his partners look for opportunities in the face of challenges such as the rising losses along with the increasing scale of the fresh food market, and the lack of a cold chain system for storage, transportation and distribution, through the real-time grasp of fresh e-commerce industry demand, the innovation of M6 Fresh business model, and the production, sales, and after-sales. The purpose of the case is to guide the students to experience the growing process of M6 Fresh, explore the innovation of business model, and provide important reference and enlightenment for the development of fresh e-commerce industry.

Key words: fresh e-commerce; vertical; business model; collaborative

附录1　宁波M6生鲜连锁有限公司具体运营历程（见附表1）

附表1　宁波M6生鲜连锁有限公司具体运营历程

时间	事件
2004年	M6生鲜成立
2004年7月	M6生鲜第一家门店在宁波开业
2004—2009年	M6为期五年的供应链测试
2010年	M6生鲜在宁波第二家门店成立
2011年	M6生鲜获得云峰基金支持，注入阿里巴巴的新鲜血液
2012年	宁波市政府授予M6生鲜"宁波市商贸流通企业创新奖"
2013年	宁波市政府授予M6生鲜"宁波市商贸流通企业创新奖"
2014年9月	M6开通微信虚拟卡，实现线上线下通用

续表

时间	事件
2014年9月	宁波我土哦电子商务有限公司成立
2014年	M6引进专业的冷链系统"智能保温柜",探索发展新的生鲜配送方式
2014年	宁波市政府授予M6生鲜"宁波市商贸流通企业创新奖"
2015年1月	M6生鲜企业淘宝店正式开店,销售近千款烘焙原料,支持M6生鲜门店同城配送
2015年	M6生鲜进军杭州
2015年	宁波市政府授予M6生鲜"宁波市商贸流通企业创新奖"
2015年年底	M6生鲜与京东、网易优选合作
2016年年中	M6生鲜开展码上吃"生命在于饮食"吃货军团(长丰吃货群),提高M6生鲜的客户吸引力
2016年年底	M6生鲜将全部服务器搬上阿里云,"M6欢乐拼""M6摇摇乐"等移动互联网轻应用平台正式上线
2016年年底	M6生鲜建成3000平方米的"M6生鲜e园",线上吃货群与线下优势食材相照辉映,提升M6生鲜的品牌形象和客户黏性
2017年春节前后	M6生鲜建立占地近5000平方米的全数据化管理"智能化大菜场"
2017年	M6生鲜在宁波发展成立20多家直营的生鲜便利超市(社区冷链工作站),拥有25万持卡用户,服务超45万户都市社区居民
2017年	M6生鲜计划进一步进军杭州、上海
2018年6月	M6鲜选第一家24小时无人迷你小菜场——M6 24小时自助扫码购开放营业,截至2020年6月,已建造了8家24小时无人迷你小菜场
2018年10月	第一家"码上吃"轻饮食餐厅日湖店开业,截至2020年6月已经拥有3家轻饮食餐厅
2020年10月	9W市集在鄞州区、江北区开业,以菜场模式结合买手工作制
未来	M6生鲜将继续通过线下线上的高度融合,以及丰富的、多层次的、接"地气"的生鲜供应链建设,为都市居民提供安全、简约、快捷的私家生鲜食品的同时,进一步为都市居民提供社区综合服务

附录2　M6生鲜产品服务结构具体实例(见附表2)

附表2　M6生鲜产品服务结构具体实例

产品/服务	简介	图片
M6生鲜实体店(社区冷链工作室)	2004—2009年,为期五年的供应链测试让M6生鲜探索出一套只属于自己的连锁店经营模式,采用"大数据"分析,实时监控每一家M6生鲜超市的进货购买数量,让M6生鲜近60家门店散发属于自己的光芒	
M6生鲜e园系列	2017年,超过3000平方米的"M6生鲜e园"也已建设完毕,线上吃货群与线下优质食材完美配合,宁波站和杭州站的双重活动,牢牢地抓住了"吃货"的心	

续表

产品/服务	简介	图片
"M6欢乐拼"系列	2016年年底，M6生鲜将全部服务器搬上阿里云，同时推出"M6摇摇乐""M6欢乐拼"活动。将优质、当季的产品推荐给更多的消费者，采用拼团购买的方式，将实惠、新鲜送往更多消费者手中	
"M6码上"系列	M6生鲜推出的产品品种多样，涉及的食品领域广泛。"M6码上学"推出的西点烘焙教室，成为宁波市人才培训中心的实训基地；"M6码上走"推出的"生命在于饮食"，将旅行与美食结合，圆每个人的都市农夫梦；"M6码上卖"，扫一扫即可购买，方便快捷。	
配送、保鲜服务	2014年，M6生鲜引进专业的冷链系统"智能保温柜"，探索发展新的生鲜，解决生鲜配送"最后一公里"的难题。把"送货"与"提货"环节连接起来，确保每一款M6生鲜产品的新鲜度	
码上造、高僧优选山地蔬菜等多种自有食品品牌	M6生鲜致力于对生鲜产品的研发，尽可能地将食材精品化、多样化、便利化，创立有码上造、高僧优选山地蔬菜、六个下酒菜、荷塘码头、霜哥、料妹等多种自有食品品牌	
互恋小村（互联小村）	2017年6月，自M6生鲜第一个我土哦互联小村（番茄小村）建立至今，M6已在鄞州、宁海等地建立了6个互联小村，如番薯小村、土豆小村等，未来将会出现120个我土哦互联小村，来不断丰富M6生鲜的供应链，从而形成特有的、多层次的生鲜供应链体系	
M6生鲜24小时自助扫码购	2018年6月，M6鲜选第一家24小时无人迷你小菜场——M6生鲜24小时自助扫码购开放营业，门店以精包装类蔬菜、简约配菜、饮料食品等为主，为市民提供了24小时购物的便利平台	
"码上吃"轻饮食餐厅	2018年10月7日，第一家轻饮食餐厅"码上吃"日湖店开业，开创了"超市+餐饮"新业态	
M6生鲜职业买手	M6生鲜成立买手工作制，生鲜职业买手是新鲜菜品的发现者，是我们身边食品质量的卫士！他们的工作宗旨是：把世界各地最新鲜、最健康的菜品带到M6生鲜门店的台面上，作为新鲜到源头，我们一直在行动	
9W市集	9W市集于2020年10月在鄞州区、江北区开业，以菜场模式结合买手工作制，采用入驻、自营等多种经营方式	

附录3 2003—2022年（预测）中国农产品市场交易规模总额（见附图1）

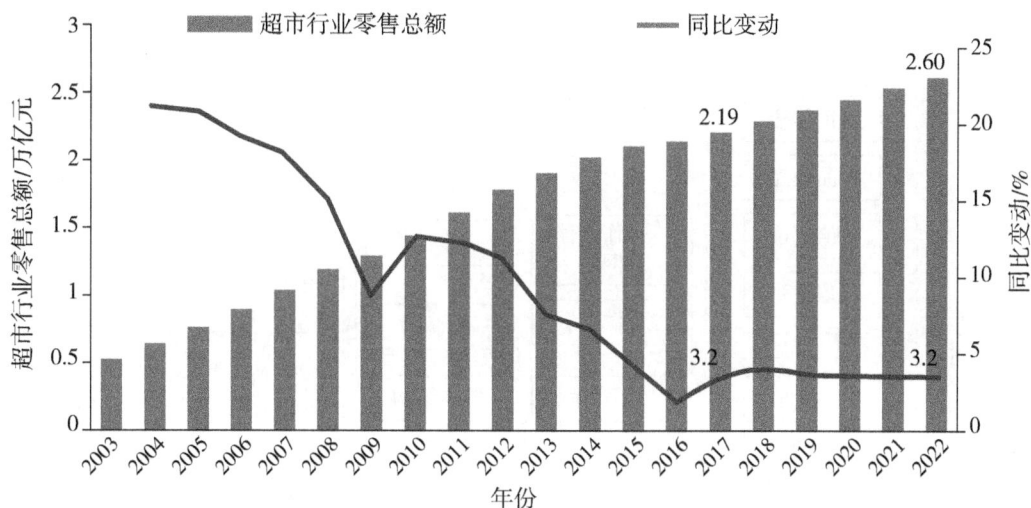

附图1 2003—2022年（预测）中国农产品市场交易规模总额

附录4 2016—2021年中国生鲜电商市场交易规模及增长率（见附图2）

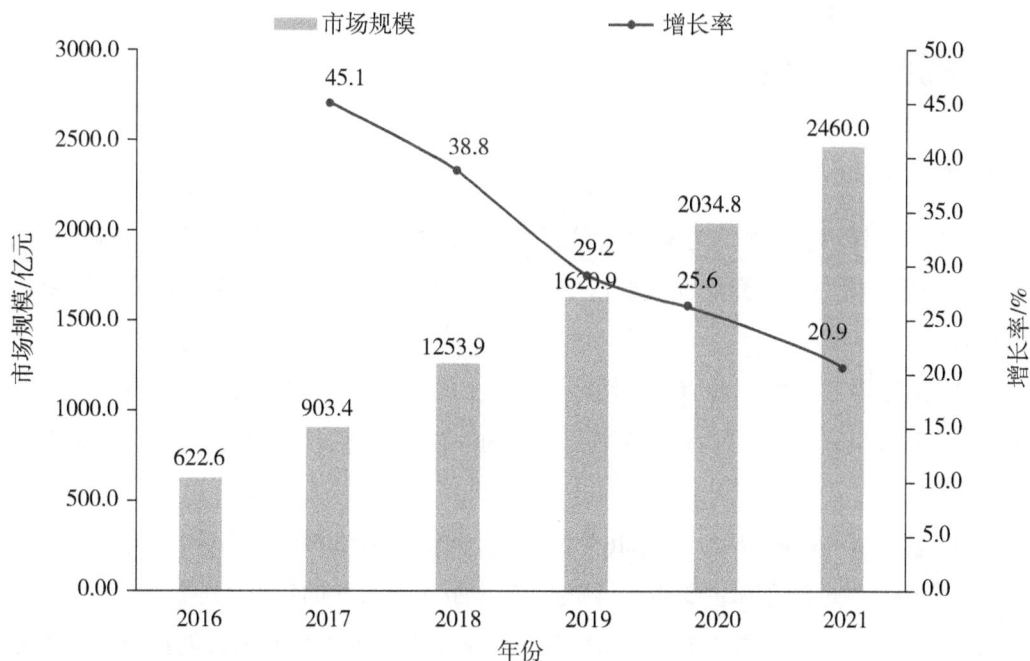

附图2 2016—2021年中国生鲜电商市场交易规模及增长率

附录5　M6生鲜创新商业模式示意图（见附图3）

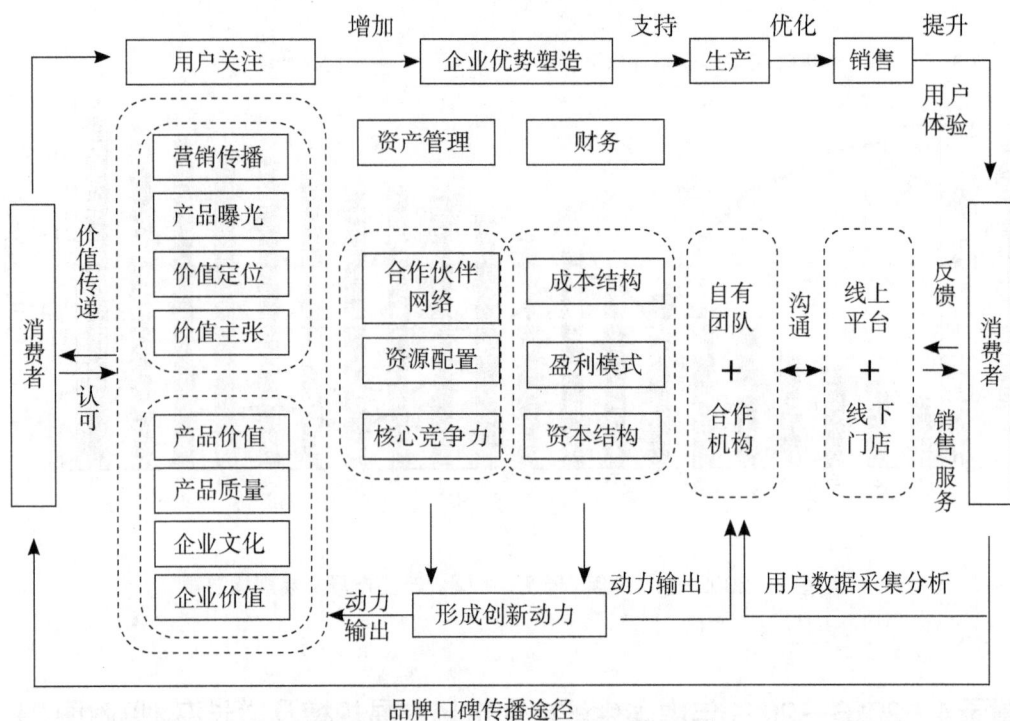

附图3　M6生鲜创新商业模式示意

二、案例使用说明

（一）教学目的与用途

（1）适用课程：本案例为描述型案例，主要适用于工商管理专业"战略管理""创新管理"等课程中有关商业模式的内容，也可用于"渠道管理"课程中有关渠道模式的内容。

（2）适用对象：本案例的教学对象为MBA、EMBA、全日制研究生和本科生，此外还适用于"商业模式创新""电商渠道模式"主题的EDP培训课程以及企业内部管理人员培训课程。

（3）教学目的：本案例以宁波M6生鲜连锁有限公司商业模式创新为背景，了解生鲜电商经营中存在的问题和主要痛点，解读生鲜电商渠道模式的特点，引导学生利用商业模式画布模型分析商业模式构成要素，并在此基础上提炼出商业模式创新的思路和方法。具体目的有：①让学生理解商业模式设计与创新理论，特别是生鲜电商企业商业模式的设计。②让学生掌握生鲜电商主要渠道模式类型,特别是垂直型电商渠道模式的特点。③让学生掌握商业模式创新的驱动因素、特征及创新方式选择的决策过程。④引导学生利用商业模式画布模型分析商业模式构成要素。⑤让学生从协作式理论视角,思考商业模式创新路径,挖掘商业模式创新背后的机理,构筑企业可持续发展的竞争优势。

(二) 启发思考题

(1) 请结合自身描述购买生鲜产品的经历,分析传统菜场、大型超市购买存在的问题,你会更倾向于怎样的生鲜购买形式?

(2) 结合所学知识,描述垂直型生鲜电商渠道模式的特点,如何理解M6生鲜线上线下相融合的生鲜电商模式?

(3)M6生鲜商业模式创新的驱动因素是什么?

(4) 商业模式的构成要素有哪些? 请简要描述2004年以来M6生鲜成长过程中的商业模式类型。

(5) 商业模式创新的途径有哪些? 请从"生产—销售—售后"三方协作的角度简要描述M6生鲜商业模式的创新路径,这对生鲜电商行业有何借鉴性?

(三) 分析思路

本案例建议采用理论结合实践的方式循序渐进展开分析,从商业模式的理论框架入手,以M6生鲜的1.0时代、2.0时代、3.0时代三阶段为线索轴,分析M6生鲜是如何进行商业模式创新的。教师可以通过对生鲜电商行业发展现状、传统的生鲜购买方式和新兴的生鲜购买方式的比较进行引入型提问,提高学生对案例讨论的积极性和参与性,帮助学生快速进入案例企业情节;在此基础上,通过设计五道启发思考题,以便学生仔细赏析案例内容,并从四个方面展开讨论生鲜电商渠道模式和商业模式创新等相关理论知识点 (见图1-7),分别是:①生鲜电商渠道模式;②商业模式创新的动因;③商业模式创新的设计;④商业模式创新的路径研究。

我们希望通过这五道启发思考题帮助学生链接企业案例和生鲜电商渠道模式、商业模式创新等相关知识点,帮助学生掌握案例分析的思路和方法,同时加强生鲜电商渠道模式、商业模式创新的知识点学习。教师可以根据自己的教学目的灵活运用本案例,提出的本案例分析思路仅供参考。

启发思考题　▶　分析思路　▶　理论知识点

1.请结合自身描述购买生鲜产品的经历，分析传统菜场、大型超市购买存在的问题，你会更倾向于怎样的生鲜购买形式？

赏析案例

描述经历 → 背景思考

挖掘生鲜行业经营的问题和主要痛点

2.结合所学知识，描述垂直型生鲜电商渠道模式的特点，如何理解M6生鲜线上线下相融合的生鲜电商模式？

自营垂直型生鲜电商 → 线上线下相融合

生鲜电商渠道模式

3.M6生鲜商业模式创新的驱动因素是什么？

M6生鲜商业创新的驱动因素

商业模式创新的动因

4.商业模式的构成要素有哪些？请简要描述2004年以来M6生鲜成长过程中的商业模式类型。

理论学习：商业模式构成要素 → 描述M6生鲜商业模式

商业模式创新的设计

5.商业模式创新的途径有哪些？请从"生产—销售—售后"三方协作的角度简要描述M6生鲜商业模式的创新路径，这对生鲜电商行业有何借鉴性？

M6生鲜协作式创新商业模式 → M6商业模式创新的借鉴意义

商业模式创新的路径研究

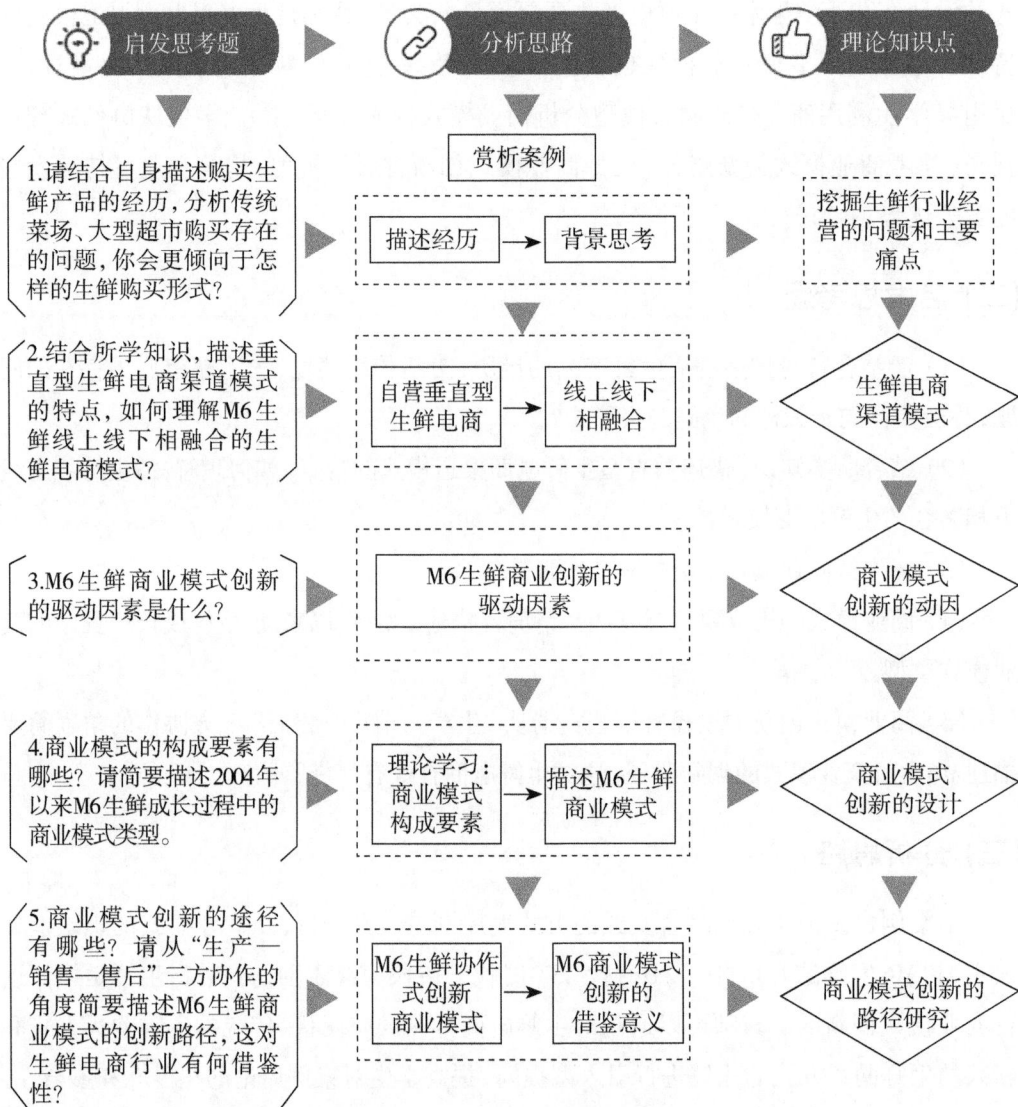

图1-7　案例分析思路示意

（四）理论依据及具体分析

问题一：请结合自身描述购买生鲜产品的经历，分析传统菜场、大型超市购买存在的问题，你会更倾向于怎样的生鲜购买形式？

购买生鲜产品的体验为开放性题目，教师可引导学生对传统的生鲜购买方式（例如菜场、大型超市）和新兴的生鲜购买方式（例如生鲜电商平台）进行比较，主要从以下几个方面进行比较：①商品内容：包括商品价格、质量、包装等，传统生鲜购买方式的商品优缺点是什么？能看得见、摸得着，但具有时效性，晚点去购买商品的质量是怎样的？

新兴生鲜购买方式的商品优缺点是什么？虽然无法挑选，但是购买的质量是怎样的？②销售体验：包括购买的便利性及销售的服务态度等，传统生鲜购买方式的距离是否接受？其称重、结算时的服务态度怎么样？新兴生鲜购买方式不需要考虑距离及服务，可思考其浏览是否便利？商品的分类是否明确？③售后形式：传统生鲜购买方式的售后是怎样的？退换货顺利吗？新兴生鲜购买方式的物流配送是否便利？退换货顺利吗？④环保评价：传统生鲜购买方式会考虑怎样的携带方式？是否保护环境？新兴生鲜购买方式会怎样运输？是否保护环境？并与互联网购买生鲜的快递运输方式进行比较，为M6生鲜的后续发展提供前景引入。

通过学生的思考回答以及对目前生鲜电商背景进行分析进行总结，发现传统生鲜购买方式和新兴生鲜购买方式各有利弊，引导学生思考"线上＋线下"结合的生鲜售卖方式是否可行？M6生鲜目前实施的线上渠道和线下渠道两个不同的方向，也同样为营销打开了一种新思路。

问题二：结合所学知识，描述垂直型生鲜电商模式的特点，如何理解M6生鲜线上线下相融合的生鲜电商模式？

1. 理论依据

（1）生鲜电商渠道模式。生鲜电商有着广阔的发展前景，它的出现为国内农产品电子商务提供了新的发展思路。近年来，生鲜电商渠道发展引起了学者们的高度重视，一些学者侧重考察了生鲜电商渠道模式。Govindasamny和Italia（2012）从消费者行为因素出发，对农产品发展电子商务模式进行了研究。Baourakis和Kourgaintakis（2002）关注电子商务对农产品营销的影响，并将研究重点放在了农产品和有机食品部分。

国内生鲜电商企业及其渠道模式尚无统一分类，肖芳（2013）将国内生鲜电商的主流运营模式总结为四种，包括综合平台电商、垂直电商、物流企业电商以及线下超市电商。汪旭晖、张其林（2016）采用了案例研究的分析方法，基于"垂直"和"平台"两种生鲜电商渠道模式，对生鲜农产品流通渠道体系进行了分解与重构。葛继红等（2016）依据生鲜电商企业轻重资产、经营类别等对生鲜电商企业进行了归类。由于当前可供选择的生鲜电商模式尚处于探索阶段，各生鲜电商模式均有不同的优缺点和适用性，因而企业更应该根据自身的发展现状、发展定位和发展愿景来选择合适的发展模（Sidhu,et al, 2011；樊西峰，2013）。

（2）垂直型生鲜电商。目前生鲜电商市场模式繁多，可以按照生鲜电商企业自身是否直接参与交易、生鲜电商企业对渠道的管控程度对生鲜电商渠道模式进行分类，平台型和垂直型是最常见的两大渠道模式。

目前垂直型生鲜电商渠道研究的重点在于：一是渠道内涵；二是渠道模式；三是未来发展方向。

对于垂直型生鲜电商渠道模式，汪旭晖、张其林（2016）从货源组织、零售交易、物流配送三个方面对比分析了平台型和垂直型生鲜电商渠道。在此基础上，有学者从货源组织、物流配送两个方面分析了垂直型生鲜电商渠道目前存在的问题。另外，张坤、贾晓泳（2017）从营销角度出发，分析了垂直型生鲜电商渠道的营销困境，并提出了相应的营销创新策略。对于垂直型生鲜电商渠道未来的发展方向，杨德荣（2017）以水产品为研究对象，分析了以O2O为基础的垂直型生鲜电商渠道未来发展路径，并提出将线下实体企业作为线上的配送和仓储中心。进一步的，王珊珊等（2016）提出了"垂直型＋O2O"模式的未来发展方向，并且提出了线下实体店不仅作为配送、仓储中心提供物流服务，还可以作为体验中心提供验货服务。

（3）线上线下相融合。线上线下融合是线上线下高度协同的产物，经历双渠道并行、双渠道协同、双渠道融合演化过程。

线上线下融合能够破解实体零售和网络零售的困局，引起了学者的广泛关注。郭燕等（2015）立足于线下零售企业，认为只有当线下销售额达到一定规模时，线下零售企业才会考虑开拓线上渠道、开展网络零售。郭馨梅、张健丽（2014）以零售业为对象，揭示了线上线下融合发展模式，包括"实体店（为主）＋网上商城（为辅）""电商＋百货店""实体店＋网上商城＋微信＋微店""网上商城＋便利店"。汪旭晖、张其林（2016）针对农产品这一特殊商品，探讨了农产品流通渠道的线上线下融合。陈志松、方莉（2018）探索了线上线下融合影响供应链协调机理。

（4）垂直型生鲜电商线上线下融合的内涵。垂直型生鲜电商，通过自建电商平台销售生鲜农产品，是纯粹的网络零售商，仅有线上渠道。但随着消费者需求的日趋多样化，单一网络渠道已无法满足消费者的多样化需求，垂直型生鲜电商转变原本单一线上渠道模式，借鉴吸纳线下渠道模式，通过与线下实体企业合作，开辟线下渠道，并在业务流程再造的基础上，线上渠道以电商企业为核心进行商品信息展示和网络营销，线下渠道以实体企业为核心进行商品实物展示和仓储配送，实现线上渠道和线下渠道的协同运作。

张蒙（2019）认为垂直生鲜电商线上线下融合是以顾客价值为引导，通过对生鲜流通渠道系统中线上线下渠道成员的要素进行综合协调，对外部环境积极预见并主动进行交互与调适，以提高渠道服务绩效的系统化管理过程。垂直型生鲜电商线上线下融合不是线上渠道对线下渠道的替代，也不是对线下渠道的淘汰，而是线上渠道和线下渠道相互融合成一个有机的共生系统，紧密配合，协同运作。它通常包括三个基本要素：

第一，垂直型生鲜电商线上线下融合本质上是线上线下渠道各主体形成共生关系，在渠道中协同进行资源分配及活动协调。第二，垂直型生鲜电商线上线下融合的目的是通过基于线上线下渠道的互补性，通过合作发挥协调效应，增强渠道功能，提高渠道绩效。第三，垂直型生鲜电商线上线下融合的表现形式是线上线下渠道主体通过资金、人员产品（服务）、市场等为纽带建立联系，相互交叉、渗透，协同运作。

2. 案例分析

M6生鲜在商业模式创新方面，采取了自营垂直型的生鲜电商渠道模式，主要体现在以下方面。

（1）线上平台。M6生鲜拥有多样化的线上平台：宁波我土哦物联智能科技有限公司、宁波我土哦电子商务公司。运用自身平台的优势将生鲜产业链延伸至互联网，使得更多的年轻消费者关注购买。除此之外，M6生鲜还入驻京东到家。截至目前，M6生鲜已入驻支付宝、微信公众号等多个线上平台，逐渐构建起一套多渠道的网上销售体系。

（2）线下平台。M6生鲜在线下拥有100多平方米的门店，60多种蔬菜品种，占近一半营业面积的水产品，植入物联网芯片的智能电子保温柜，在宁波拥有近80家直营生鲜便利店（社区冷链工作站），在上海设立了多家异地实验室商场，拥有超过25万的持卡用户，服务超过50万的都市社区居民。并充分利用互联网大数据平台支撑，以地域、时间等维度实行精准销售预测，优化M6生鲜专属物流冷链系统。

M6生鲜独创的"M6生鲜便利商店—我土哦M6生鲜E点—M6城市公共智能自助柜"重度垂直扩张的线下拓展模式主要为：以背靠1个小区、辐射2个小区、管理6组城市公共智能自助柜的思路，将社区冷链工作站作为中心（服务半径为1千米），建立2~3个我土哦商店，再设立6~7组城市公共智能自动柜，从而建立一个完整的生态圈。M6生鲜全程冷链保鲜配送，解决了传统生鲜物流"最后一公里"的难题，分摊单个客单的物流成本，尝试用O2O的商业模式为市区居民提供更加便捷的现代服务。

（3）线下拓展。M6生鲜开展西点烘焙课堂，招募喜爱烘焙的个人、家庭、学校等开展烘焙活动，现已成为宁波市人才培训中心实训基地。除此之外，M6生鲜2015年在淘宝开店，主要以烘焙原料为主打产品，与线下西点烘焙课堂活动相联系。M6生鲜"码上吃"平台推出"生命在于饮食"活动，建立"吃货群"，以"吃货"的名义分享生活的欢乐，以旅游方式促进产品的销售，将M6生鲜产品透明化、乐趣化，吸引留住更多的消费者。

（4）线上线下相融合。在线上，M6生鲜通过微信公众号、我土哦商店、京东到家等多方互联网平台推出服务，每家每户可以根据实际情况购买或预约当天甚至一周的生鲜，每天订购的产品会由M6生鲜冷链工作站和配送机构进行新鲜运输。

在线下，M6生鲜推出城市公共智能自助柜，作为城市公共基础设施。市民以多种方式（互联网、手机微信、电视等）、用最近的距离领取所购买的商品和快件，彻底解决了市民的生活后顾之忧。

除此之外，"M6摇摇乐""M6欢乐拼"等移动互联轻应用平台相继上线，与线下门店无缝对接，通过线上线下的深度融合，M6生鲜正在赋予商品"媒体性"，让消费者"在快乐中买菜，在买菜中快乐"。

M6生鲜通过对商业模式中产品选择、线上线下渠道销售、售后服务的要素进行综合协调，对生鲜电商环境环境积极预见并主动进行交互与调适，自传媒思维加快口碑传播，提升了渠道服务，将互联网带来的挑战转化为机遇。

问题三：M6生鲜商业模式创新的驱动因素是什么？

1. 理论依据

（1）商业模式

商业模式是为实现客户价值最大化，把能使企业运行的内外各要素整合起来，形成一个完整的、高效率的具有独特核心竞争力的运行系统，并通过最优实现形式满足客户需求、实现客户价值，使系统达成持续盈利目标的整体解决方案。文献中出现"商业模式"这一名词的时候，往往模糊了两种不同的含义：一类是作者简单地用它来指公司从事商业活动的具体方法和途径；另一类是作者更强调模型方面的意义。这两者实质上是有所不同的，前者泛指一个公司从事商业的方式，而后者指的是这种方式的概念化。后一观点的支持者们提出了一些由要素及其之间的关系构成的参考模型（reference model），用以描述公司的商业模式。

商业模式是一个非常宽泛的概念，与商业模式相关的说法很多，包括运营模式、盈利模式、B2B模式、B2C模式、"鼠标加水泥"模式、广告收益模式，等等，不一而足。商业模式是一种简化的商业逻辑，依然需要用以下一些元素来描述这种逻辑：

价值主张（value proposition）：公司通过其产品和服务所能向消费者提供的价值。价值主张确认公司对消费者的实用意义。

消费者目标群体（target customer segments）：公司所瞄准的消费者群体。这些群体具有某些共性，从而使公司能够（针对这些共性）创造价值。定义消费者群体的过程也被称为市场划分（market segmentation）。

分销渠道（distribution channels）：公司用来接触消费者的各种途径，即公司如何开拓市场。它涉及公司的市场和分销策略。

客户关系（customer relationships）：公司同其消费者群体之间所建立的联系。通常所说的客户关系管理（customer relationship management）即与此相关。

价值配置（value configurations）：资源和活动的配置。

核心能力（core capabilities）：公司执行其商业模式所需的能力和资格。

合作伙伴网络（partner network）：公司同其他公司之间为有效地提供价值并实现其商业化而形成合作关系网络。这也描述了公司的商业联盟（business alliances）范围。

成本结构（cost structure）：所使用的工具和方法的货币描述。

收入模型（revenue model）：即公司通过各种收入流（revenue flow）来创造财富的途径。

除此之外，魏炜、朱武祥（2012）提出了"商业模式的本质是利益相关者的交易结构"的观点，包括定位、业务系统、关键资源能力、盈利模式、现金流结构和企业价值等六个方面内容，这六个方面的内容互相影响，形成完整的商业模式体系。

定位：企业应该做什么，决定了企业应该提供什么特征的产品和服务来实现客户的价值，是企业战略选择的结果。此模型中，定位是在战略层面和执行层面建立更直接和更具体的联系，即企业的定位直接体现在商业模式所需要实现的顾客价值上，强调的是商业模式构建的目的。

业务系统：是指企业达成定位所需要的业务环节、各合作伙伴扮演的角色以及利益相关者合作与交易的方式和内容。一个高效的业务系统需要根据企业的定位识别相关的活动并将其整合为一个系统，然后再根据企业的资源能力分配利益相关者角色，确定与企业相关价值链活动的关系和结构。

关键资源能力：让业务系统运转所需要的重要的资源和能力。

盈利模式：是指企业如何获得收入、分配成本、赚取利润。盈利模式是在给定业务系统中各价值链所有权和价值链结构已确定的前提下，企业利益相关者之间利益分配格局中企业利益的表现。一个企业可能会有多种收益与成本分配机制。

现金流结构：企业经营过程中产生的现金收入扣除现金投资后的状况，其贴现值反映了采用该商业模式的企业的投资价值。

企业价值：是指企业的投资价值，是企业预期未来可以产生的自由现金流的贴现值。企业的投资价值是评判企业商业模式优劣的标准。

Timmers（1998）定义的商业模式是指一个完整的产品、服务和信息流体系，包括每一个参与者和在其中起到的作用，以及每一个参与者的潜在利益和相应的收益来源及方式。他指出，在分析商业模式过程中主要关注一类企业在市场中与用户、供应商、其他合作方的关系，尤其是彼此间的物流、信息流和资金流。Alt 和 Zimmerman（2001）指出，基于互联网我们可以发现，对"商业模式"概念的定义并不一致，对其构成要素也缺乏统一的看法。Rappa（2000）认为，商业模式是经商的方法，公司能够靠它来维持经营，换句话说，就是指如何创造收入。

（2）商业模式创新

商业模式创新是指企业价值创造提供基本逻辑的创新变化，它既可能包括多个商业模式构成要素的变化，也可能包括要素间关系或者动力机制的变化。杜兰英、钱玲（2014）认为，商业模式创新是对企业价值创造过程中要素间关系或者动力机制的逻辑重构。以往研究将企业作为价值创造的核心，顾客作为价值消耗者，以收入成本差实现企业价值，该思路对创新目标与机制的选择具有局限性。通过分析价值共创对商业模式创新的影响和作用，他们提出了商业模式创新中应更加强调顾客的角色和作用，并详细阐述了基于价值共创的商业模式创新路径，以期为我国企业商业模式创新提供新思路。

朱智、蔡宁（2020）以大数据为条件，对我国零售商业模式创新进行了研究。实体零售在商品流通中发挥着重要的基础性作用，它是商流、物流、资金流的重要载体和媒介，是扩大再生产和引导消费的重要窗口和风向标，是维护市场稳定、促进市场繁荣的中坚力量，是稳定和扩大就业的关键行业。近年来，随着大数据、物联网、人工智能的飞速发展，我国实体零售业业态不断创新，新的零售商业模式也不断涌现。在大数据条件下，创新我国零售商业进、销、运、存四大环节的运营模式以及商业盈利模式具有重要的现实意义。在大数据的作用下，实体零售的基础设施将出现日新月异的变化，其智能化将是最明显的特征，其协同化和可塑化也会愈加明显。实体零售的成本会不断降低、效率不断提高、体验感不断增强，彰显效率与体验，促进零售业态的高级化、合理化。

（3）商业模式创新的驱动因素

在对商业模式的研究中，有关商业模式创新驱动力的研究是该领域的热点。目前，关于商业模式创新驱动力的研究，国外学者主要可以分为四大学派：一是技术推动学派；二是竞争压力学派；三是市场与需求机会学派；四是企业高管学派。这四大学派的研究初步形成了有关商业模式创新驱动力的研究架构。但这些研究普遍存在的不足有：一是仅指出了商业模式创新过程中的驱动因素，并没有说明这些驱动因素对商业模式创新的影响程度；二是这些研究多是从宏观角度对商业模式创新驱动因素进行分析，忽略了因不同行业的商业模式各不相同而致使驱动因素可能存在差异这一现实；三是这些国外研究缺少实证分析，故其研究结论在我国的适应性值得商榷。

王生金（2012）在国外商业模式创新驱动力研究成果的基础上，就国内零售业商业模式创新的驱动因素进行了实证分析。研究发现，国外关于商业模式创新驱动因素的研究结论，并非全部适用于我国零售业商业模式创新的情形。其中，市场机会及竞争对商业模式创新的驱动作用的国内外研究结论比较一致,但技术在我国零售业商业模式创新中的作用较小,尤其是高管对我国零售业商业模式创新的作用不明显。

针对上述研究结论,我们从实践角度对我国零售业的商业模式创新提出以下几点建议:一是企业应正确看待技术进步与商业模式创新之间的关系,在进行商业模式创新时一定要结合企业自身的性质,切勿盲目相信"技术推动论";二是商业模式创新的重点应该放在基于市场或客户需求的角度,通过识别和深度挖掘未被满足的市场需求空白点,以"顾客价值主张"为核心,通过对关键业务、流通渠道、客户细分、客户关系、核心资源、关键流程、收入与成本结构等优化组合或重新设计,以实现商业模式的创新;三是鉴于竞争对商业模式创新的较大推动作用,国家、行业、企业应该联手共创一个开放度更高、竞争更激烈的市场机制或环境,以促进商业模式的创新;四是鉴于高管与商业模式创新之间的微弱关系,企业在进行商业模式创新时,要充分考虑管理人员的特质如教育背景、风险态度、个人经历等,审慎选择商业模式创新过程中的相关管理人员,尽量避免那些厌恶风险、惰性成疾、能力平平、即将离任的企业高管。此外,除了从竞争、市场机会、技术及高管四个因素对商业模式创新的研究之外,还应从更多视角诸如市场结构、组织形式等对商业模式创新的驱动作用进行研究。这些多角度的拓宽分析,将有利于推动商业模式创新驱动因素领域的深化研究。

2. 案例分析

(1) 需求驱动因素

互联网思维本质上是一种商业民主思维,许多传统企业面对互联网的冲击变得无计可施,直接原因就是不能面对新的挑战。这些挑战包括消费者权利的上升、价值个性化、网络传播效应、大规模协作等方面的挑战。如何创新商业模式来唤醒企业活力,突破成长的天花板,最大限度地发挥资源的作用,这些都变成了一个另人头痛的问题。人们消费方式和信息接收习惯的根本性改变,决定了产品销售,品牌传播的渠道、策略、方法的选择,同时也决定了企业商业模式的变化方向。M6生鲜正是利用市场和客户目前的需求创新商业模式,把互联网带来的挑战转化成了机遇。具体参考附图3。

价值传递提高用户的关注度 (粉丝思维),以社交 (微博,微信公众号等)、网上商城 (淘宝,京东,苏宁等)、自建网站 (M6生鲜官网) 等为媒介平台进行营销传播,增加产品曝光度,传递M6生鲜产品的价值和企业文化,努力实现用户认可。

用户关注增加企业优势 (流量引入):在产品得到用户的认可后,真正的用户关注就会增加,有了流量就存在转化为实际购买力的可能。

企业优势支持研发创新 (平台思维):企业的资产管理和财务管理主要包括合作伙

伴网络、资源配置、核心竞争力、成本结构、盈利模式、资金结构。它们融合为一个创新动力平台,为产品研发创新输出动力(资金,人才,技术等)。

研发创新优化产品服务(工匠精神):产品质量在生产环节就决定了,所以用工匠精神来打造完美的产品在很大程度上优化了下一步的产品服务工作。

产品服务提升用户体验(用户体验):完美的产品加上完善的服务有效提高了用户体验的质量,有利于品牌口碑的培育。

用户体验加快口碑传播(自传播思维):好的用户体验有利于铸造一个良好的品牌口碑。在口碑形成的过程中,品牌也在无形中被传播了出去,加强了传播效应。

口碑传播带来用户增长(免费思维):基于用户的口碑传播是一种自发的传播,对于受众而言,可信度较高。这样既省去了一部分营销推广的费用,降低了成本,又培养了一批潜在的用户。

(2)竞争驱动因素

中国的生鲜电商发展经历了两波热潮。"莆田网""菜管家""沱沱工社"等早在2005年就开始探索中国的生鲜电商市场,2013年开始,生鲜电商再度在国内掀起第二波热潮。由于模式不成熟,这批生鲜电商经营者没有考虑生鲜产品的特性,只是简单地复制传统电商的经营模式,这也导致不少生鲜电商纷纷惨淡收场。在没有前车之鉴的情况下,盲目地加入与政府盲目地推动也加速了生鲜电商行业泡沫的发展,使前期的很多生鲜电商都倒闭了,存活的生鲜电商也在艰难探索中前进。

在阿里、京东等各大平台的带动下,以及各地政府的持续推动下,基于仓储冷链物流技术提升、标准化程度提高、用户渗透率上升等因素的影响,2017年是生鲜电商整个产业链开始成熟的起点,生鲜电商开始走资源高度整合的道路,越来越多的生鲜电商加入,同时也有越来越多的企业被整合,整个行业重新洗牌。表1-2由波特五力模型结合M6生鲜分析所得。

表1-2　M6生鲜竞争驱动因素分析

五种力量	M6生鲜竞争格局剖析
现有竞争者之间竞争	行业内的竞争对手,是指行业内提供相同或相似产品或服务的企业组织或个人。现有企业间的竞争往往是行业内五种力量中最强大的竞争力量。行业内竞争对手之间的竞争激烈程度主要取决于竞争对手的数量和规模、实力、价格、质量以及创意等方面。对于M6生鲜而言,其目前主要的竞争对手为盒马鲜生、京东到家、每日优鲜等 (1)盒马鲜生:盒马鲜生是上海盒马网络科技有限公司旗下品牌,总公司于2015年6月成立,并在杭州、苏州等地设有子公司。盒马鲜生以特色商品博取消费者眼球,摒弃了顾客单价理论,店铺的经营理念由自我为中心转向为以消费者为中心,使整体品类组合更加扁平化,配合场景化门店自主运营,使用户深度参与黏性增强,实现店仓一体化,保证线上线下同价及30分钟高效配送

续表

五种力量	M6生鲜竞争格局剖析
现有竞争者之间竞争	（2）京东到家：京东到家是达达集团旗下中国最大的本地即时零售平台之一，依托达达快送的全国即时配送网络平台，为消费者提供便利超市、生鲜果蔬等海量商品1小时配送到家的服务体验。京东到家采用超市合作的模式，减少了商品储存成本，根据用户区域限制性及充沛的线上流量，精准地为用户画像，通过高密度商超覆盖、专属品牌服务和高效末端配送赋能品牌商，补全"全场景消费"版图 （3）每日优鲜：每日优鲜是腾讯投资成员企业，定位为全品类精选生鲜电商。2014年11月成立至今，已完成在水果、蔬菜等9个品类的布局，覆盖全品类，但单类目下提供有限个选择，优化用户需求。每日优鲜发展迅速，在广州、上海、深圳等全国10个核心城市建立起了"城市分选中心+社区配送中心"的极速达冷链物流体系，为全国30多个城市上百万用户提供2小时送货上门服务
新进入者威胁	生鲜电商已逐渐形成规模发展，新的电商企业进入生鲜行业的难度越来越大，且生鲜电商行业前期所需资本量大，产品运输、加工、保鲜等环节中厂房设备耗费量大导致行业成本较高，想要获得消费者的认可和信任需要长期的工作和大量的时间，新进入者需要经过长期的工作才有可能获取利润对已有企业构成威胁 生鲜行业在国家政策的支持下开始涌入了大批企业，在宁波，M6生鲜所面对的新进入企业包括小狐鲜、生鲜档口、姚记生鲜等。新进入行业的竞争者起步快，因为很多经营模式以及一些冷链技术都是市场已有的，对于它们的发展提供了较有利的帮助
替代品的威胁	替代品是指具有相同或相近功能，能够满足顾客同样需求，从而可以相互替代的产品。生鲜电商在产品方面，多以高品质商品满足少数高端人群的需求，跟其他类型的生鲜电商相比不具有独特性，被替代的可能性很高。但与传统模式相比，产品的高端定位和自有物流配送提供的上门服务，是传统生鲜农产品的零售不能完全替代
购买商的讨价还价能力	生鲜电商行业所面对的主要为对食品品质要求较高、注重食品质量安全与新鲜程度且具有一定经济实力的中高端消费者群体 买方的议价能力受下列因素影响：相对于供应商数量的买主数量、单个买主的购买量、可供买方选择的替代产品数量、买方选择替代产品的成本、买方逆向合并的威胁以及购买者的信任程度
供应商讨价还价的能力	首先，在供应商议价能力上，生鲜电商由于网站平台的体量较小，因此产品的销量偏低，在与供应商的议价能力上偏弱。其次，在对经销商所提供的产品方面，也缺乏有效的监控机制和能力，无法做到全程可追溯，产品的安全性和内在品质无法实现良好的把控 在生鲜行业，供应商对于产品的成本付出主要为劳动力，蔬菜、水果是农民种植的，水产是渔民打捞的，对于劳动，市场并没有明确的标价，所以供应商在要价的时候，对于自己的劳动会赋予很高的价值来衡量产品的价格
竞争策略应对选择	产品创新策略：为顾客挑选上等菜品，并且推出多种营养搭配，使菜品感人化 商业模式创新：实行会员制，便利顾客的购买方式与付款效率；创办俱乐部与顾客进行情感交流；投放城市公共智能自助柜，方便白领一族购买商品；掌握人们的需求，为顾客挑选精品

    中国生鲜电商市场随着多方巨头的入局，格局逐渐改变。在现有竞争者中，同样定位于中高端客户市场的盒马鲜生，其作为生鲜电商零售新业态的代表，对M6生鲜带来了一定的竞争冲击，图1-8专门对M6生鲜和盒马鲜生进行了比较分析。

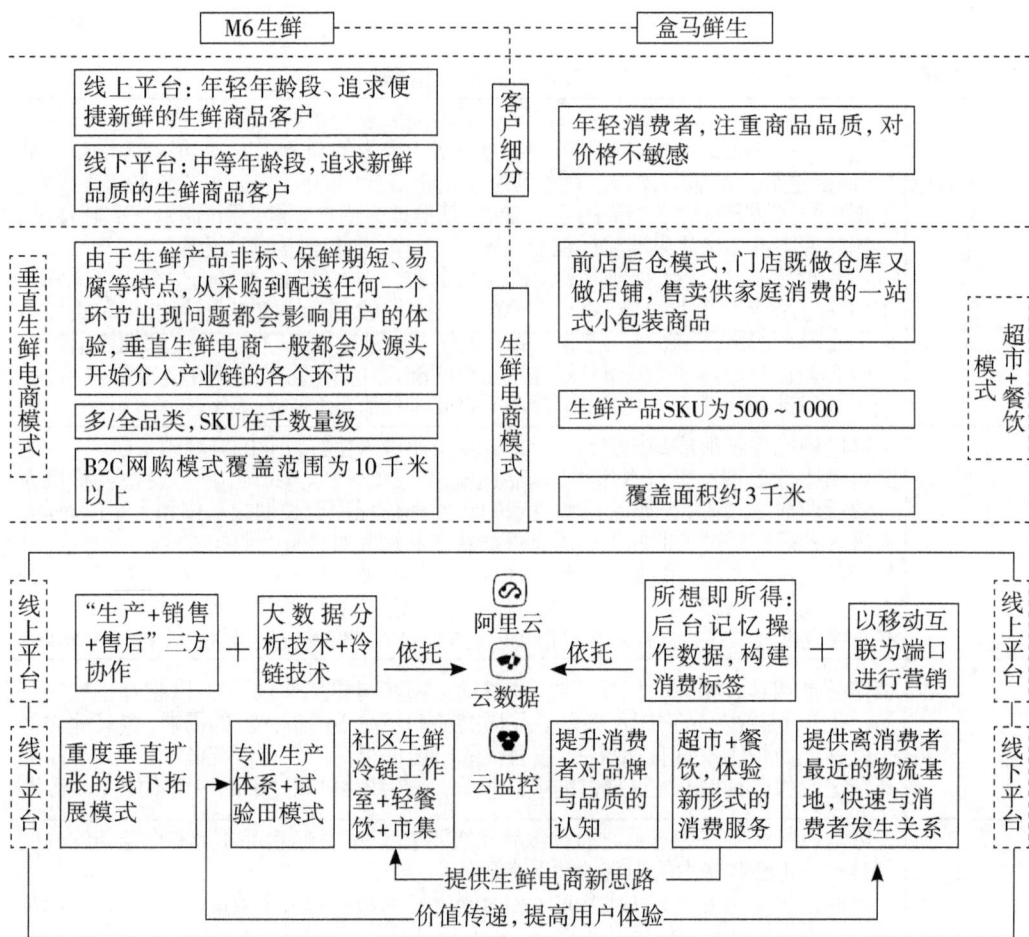

图1-8　M6生鲜和盒马鲜生对比

M6生鲜采用的是垂直生鲜电商模式，以重度垂直扩张的线下拓展模式，配合专业的生产、销售、售后体系，实现从源头开始介入产业链的各个环节，这需要更密切的"生产—销售—售后"三方协作配合，以及大数据分析技术、冷链技术的支持。目前，生鲜电商行业逐渐向新业态模式发展，其中以盒马鲜生为例的"超市＋餐饮"新模式带给了M6生鲜新的挑战和刺激，M6生鲜也逐渐向新业态新模式发展，推出轻饮食餐厅、市集模式及买手工作制，扩宽运营渠道。

问题四：商业模式的构成要素有哪些？请简要描述2004年以来M6生鲜成长过程中的商业模式类型

1. 理论依据

（1）商业模式画布

Osterwalder等（2005）指出，商业模式是一种建立在许多构成要素及其关系之上，用来说明特定企业商业逻辑的概念性工具。商业模式可用来说明企业如何通过创造顾客价值，建立内部结构，以及与商业伙伴形成网络关系，来开拓市场，传递价值，获得利润并维持现金流。Osterwalder和Pigneur（2011）设计了被学者广泛使用的商业模式画布。这一"画布"不仅能够提供更多灵活多变的计划，而且更容易满足用户的需求，除此之外，它可以将商业模式中的元素标准化，并强调元素间的相互作用。商业模式画布包括九个分析模块：客户细分、价值主张、渠道通路、客户关系、收入来源、核心资源、关键业务、重要伙伴和成本结构。这九个分析模块涵盖了商业模式的四个主要方面：客户、提供物（产品/服务）、基础设施和盈利能力。将这九个分析模块按照一定的逻辑科学地融入一张图表中，就形成了一张商业模式画布。如图1-9所示。

重要伙伴	关键业务	价值主张	客户关系	客户细分
叙述对组织的活动而言至关重要的合作伙伴	叙述能够不断创造价值，提供给顾客的重要活动	通过什么产品和服务，解决客户的问题并满足其需求	叙述组织与特定的客户之间是什么样的关系	定义所面向的顾客族群
	核心资源		渠道通路	
	叙述为了执行商业模式所需要的资产		如何与目标客户交流，以传递价值	
成本结构			收入来源	
叙述事业在劳动时的必要成本			叙述组织从目标客户获得的收入	

图1-9　商业模式画布图

新零售背景下，零售企业不断投入资本进行新的商业模式组合，以获取可持续发展的商业模式。互联网时代的零售表面上是"渠道创新"，核心是"数字化升级"。新零售业态下零售商将建立自己的商业模式，线下与线上零售将深度结合，再加上现代物流，服务商利用大数据、云计算等创新技术将构成未来新零售的概念。许媛媛（2020）利用商业模式画布模型，通过分析新零售背景下企业商业模式的调整和搭建、部分先行企业新商业模式的绩效情况，反映出这些新模式的可持续性（见图1-10）。

（2）商业模式画布和商业模式

企业需要理解每个模块的含义及其相互关系，按照特定的流程来开展设计。商业模式画布以价值主张为中心，分成左右两侧，左侧讨论效率，右侧讨论价值。商业模式画布分析从客户细分开始。确定目标客户后，企业需要明确价值主张，以及价值主张通过何种渠道传递给客户，并与客户建立怎样的关系，再确定与客户建立的关系能带来什么形态的收入流。企业描绘商业模式画布的时候，还需要明确企业的关键资源是什么，这些资源能为客户提供什么样的主要活动，以及这些活动需要哪些关键合作伙伴，最终确定完成这些关键活动的成本。

重要合作KP	零售商、互联网技术、物流部门
关键业务KA	线下与线上融合
价值主张VP	以消费者服务为先，以获取利益为最终目的
客户关系CR	服务型
客户细分CS	大数据对不同产品、不同消费特点，制定不同的消费定位和群体识别
核心资源KP	数据、用户、服务等
渠道通路CH	线下—线上—多渠道—全渠道
成本结构CS	流通费用、生产费用、宣传成本、互联网技术成本（新）、物流成本（新、可选择）、人力成本（新）、沟通成本（新）
收入来源RS	销售收入和广告费用——技术、数据+销售收入、服务收入（降低成本，增加收入；提高增值，做好服务）

图1-10　新零售商业模式画布

2. 案例分析

以M6生鲜创新商业模式为例，分析其商业模式创新画布，如图1-11所示。

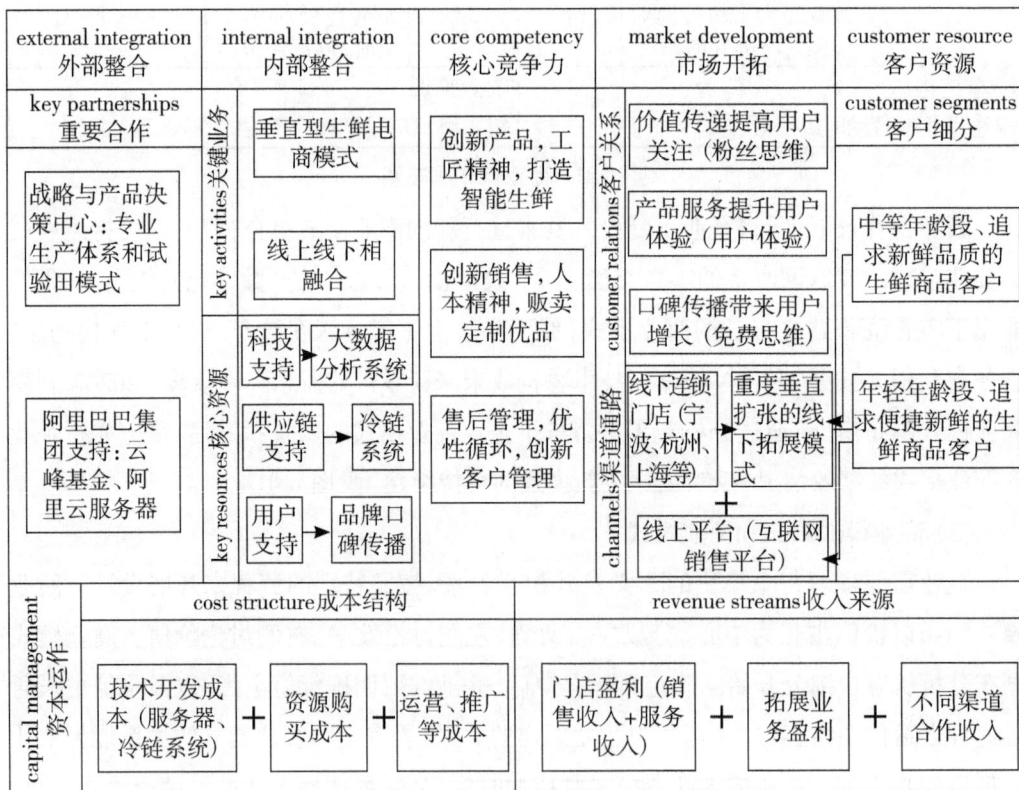

图1-11　M6生鲜商业模式创新画布图

问题五：商业模式创新的途径有哪些？请从"生产—销售—售后"三方协作的角度简要描述M6生鲜商业模式的创新路径，这对生鲜电商行业有何借鉴性？

1. 理论依据

（1）商业模式创新途径

高远、张慧（2015）研究认为商业模式是企业为自己、供应商、合作伙伴和客户等创造价值并不断创新的一种模式。在这个定义的基础上，他们提出了企业商业模式创新的三种途径，并构建了商业模式创新途径模型（见图1-12）。

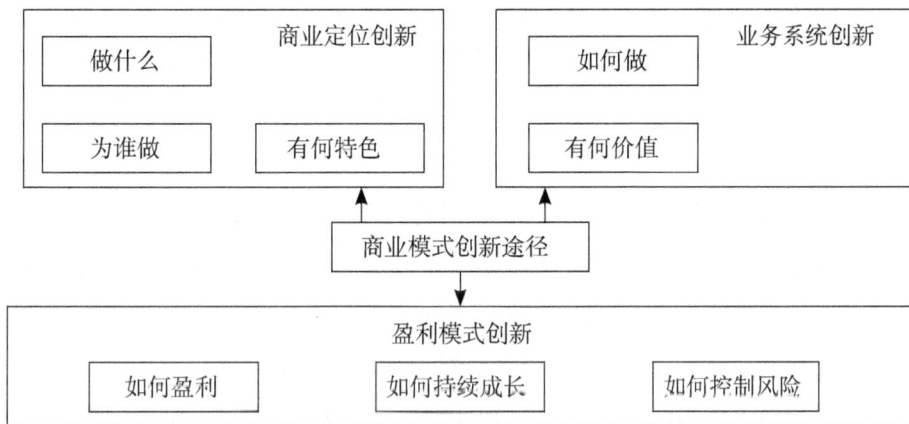

图1-12　商业模式创新途径模型

企业商业模式创新途径模型由三部分构成，具体包括商业定位创新、业务系统创新和盈利模式创新，为了实现企业商业模式的创新，从其中任何一个途径出发，都可以找到创新的方法。其中，商业定位创新主要解决企业做什么、为谁做以及产品特色的问题；业务系统创新主要解决企业采取什么方式去做，以及产品有何价值的问题；盈利模式创新则是解决企业如何盈利，如何持续成长，以及如何控制和规避风险的问题。

（2）协作式概念

"协作式"的概念最初来源于教育行业。在教学方面，为了实现因材施教且促使每位学生都有学习的主动性，个别式教育方式一度是教育技术中推崇的，但随着学习理论研究的深入，仅仅强调个别式教育方式会局限学生的发展，不利于团队意识的培养。尤其在某些学习场合，如人际关系的培养、情感的表达方面，更多地会依赖于师生之间、学生之间的交互关系和群体动力，从而衍生出协作化CAI（computer aided instruction）的概念。

协作教学（collaborative teaching）理念是教育中的一种特殊教育模式。20世纪80年代，欧美一些国家的学者和教育者为使残疾儿童能在正常的教学环境中和正常孩子一样接受正常教育而提出。它包括多种模式：流动模式、咨询模式、协助模式等。其特点之一是普通教师、特殊教育教师、职业教育教师、心理教师、理疗师及其他专业人士协作实施教学。他们一起针对组合班级里学生的个性特点制定统一的、特定的、具体的教学目标、计划和方案，集体讨论解决学生的个性问题，发挥各自特长，实施多样的、具体的、个性的教学，确保教学计划顺利进行，达到教学目标。

协作教学作为一种全新的教育理念，是教师之间、教师与其他相关人员（研究人员、试验人员、教辅人员、其他专业人员）就某个特定施教目标组成团队或搭档进行协同教学的模式。在教学过程中，他们相互协调、相互学习、互为补充、共同提高、共同完善。Knackendoffel（2005）提出，协作教学是"一个不断完善的教育过程，不同专长的教师自愿组合在一起，面对学生学习过程中的问题，探讨并研究出各种方法，并在实施过程中随时监控，及时改进。合作教学不单纯是一次具体协约教学模式，而是一整套实施程序"。具体地说，是两位教师同时担任某个班级的教学任务，一同做教案，一同施教，一同监控所教班级学生每天的学习进度，保证其学习效果。Bauwens 和 Hourcade（1995）提出了三种协作教学方式：团队教学（team teaching）、辅助学习活动（supportive learning activities）和补充指导（complementary instruction）。

同样的，在信息化社会中，经济、科技和社会活动会逐渐打破区域和国家的界限，人们的工作方式趋向于群体性、交互性、分布性和协作性等基本特征，延伸到商业中，现代商业企业的产业边界逐渐被打破，更加追求人与人、人与物、物与物的交互性合作，商业模式的选择和提升也向多方位协作靠拢。

2. 案例分析

我们通过对M6生鲜的深入剖析，得出了"生产—销售—售后"三方协作的协作式商业模式。即依托基于大数据资源，实现生产、销售、售后各方活动的多方位协作和交互性合作（见图1-13），具体见本案例3.1的分析。

（五）关键要点

在案例分析中，生鲜渠道模式、商业模式创新、协作式概念等需要重点把握。分析生鲜电商市场的商业模式创新变革时，生产、销售、售后三方协作是一个需要强调的关键点。案例分析思路如下：①梳理M6生鲜商业模式创新的前因后果，了解生鲜电商行业的经营模式及生态布局；②分析生鲜渠道模式，以垂直型生鲜电商渠道模式为知识点，分析企业实施垂直型生鲜电商渠道模式的选择依据；③以案例企业为例，学习商业模式的驱动因素、构成要素及路径研究；④掌握生产、销售、售后三方协作的内涵和特色，分析生产、销售、售后三者之间的逻辑关系。此外，还需要了解协作式的概念，从而引申了

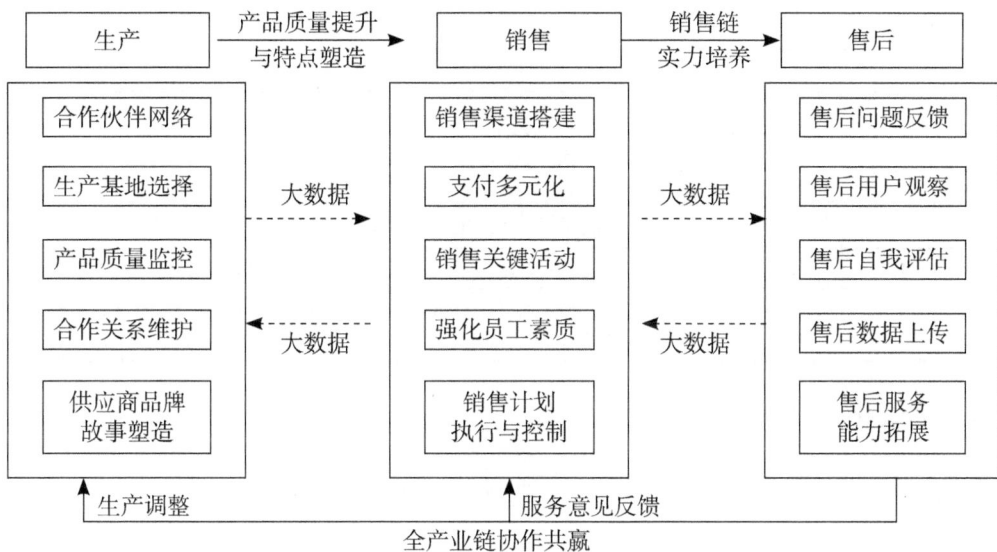

图1-13　M6生鲜协作式商业模式示意

解协作式商业模式的概念，分析协作式商业模式的优缺点，评判协作式商业模式适用的生鲜电商行业。

关键知识点：渠道模式，垂直型生鲜电商渠道模式，商业模式创新的驱动因素、构成要素及路径研究。

（六）建议课堂计划

建议课堂计划如表1-3所示。

表1-3　建议课堂计划

课前计划		
内容	教学活动	时间
课前引导学习	提前下发案例正文、启发思考题及相关参考材料，安排学生以2～4人分组形式完成课前的学习	提前一周
课中计划		
内容	教学活动	时间
简要的课题前言	通过介绍M6生鲜的成长之路，明确本次案例讨论的主题是"M6生鲜：'互联网+'背景下如何实现商业模式创新"	5分钟
小组成果展示	根据先前分好的小组，小组代表依次到讲台上发言，做案例展示	每组5分钟控制在30分钟
分组讨论	引导全班进一步讨论（围绕启发思考题及课堂随机问题交流观点和意见，并进行分析讨论）	30分钟
案例总结	归纳总结各小组发言的内容，梳理案例故事中的知识要点，拓展思维	25分钟

续表

课后计划		
内容	教学活动	时间
总结报告	以小组为单位，以分析报告的形式对课堂学习内容进行总结汇报，并针对案例中的决策问题提出自己的见解	课后一周内

所需的教学设备及材料	
设备	多媒体教学设备（多媒体计算机、投影仪、电动投影屏幕等）
材料	所有学生每人一份案例材料（打印稿）、教学用 PPT（案例配套 PPT、案例附件 PPT、学生制作 PPT 等）

（七）建议板书计划

1. 启发思考题：挖掘生鲜行业经营的问题和主要痛点（见图1-14）

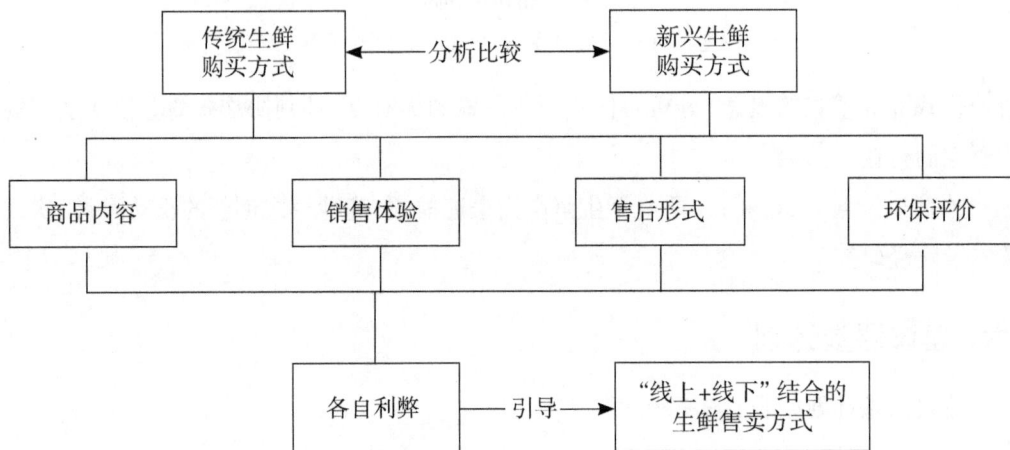

图1-14　挖掘生鲜行业经营的问题和主要痛点

2. 启发思考题：生鲜电商渠道模式（见图1-15）

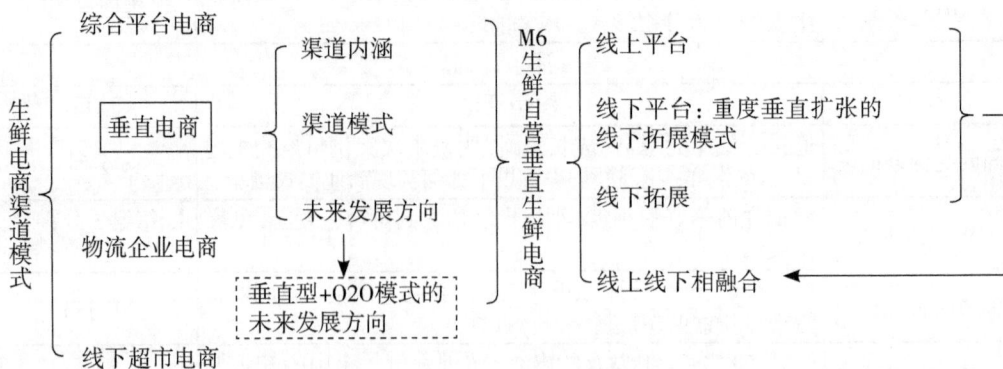

图1-15　生鲜电商渠道模式

3. 启发思考题：商业模式创新的动因（见图1-16）

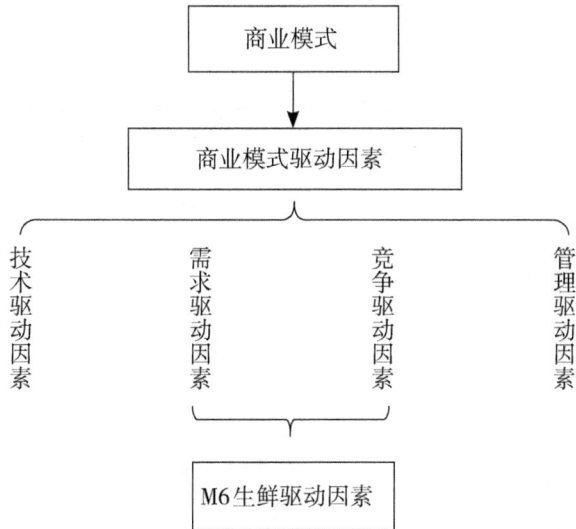

图1-16　商业模式创新的动因

4. 启发思考题：商业模式创新的设计与创新（见图1-17）

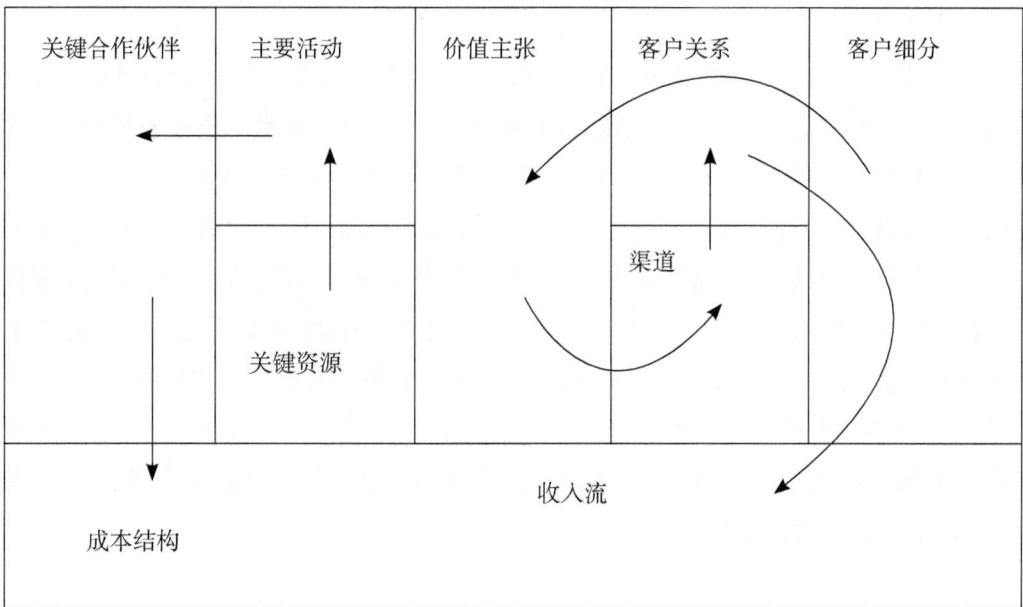

图1-17　商业模式创新的设计与创新

5. 启发思考题：商业模式创新的路径研究（见图1-18）

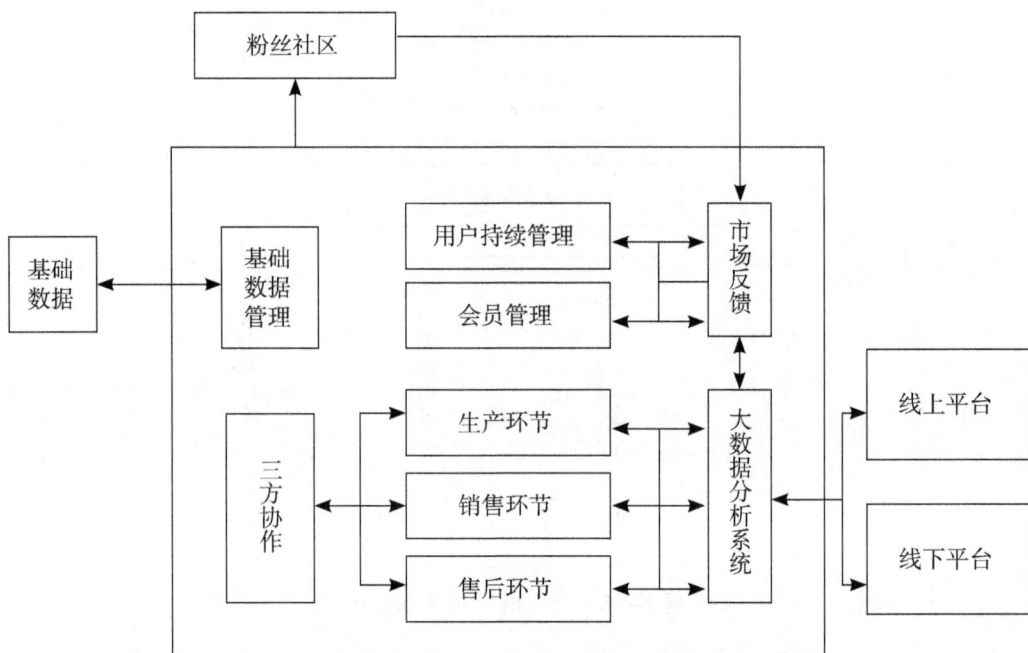

图 1-18　商业模式创新的路径研究

（八）案例的后续发展

经过近两年的努力，M6生鲜完成了3.0时代的改进升级，商业模式创新转型成效显著，"M6生鲜便利商店"—"我土哦M6生鲜E点"—"M6城市公共智能自助柜"重度垂直扩张的线下拓展模式在不断满足消费者需求的同时，继续开展智能化模式，细分目标客户，打造"社区生鲜冷链工作室＋轻饮食＋市集"三位一体的"M6新模式"，实现了"超市＋餐饮＋菜场＋买手制"的结合。截至2020年年底，M6在宁波区域已拥有3家轻饮食餐厅，9W市集在2020年10月开放试营业。"超市＋餐饮"的业态是否能实现"1＋1＞2"？在目前大数据、云平台化的背景下，新兴事物例如直播如何与生鲜电商结合？生鲜标准化在便利商家的同时，是否造成了食材浪费、生态压力？规模化的工厂生产过程中，如何让更多的人钻研食品，把生鲜电商的根本重新定位于食品本身，赋予商品其本来价值？M6生鲜仍在路上……

参考文献

[1] Alt R, Zimmerman H. Introduction to special section—Business models[J]. Electronic Markets, 2001,11（1）: 3-9.

[2] Baourakis G and Kourgiantakis M. The impact of e-commerce on agro-food marketing[J]. British Food Journal, 2002(8): 580-589.

[3] Bauwens J, Hourcade J J. Cooperative teaching: Rebuilding the schoolhouse for all students[J]. Cooperative Planning, 1995(4): 250-251.

[4] Dubosson T M, Osterwalder A, Pigneur Y. E-business model design, classification, and measurements[J]. Thunderbird International Business Review, 2010, 44(1): 5-23.

[5] Govindasamy R, Italia J. Factors influencing consumers willingness to pay for agricultural organic products (Aop) [C]. Internation Conference on Applied Life Sciences (ICALS2012) Turkey, 2012: 371-373.

[6] Hayes A E. Introduction to Mediation, Moderation, and Conditional Process Analysis: A Regression-based Approach[M]. New York: Guilford Press, 2013: 193.

[7] Keen C, et al. E-tailers versus retailers: Which factors determine consumer preferences[J]. Journal of Business Research, 2004, 57(7): 685-695.

[8] Knackendoffel E A. Collaborative teaming in the secondary school[J]. Focus on Exceptional Children, 2005, 37(4): 20.

[9] Osterwalder A, Pigneur Y. An e-business model ontology for modeling e-business[J]. 15th Bled Electronic Commerce Conference e-Reality: Constructing the e-Economy, 2002(6): 17-19.

[10] Osterwalder A, Pigneur Y, Tucci C L. Clarifying business models: Origins, present, and future of the concept[J]. Communications of the Association for Information Systems, 2005, 16(1): 1-25.

[11] Osterwalder A, Pigneur Y. Business Model Generation: A Handbook for Visionaries, Game Changers, And Challengers[M]. New York: John Wiley & Sons, 2011.

[12] Rappa M. Managing the digital enterprise—Business models on the web[EB/OL]. http://digital enterprise org/models/models html.

[13] Sidhu H S, et al. A robust area based disparity estimation technique for stereo vision applications[R]. IEEE, 2011.

[14] Timmers P. Business models for electronic markets[J]. Journal on Electronic Markets, 1998, 8(2): 3-8.

[15] Vlachos I. Critical Success Factors of Business to Business (B2B) E-commerce Solutions to Supply Chain Management[M]. Singapore: World Scientific, 2014.

[16] 布拉德·阿伦·克兰丁尔,詹姆斯·L. 伯罗. 网络营销[M]. 张卫东,编译. 北京：电子工业出版社,2010.

[17] 陈松志,方莉. 线上线下融合模式下考虑战略顾客行为的供应链协调研究[J].中国管理科学,2018（2）: 14-24.

[18] 程愚,孙建国.商业模式的理论模型:要素及其关系[J]. 中国工业经济,2013（1）: 141-153.

[19] 杜兰英,钱玲.基于价值共创的商业模式创新研究[J]. 科技进步与对策,2017（23）: 14-16.

[20] 樊西峰.鲜活农产品流通电子商务模式构想[J].中国流通经济,2013（4）: 85-90.

[21] 高远, 张慧. 企业商业模式创新的三途径研究[J]. 商,2015（6）: 15-16.

[22] 葛继红,周曙东,王文昊.互联网时代农产品运销再造——来自"褚橙"的例证[J].农业经济问题,2016（10）: 51-59,111.

[23] 郭燕,王凯,陈国华. 基于线上线下融合的传统零售商转型升级研究[J].中国管理科学,2015（23）: 726-731.

[24] 郭馨梅,张健丽.我国零售业线上线下融合发展的主要模式及对策分析[J]. 北京工商大学学报（社会科学版）,2014（5）: 44-48.

[25] 谷珍霞."新零售"背景下网络零售企业商业模式创新研究——以盒马鲜生为例[D]. 上海：东华大学,2019.

[26] 郭毅夫.商业模式创新与企业竞争优势：内在机理及实证研究[D]. 上海：东华大学,2009.

[27] 郭毅夫,赵晓康.商业模式创新研究及发展展望[J]. 区域经济论,2009（3）: 96-98.

[28] 洪涛,张传林,李晓春. 我国农产品电子商务模式发展研究（下）[J]. 商业时代,2014（17）: 76-79,129.

[29] 罗珉,李亮宇. 互联网时代的商业模式创新：价值创造视角[J]. 中国工业经济,2015（1）: 95-107.

[30] 苏文."互联网+"背景下我国零售业商业模式转型思考——基于百联和阿里巴巴合作的案例分析[J]. 商业经济研究,2017（23）: 31-33.

[31] 孙永波,李霞. 基于模糊综合评价法的中粮"我买网"商业模式研究[J]. 商业研究,2017（3）: 151-158.

[32] 汪旭晖,张其林. 电子商务破解生鲜农产品流通困局的内在机理——基于天猫生鲜与沱沱工社的双案例比较研究[J]. 中国软科学,2016（2）: 39-55.

[33] 王国顺,何芳菲.实体零售与网络零售的协同形态及演进[J].北京工业大学学报(社会科学版),2013(6):27-33.

[34] 王珊珊,杨昕,陈芬."互联网+"时代的生鲜电商运作模式研究[J].全国商情,2016(12):25-27.

[35] 王生金.商业模式创新驱动因素的实证分析[C].第六届中国立信风险管理论坛论文集,2012:465-479.

[36] 王生金.零售业商业模式创新驱动力实证分析[J].商业时代,2013(21):27-29.

[37] 魏炜,朱武祥,林桂平.基于利益相关者交易结构的商业模式理论[J].管理世界,2012(12):125-131.

[38] 肖芳.供应链是生鲜电商成败的关键[J].互联网周刊,2013(13):52-53.

[39] 许媛媛."新零售"商业模式的建构——基于商业模式画布模型[J].经验与管理2020(4):17-20.

[40] 杨春富.营销渠道管理[M].南京:东南大学出版社,2006.

[41] 杨德荣.水产品垂直电商运营模式研究[D].舟山:浙江海洋大学,2017.

[42] 张力.垂直生鲜电商商业模式的构建研究[J].中国商论,2015(18):16.

[43] 张琳.零售企业线上线下协同经营机制研究[J].中国流通经济,2015(2):57-64.

[44] 张坤,贾晓泳.基于"互联网+农业"的大学生创业模式选择与路径优化[J].当代经济,2017(25):88-89.

[45] 张蒙.线上线下融合对垂直型生鲜电商渠道绩效的影响研究[D].镇江:江苏大学,2019.

[46] 朱智,蔡宁.大数据条件下我国零售商业模式创新研究[J].商业经济,2020(6):63-64,77.

[案例2] 不落窠臼:"蓝米"的商业模式创新探索[①]

一、案例正文

摘　要:商业模式日益受到企业家、创业者和理论界的重视,它不仅是创业者创业活动的蓝图,也是企业从事商业活动的重要指导性工具,商业模式创新被认为是当前企

---

① 案例来源:中国管理案例共享中心,已获授权使用。

业经营的重要趋势。本案例重点描述了一家专业从事 LED 照明产品研发、生产和出口的外贸型制造性公司，在外部商业环境变化、企业增长速度减缓的情况下，实施"外贸不足内贸补"策略，通过资源整合，创新商业模式，使企业走出困境的过程。通过对案例企业商业模式创新探索过程的回顾和现状描述，以此解读商业模式创新理论，引导学生理解商业模式、资源整合、商业模式创新的概念，掌握商业模式设计以及如何通过资源整合来进行商业模式创新的基本方法。

关键词：商业模式；资源整合；商业模式创新

0 引言

2020年5月17日，地处我国东海之滨的港城宁波刚刚进入初夏，温暖而舒适，而宁波蓝米品牌有限公司（宁波奥圣照明有限公司）创始人苏杰先生的眼睛却紧盯着电脑上公司内贸电子平台管理系统（取名：蓝米工厂）上不断跳动的管理和业绩数据，这位"80后"青年创业者似乎终于找到了"蓝米"的商业模式。此时，苏杰思考起未来三年的发展战略：如何在疫情防控形势下拓展运营中心？如何进一步拓展产品线？如何进一步完善应用程序功能，吸引更多商家？他不禁回顾起自 2017 年以来商业模式的创新探索……

1 背景

1.1 苏杰其人

苏杰，1981年11月出生在浙江省宁波市海曙区三江口边的一个普通工人家庭，海曙区三江口一带是宁波商帮的发源地，也是中国唯一成功进行近代化商业转型的地方，有着"走遍天下，不如宁波江厦"之称。20世纪80年代改革开放以后，江厦街成了宁波"地摊经济"的中心，四方八乡的小商小贩来此摆摊，在20世纪90年代，似乎成了"下岗工人"的天下，从小在江厦街小商小贩叫卖声中长大的苏杰，创业做生意，似乎成了他的理想。

2003年，从宁波大学计算机系毕业后，苏杰进入一家外贸公司从事网络管理工作，2006年，一个偶然的机会，苏杰了解到，LED 照明产品在国内很少有厂家生产，而国外市场已开始启动，于是，他组织了一些技术人员开始研究 LED 照明产品的生产技术。

业经营的重要趋势。本案例重点描述了一家专业从事LED照明产品研发、生产和出口的外贸型制造性公司，在外部商业环境变化、企业增长速度减缓的情况下，实施"外贸不足内贸补"策略，通过资源整合，创新商业模式，使企业走出困境的过程。通过对案例企业商业模式创新探索过程的回顾和现状描述，以此解读商业模式创新理论，引导学生理解商业模式、资源整合、商业模式创新的概念，掌握商业模式设计以及如何通过资源整合来进行商业模式创新的基本方法。

关键词：商业模式；资源整合；商业模式创新

0 引言

2020年5月17日，地处我国东海之滨的港城宁波刚刚进入初夏，温暖而舒适，而宁波蓝米品牌有限公司（宁波奥圣照明有限公司）创始人苏杰先生的眼睛却紧盯着电脑上公司内贸电子平台管理系统（取名：蓝米工厂）上不断跳动的管理和业绩数据，这位"80后"青年创业者似乎终于找到了"蓝米"的商业模式。此时，苏杰思考起未来三年的发展战略：如何在疫情防控形势下拓展运营中心？如何进一步拓展产品线？如何进一步完善应用程序功能，吸引更多商家？他不禁回顾起自2017年以来商业模式的创新探索……

1 背景

1.1 苏杰其人

苏杰，1981年11月出生在浙江省宁波市海曙区三江口边的一个普通工人家庭，海曙区三江口一带是宁波商帮的发源地，也是中国唯一成功进行近代化商业转型的地方，有着"走遍天下，不如宁波江厦"之称。20世纪80年代改革开放以后，江厦街成了宁波"地摊经济"的中心，四方八乡的小商小贩来此摆摊，在20世纪90年代，似乎成了"下岗工人"的天下，从小在江厦街小商小贩叫卖声中长大的苏杰，创业做生意，似乎成了他的理想。

2003年，从宁波大学计算机系毕业后，苏杰进入一家外贸公司从事网络管理工作，2006年，一个偶然的机会，苏杰了解到，LED照明产品在国内很少有厂家生产，而国外市场已开始启动，于是，他组织了一些技术人员开始研究LED照明产品的生产技术。

[33] 王国顺,何芳菲.实体零售与网络零售的协同形态及演进[J].北京工业大学学报(社会科学版),2013(6):27-33.

[34] 王珊珊,杨昕,陈芬."互联网+"时代的生鲜电商运作模式研究[J].全国商情,2016(12):25-27.

[35] 王生金.商业模式创新驱动因素的实证分析[C].第六届中国立信风险管理论坛论文集,2012:465-479.

[36] 王生金.零售业商业模式创新驱动力实证分析[J].商业时代,2013(21):27-29.

[37] 魏炜,朱武祥,林桂平.基于利益相关者交易结构的商业模式理论[J].管理世界,2012(12):125-131.

[38] 肖芳.供应链是生鲜电商成败的关键[J].互联网周刊,2013(13):52-53.

[39] 许媛媛."新零售"商业模式的建构——基于商业模式画布模型[J].经验与管理2020(4):17-20.

[40] 杨春富.营销渠道管理[M].南京:东南大学出版社,2006.

[41] 杨德荣.水产品垂直电商运营模式研究[D].舟山:浙江海洋大学,2017.

[42] 张力.垂直生鲜电商商业模式的构建研究[J].中国商论,2015(18):16.

[43] 张琳.零售企业线上线下协同经营机制研究[J].中国流通经济,2015(2):57-64.

[44] 张坤,贾晓泳.基于"互联网+农业"的大学生创业模式选择与路径优化[J].当代经济,2017(25):88-89.

[45] 张蒙.线上线下融合对垂直型生鲜电商渠道绩效的影响研究[D].镇江:江苏大学,2019.

[46] 朱智,蔡宁.大数据条件下我国零售商业模式创新研究[J].商业经济,2020(6):63-64,77.

［案例2］ 不落窠臼:"蓝米"的商业模式创新探索①

一、案例正文

摘　要:商业模式日益受到企业家、创业者和理论界的重视,它不仅是创业者创业活动的蓝图,也是企业从事商业活动的重要指导性工具,商业模式创新被认为是当前企

---

① 案例来源:中国管理案例共享中心,已获授权使用。

办公用房租金、货车费用，等等，每月需要20多万元的费用支出，每月却只能销售50万元左右。目前，没有一个办事处不亏损，而且亏损情况越来越严重。

面对这些问题，许多管理人员搞不明白，在一次高层会议上，有位高管直接对苏杰说："苏总，我们还是放弃吧，我们一心做好外贸，虽然外贸利润率低一些，但是，凭着我们公司的技术、生产、品控和国际市场能力，我们的销售额还在增长，还不至于亏损，但是，如果长此以往，不但内销上不去，还会因巨额亏损拖累了外贸，我们宁波外贸制造业有一个流行的说法：'外贸企业做不了内贸'，看来，说得没错。"

何去何从？放弃很简单，公司也不过发展缓慢一些，不放弃，又该怎么办呢？

3 模式成型

3.1 追根问底

2018年的销售会议比往年开得热闹，与会管理人员围绕着"要不要继续做内销"和"怎样做内贸"两个问题"唇枪舌剑"，"正反"双方剑拔怒张，公说公有理，婆说婆有理。要不是苏杰制止，并做结论性讲话，不知会议还要开多久？

苏杰最后坚定地说："外贸企业做不了内贸，原因何在？这里面有个'商业模式'问题，做内销，重在商业模式，我们为什么会亏损？只能说明，我们现在的商业模式有问题，不是我们是外贸企业而做不好内贸，只要我们在商业模式上摸索出一条路来，我相信，我们这个'老外贸'也能做内销。"

会后，苏杰带领相关人员继续分析原因，寻找解决办法。

苏杰和他的伙伴们先从营销人员离职开始分析，办事处主任和营销人员离职的原因很简单，收入太低，他们都是拿"基本工资＋提成"，办事处主任每月15000元和营销人员每月3000元的基本工资，公司从没少过他们一分钱，公司给他们的提成比例也不低，他们的销量为什么提不上去？是人懒不愿做？能力差？市场不够大，无生意可做？还是营销效率太低？

苏杰查阅了公司国内贸易部成立以来的销售数据，数据显示，开发一家五金店，每月平均只增加两三百元的销售额，由于物流问题，五金店店主一般先向销售人员投诉，销售人员就要协调送货司机，这样，销售人员就没有精力去拓展新的客户，自然提不高销量。另外还有一个问题，公司要求不欠货款，许多营销人员为了多做生意，自垫货款，营销人员的实际收入更是雪上加霜，简单地说，从营销人员角度，付出与所得反差太大，就要从解决五金店的价格、提货和质量着手。

接下来，就是推广问题，仅通过投放广告、网络推广肯定不行，最原始、最精准、最有效的办法是"跑街"，按现在的说法就是"地推"。"地推"需要营销人员，这就需要在各地设立办事处或分公司，组织营销人员"地推"，并管理和考核营销人员。但是，光有"地推"还是不够，需要建立一个电商平台来处理订单、管理客户、管理商品。

思考清楚这些问题后，苏杰开始布局O2O电商内销业务。

2017年年初，苏杰注册了"蓝米"品牌，在总部设立"国内贸易部"来具体协调和管理国内销售事务、客户投诉等工作，在重点城市建立办事处，办事处设一名主任、一名司机、一名仓库管理人员，配备一辆货车，根据城市规模配备面积大小不等的仓库以及若干名营销人员。

办事处主任负责管理、协调和考核本办事处工作人员；营销人员负责以"地推"为主的推广工作；仓库管理人员负责货物保管和物流管理；司机负责给客户送货。

具体做法是，开发手机APP平台和订单处理系统，购买100台送货货车，通过在各地设立办事处，招收大量营销人员，由营销人员通过"地推"将APP平台推荐给五金店店主，公司生产的LED照明系列产品放到APP平台上，店主登录平台选取需要的商品下订，公司业务人员在订单处理系统中看到后，安排公司货物配送车配送。此外，五金店店主也可以通过网络将从公司进货的商品卖给周围居民，居民下单后可以选择上门提货或者请店主送货上门。

凭借着公司多年来形成的强大执行力和组建的地推团队以及广大五金店店主的资源，业务顺利开展。公司办事处遍布全国重点城市，一时间国内业务做得风生水起。

2.2 难以为继

从2018年年初开始，问题接踵而来，国内贸易部忙得不可开交。

起初，五金门店的投诉焦点是送货不及时，公司承诺从下单到收货四个小时，开始还及时，不久，送货时间越来越长，有时甚至几天收不到货，部分客户已失去了对"蓝米"的信任，不愿同"蓝米"合作了。

接着，各办事处开始出现瘫痪或半瘫痪状态，各地的办事处从一般工作人员到主任，纷纷辞职，有的办事处出现"人去楼空"式的成建制离职现象。

财务部总监张总更是忧心重重地向苏杰汇报：已成立的全国20多个办事处，平均每百万元销售额的销售成本需要40余万元，她举了个由5人组成的办事处的案例，这个办事处设主任1名，营销人员2名，货车司机1名，仓库管理人员1名，人员工资、仓库租金、随着成本的不断下降，LED照明产品近年来正逐步替代传统照明产品，成为家居、商业、工业、户外照明的主力，LED照明国内市场规模在不断增长，渗透率在不断提高。"人力资源总监郑总说完，看着苏杰，小心地说："能不能试试内销？"

郑总的话说得很轻，但是，仿佛平静的水中飞来一块巨石，与会者一下子不顾开会的规矩，议论纷纷。

"从内销转到外销，不难，许多企业都是这样过来的，但是，外贸企业做内销，很少有成功的。"外贸部总监李总担心地说。

质量总监方总说："内贸和外贸，产品标准和要求不一样，做内贸，这个弯转得太快"。

……

大家争得面红耳赤。

最后，苏杰总结了大家的意见，梳理了做内贸的优势和困难，力排众议，决定实施"外销不足内销补"的战略，布局国内市场，突破企业发展瓶颈。

2 模式初探

2.1 精心设计

2016年11月初，苏杰成立了由自己兼任组长的"国内市场调研小组"，同时，任命人力资源总监为"国内市场调研小组"常务副组长。

经商多年的苏杰清楚，要做生意，先要找到客户，带着"国内市场调研小组"经过一系列调研，苏杰确定，城市角角落落的五金店就是客户。

苏杰说："在国内照明市场，家里的灯坏了，消费者通常通过两种方式获得产品，自己或委托懂行的电工或与电工一起到五金门店购买，网购比例很低，仅在1%左右，遇到装修，一般会同电工一起购买，集团采购也同样，采购员都会到门店购买，所以，我将内销的客户定位为五金门店，我们只为门店服务，因为客户就在门店，消费者也在门店。"

找到了客户，苏杰开始研究五金门店的痛点，因为只有知道了门店的痛点，才能有的放矢地为它们解决痛点，苏杰把国内的LED照明产品流通环节梳理了一遍：制造商生产的照明产品在国内市场销售主要有三种模式，但是，主通道是通过省代、市代、区代到批发商。五金小店主销售的商品货源一般来自批发市场，由于其进货量小，所以议价能力弱，货源供应不稳定且需自行提货，出现质量问题，往往投诉无门。要解决门店的痛点，

2007年，苏杰创办宁波奥圣照明有限公司，专业从事LED照明产品研发、生产和出口。

到2016年，宁波奥圣照明有限公司已拥有宁波总部鄞州投创工业园区总建筑面积为10万平方米的三个现代化厂区，江苏分厂8公顷土地的工业园区，28条自动组装线及18条全自动包装线，其中球泡灯类生产能力达到每月2000万只以上；拥有1000多名生产员工以及实力强劲的研发团队和品控团队。凭着强劲的研发团队和品控团队，宁波奥圣照明有限公司客户群体遍及包括欧美在内的75个国家和地区，出口额已达10亿元以上。

1.2 危机来临

2016年10月31日，宁波奥圣照明有限公司举行了一次特殊的月度例会，按公司制度，月度例会在每月10日召开，这次月度例会的时间整整提前了10天，会议在完成月度数据分析、月度工作总结和下个月的工作计划后，苏杰突然话锋一转，严肃地说："建厂之初，国外LED照明产品需求量大，国内能生产的厂家不多，产品在国际市场非常畅销，利润也非常不错，以LED球泡灯为例，当时，一个集装箱出口能产生100万元的利润。从2012年开始，国内涌现了大量LED照明产品生产厂家，大小企业一拥而上导致产能过剩，产品逐渐陷入同质化竞争，从而引发价格战，利润率逐年下降，现在的利润率只有2012年的水平，我们公司的出口销售额比2012年翻了一番，达到了10个亿，而企业利润却四年未增长，甚至不及当年5亿元销售额时的水平。我们的同行比我们更惨，据《古镇灯饰报》报道，2012年至今不到四年的时间里，LED照明产品出口平均价格累计下降87.6%。2016年1月到10月，LED照明产品出口均价下降超过20%。LED照明产品出口数量稳步提高，出口额却增长缓慢，利润更是逐步下降。"说完公司面临的危机和原因，苏杰停顿了一下，环顾四周，然后，一字一顿地说："长此以往，不出三年，我们公司将面临亏损，危机来临了，我们该怎么办？"

出席会议的中高层管理人员不由自主地低下头来，时间仿佛在此刻凝固，不知过了多久，生产部总监卞总抬起头来，望着苏杰说："刚才，外贸部林总在分析出口市场时汇报过，近年来，欧美日的LED照明市场增长缓慢，东南亚市场增长很快，每年以20%的速度增长，他们对质量要求不高，能否降低质量要求，使用低质材料，降低生产成本，提高利润率？"

"不行"！负责质量和技术的陈副总激动地说："多年来，我们在质量控制、技术和工艺攻关方面，做出了艰苦的努力，才有了现在的一流质量，不能做垃圾产品！"

"由于LED照明产品具有体积小、亮度高、热量低、耗电省、环保、可控性强等特征，从企业角度,人均销售量太低,经营效率太低。

从营销人员角度看,主要的问题是物流,客户投诉的焦点就是供货不及时,也是物流问题,是不是货运司机工作不力? 公司国内贸易部物流数据表明,货运司机更辛苦,早上7时出门,晚上8时下班,很少有休息时间。

如此分析,说明物流资源不足,要增加货车和司机,但是,真的如此吗? 财务数据表明,现有的仓储和物流模式,每个办事处至少要租300平方米的仓库,由于LED照明产品属于电子产品,对储存环境要求较高,300平方米的仓库,在二线城市每月也要6000元的租金,每个仓库还要配一名仓库管理人员,这又是每月5000多元的支出。司机工资和货车折旧费、维修费、油费、保险费,等等,在正常情况下,每月起码要支出3万多元,而各个五金店都分散在城市的角角落落,每个五金店每次送货量一般只有一二百元,一辆货车每月能送价值20万元的货,这已忙得货车司机"起早摸黑"了。总之,现有的仓储和物流模式,效率极低,成本奇高。如此看来,要解决的是仓储和物流的效率问题。

如果解决了仓储和物流的效率和成本问题,真的能解决现在的所有问题吗? 这时,苏杰的脑子里跳出"客户"二字。于是,苏杰和他的伙伴们开始分析起小五金店来,一家小五金店经营的品种最起码要包括灯具、插座、水龙头、软管、玻璃胶、花洒、开关、胶带、三角阀等上百种五金产品,LED照明系列产品只是其中的一种,按销售额计算,不到其总量的1%,一方面引不起他们的重视,另一方面只做LED照明系列产品也浪费了客户资源,降低了物流的效率。

还有刚才说到的营销人员私垫货款的问题、营销人员的管理问题……

如此多的问题,难道不能破解?

3.2 挖掘资源

2019年7月初,经过团队成员的反复研讨、反复思考,苏杰似乎有了答案,在一次高层会议上,苏杰说:"内销问题,可以归纳为十二个字,即资源不足、效率不高、成本太高",但是,怎样解决这个问题呢? 苏杰继续说:"努力挖掘内外资源,充分利用好资源,积极利用互联网技术,是解决内销问题的钥匙。"

会上,苏杰决定,组建宁波蓝米品牌管理有限公司进行统一管理和资源整合。

2019年7月5日,宁波蓝米品牌管理有限公司成立的第二天,苏杰安排好工作,带着新成立的五金产品采购部主管、品控部主管奔赴全国各地,考察五金商品供应链,寻找价优物美的灯具、插座、水龙头、软管、玻璃胶、花洒、开关、胶带、三角阀等五金商品制造商,洽谈合作事宜,不久,苏杰就整合了100多家五金商品的制造商。

针对物流问题，苏杰带着公司物流管理部主管研究、设计物流最佳流程图，根据物流流程图，与京东物流公司研究物流合作事宜，签订相关协议。

苏杰认为，现有的人力资源管理模式不符合内销发展的趋势，必须设计出新的管理模式来替代，他指示人力资源部认真研究，拿出切实可行的方案。

苏杰清楚，原来的电子商务管理系统远远不能适应未来的内销需求，于是，发出招标通告，有六家信息技术公司投标，苏杰发现，宁波云钛信息科技有限公司提出的方案思路独特，适合"蓝米"未来的国内市场营销模式，苏杰选择了宁波云钛信息科技有限公司。招标结束后，苏杰带着技术人员同宁波云钛信息科技有限公司负责人和技术人员反复研究、探讨，终于确定了适应商业模式创新的电子商务管理系统方案。

3.3 模式创新

经过一系列调整，终于确定了总体方案，这些方案包括：①整合供应链资源，扩展产品线，精选产品，增加向商家供货的品种和数量，从原来单一为五金店提供自产的LED照明产品改为向五金店家提供包括灯具、插座、水龙头、软管、玻璃胶、花洒、开关、胶带、三角阀等五金产品，提高了单个五金店的销售量。②废除各办事处仓库，仓储和物流由总部统一调度，废除原来的自建模式，整合京东物流资源。同时，由于非本公司生产的商品成了大头，需要质检，因此，非本公司生产的五金产品从制造工厂由京东物流运输到总部仓库进行质检后才能接收，任何商品都从宁波总部直接由京东物流发出。③撤销各办事处，营销人员由总部统一在平台上进行管理，各营销区域实行业务员定编，每50万人口配备1名业务员（合伙人），取消业务人员的底薪，在利益分配上实行"合伙人"制，按实际销售利润分成。在工作上，通过管理系统严格实行定时在手机上打卡、每日不少于开发10家五金店、每个客户拜访时间不少于20分钟等工作制度，建立"厂家＋商家＋合伙人（销售人员）"模式。④为了加强组织与协调，苏杰决定，组建宁波蓝米品牌管理有限公司进行统一管理和资源整合；开发新的电子平台管理系统，取名"蓝米工厂"。"蓝米工厂"是一种基于区块链进行产品溯源并集在线商城、新型AI客户营销管理系统为一体的多功能应用系统，除了传统的电子商务营销功能外，还具有商品的防伪溯源、利用不可修改的客户流水证明为平台的供应或客户提供征信服务、智能自动营销、精准客户数据分析、营销人员的定点定时、物流自动对接、人群定向广告触达等功能。⑤拓展服务内容，利用平台上不可修改的客户流水证明为平台的供应或客户提供征信服务，便于没有抵押的供应商或客户向银行申请贷款。同时，为有产品溯源需要的制造商提供基于区块链技术的产品溯源服务。

4 尾声

从2016年下半年决定开发国内市场，2017年年初开始实施，至2019年9月"蓝米工厂"APP上线，蓝米模式正式确立，到现在，经历了几年时间，国内业务终于看到了曙光，但是，未来的蓝米模式该怎么往前走？

Unconventional Explorations of Lan Mi's Business Model Innovation

Abstract: Business models brought to the attention of the entrepreneurs and scholars increasingly. Aright business model is not only the blueprint for entrepreneurial activities but also an important instructional tool for enterprises. Business model innovation is considered to be an significant trend for enterprise management. This case focuses on a professional LED lighting company whose business covers LED R&D, manufacturing, export, etc. Due to the change of the external business environment, the company is implementing the strategy of "domestic trade supplements foreign trade". The company is solving its business issues by resource integration, and business model innovation. By reviewing the explorations of the business model of the enterprise and describing the current situation, this case interprets the theory of business model innovation, which will also help to guide students to understand the concepts of business model, resource integration and business model innovation. Students are expected to grasp the basic methods of business model design and understand how to innovate a business model through resource integration.

Key words: business model; resource integration; business model innovation

二、案例使用说明

（一）教学目的与用途

（1）适用课程：本案例主要适用于"商业模式与创新""创业管理"等课程。

（2）适用对象：工商管理专业本科生和硕士研究生、MBA和EMBA学员或高级经理人培训。

（3）本案例的教学目的：①了解商业模式概念和核心构成要素；②掌握商业模式的设计方法；③掌握商业模式创新的内涵、途径及方法；④引导学生扩展思考苏杰如何利用资源整合进行商业模式创新。

本案例解读的理论是商业模式理论，主要知识点包括以下内容：

（1）商业模式的概念和核心构成要素；

（2）商业模式的设计方法；

（3）商业模式创新的内涵、途径及方法。

（二）启发思考题

（1）结合本案例，从商业模式及商业模式创新理论视角，谈谈苏杰为什么要实施"外销不足内销补"的战略？

（2）商业模式的设计有哪几种方法？结合案例谈谈苏杰在2017年设计的商业模式用了哪种方法？

（3）商业模式创新的途径主要有哪些？结合案例解读苏杰用哪些途径进行商业模式创新？

（4）开放式问题：结合中共中央政治局会议提出的"逐步形成以国内大循环为主体、国内国际双循环相互促进的新发展格局"，本案例对其他企业创新发展有何借鉴意义？

（三）分析思路

近几十年来，企业界和投资界对商业模式的关注和研究与日俱增，特别是创业者和风险投资者。商界认为，具有好的商业模式，成功便有了一半保证，在经济全球化受到挫折、新冠肺炎疫情还未结束、世界政治动荡的背景下，单一企业组织很难拥有企业的全部资源，企业与企业、企业与其他类型组织之间通过一定规则的合作与协同已成为新趋势。因此，整合资源，通过一定的规则构建商业模式成为企业发展的重要基础。

本案例回顾了宁波蓝米品牌有限公司（宁波奥圣照明有限公司）在LED照明产品出口数量稳步提高，出口额却增长缓慢，利润更是逐步下降的情况下，苏杰开始他的"外销不足内销补"策略。首先，近年来由于LED照明产品具有体积小、亮度高、热量低、耗电省、环保、可控性强等特征，且成本不断下降，LED照明产品正逐步替代传统照明产品，成为家居、商业、工业、户外照明的主力，LED照明国内市场规模在不断增长，渗透率在不断提高。其次，苏杰在分析了蓝米进入内销后的重重困难，强调了商业模式的重要性；再次，回顾苏杰在继续前行路上的跌宕起伏，既有跟客户、外部供应商等的艰难磨合，也有企业自身的问题。最后，通过商业模式创新，蓝米取得了积极效果，可引导学生进行开放式思考。具体的分析思路如图1-19所示。

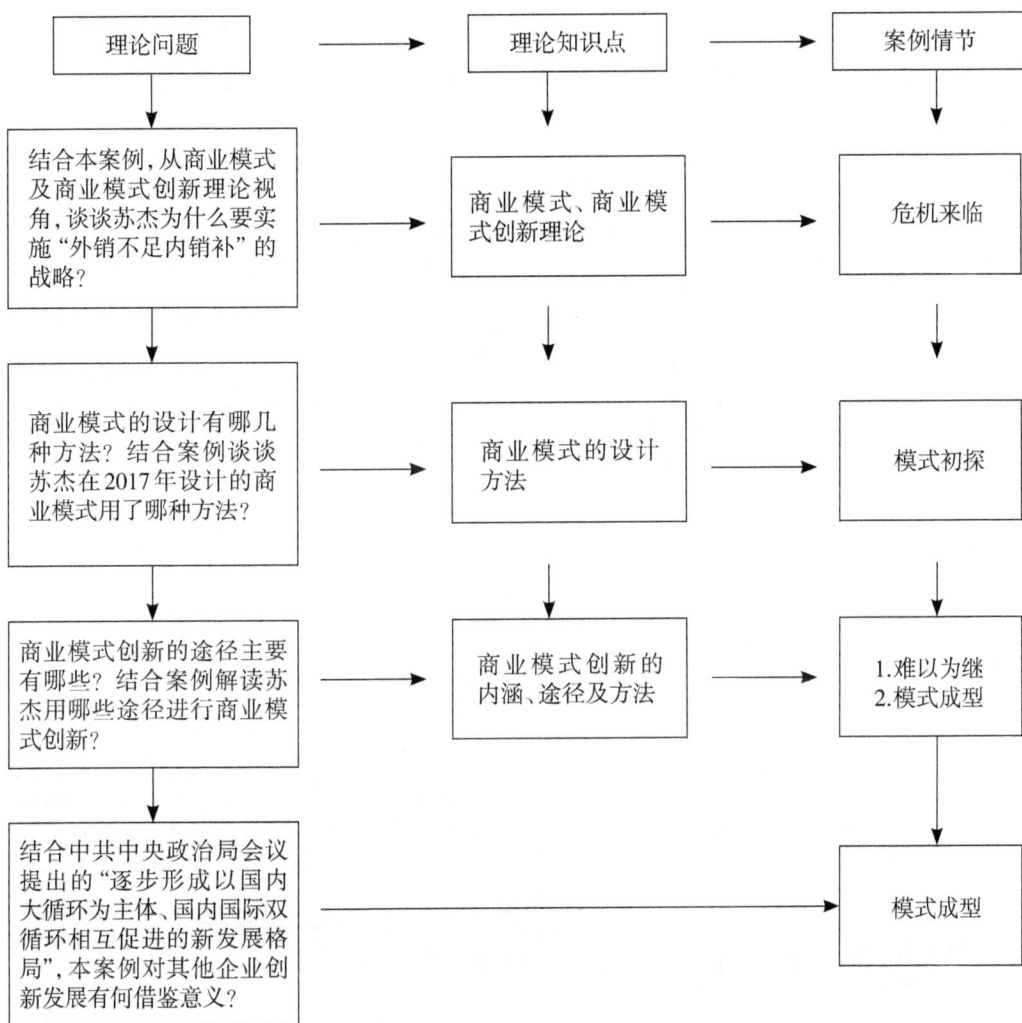

图1-19　分析思路

(四) 理论依据及具体分析

1. 理论依据

本案例的核心理论依据是商业模式理论。

（1）商业模式的概念

商业模式是指为实现客户价值最大化，把能使企业运行的内外各要素整合起来，形成一个完整、高效、具有独特核心竞争力的运行系统，并通过最优实现形式满足客户需求，实现客户价值，同时使系统达到持续盈利目标的整体解决方案。

商业模式是建立在对外部环境、自身资源、能力的假设之上的，但是，信息技术的出现、顾客价值的深化、社会分工的细化和新兴盈利模式的诞生等原因，会促使企业商业模式发生重大变革。若通过改变单一要素无法解决制约企业发展的突出问题，必须对商业模式进行创新，以适应不断快速变化的环境。

国内外学者尝试从不同角度对商业模式进行定义，见表1-4。

表1-4　不同学者对商业模式的定义

学者	定义或解释
Timmers（1998）	商业模式表示产品、服务和信息流的架构，是对不同商业参与者及其角色、潜在利益和收益来源的描述
Stahler（2002）	商业模式是指企业提供何种价值给它的顾客，对顾客而言，商业模式定义了企业将如何满足顾客，以创造价值，也决定了企业要满足顾客的部分是什么，同时还决定了企业将不做什么
Magretta（2002）	商业模式是故事，它阐明了企业是如何运作的。一个好的商业模式将回答下面的问题：我们的顾客是谁？顾客心中的价值是什么？我们如何从这个生意中得到收益？解释了"我们怎样才能以适宜的成本向顾客传递价值"这个问题的潜在经济逻辑
Afuah和Tucci（2003）	商业模式是企业为了创造卓越的顾客，处于获利的位置上，运用其资源和能力来达到这一目的而进行的一系列活动的集合
Morris等（2005）	商业模式是一种简要的方法，说明了如何运用企业战略、结构和经济中一系列相互关联的决策变量在特定的市场中建立持久的竞争优势
Osterwalder等（2005）	商业模式是一种包含了一系列要素及其关系的概念性工具，用以阐明某个特定实体的商业逻辑。它描述了公司能为客户提供的价值以及公司的内部结构、合作伙伴网络和关系资本等用以实现(创造、营销和交付)这一价值并产生可持续、可营利性收入的要素
Amit和Zott（2001）	商业模式描述了交易的内容、结构和管理，并通过对这三者的设计达到利用商业机会创造价值的目的，是一个超越企业边界且又相互依存的活动构成的系统
Teecc等（2010）	商业模式描述了支持顾客价值主张的逻辑、资料和其他要素，以及企业传送该价值的可行收益和成本结构
Sorescu等（2011）	商业模式是由相互依赖的结构、活动和流程整合而成的一个良好的系统，是为顾客创造价值并为公司及伙伴攫取价值的有条理的逻辑
罗珉等（2005）	商业模式是一个组织在明确外部假设条件、内部资源和能力的前提下，用于整合组织本身、顾客、供应链伙伴、员工、股东或利益相关者来获取超额利润的一种战略创新意图和可实现的结构体系以及制度安排的集合

资料来源：饶扬德，刘万元，邓辅玉.创业学[M].北京：中国人民大学出版社，2016:169.

从表1-4对多种商业模式的定义来看，这些定义所强调的内容虽然并不一致，但仍有不少相通之处。总体而言，这些定义存在以下共同点：一是大部分定义都将顾客价值创造作为一个核心成分，常用到"顾客心中的价值""为顾客创造价值"等短语；二是收入逻辑在许多商业模式定义中被提及，如"攫取价值""收益来源"等；三是许多定义用

"合作伙伴网络""关系资本"等词汇来探讨企业的价值网络;四是各种定义也讨论了资源与能力,如"资源""能力""活动"等;五是许多定义涉及战略问题,如"战略创新""竞争优势"等;六是不少定义用了"系统""关联"等词语表述了商业模式具有系统、整体的逻辑性。

结合上述讨论,一个较为全面的商业模式定义应该主要阐述以下内容:商业模式体现了企业战略决策,阐述了企业以系统观念整合内外部资源和活动并为顾客、合作伙伴及企业自身创造价值的逻辑。

商业模式画布是一种用来描述商业模式、可视化商业模式、评估商业模式以及改变商业模式的通用语言。商业模式画布包括九个分析模块:价值主张、客户细分、渠道通路、客户关系、关键业务、核心资源、重要伙伴、成本结构和收入来源。

商业模式画布可以清晰地描述出企业如何创造价值、传递价值和获取价值的基本原理。运用商业模式画布分析商业模式是按照一定顺序来进行的。首先,要明确企业面对的客户是哪些,将给客户带来怎样的价值;其次,必须思考企业如何传递其价值及维护和拓展客户关系;再次,应该明确企业运用怎样的资源在哪些伙伴的协作下来完成创造价值的活动;最后,可以从收入和支出这两个大的角度来分析企业的具体情况。

(2)商业模式设计方法

伴随中国经济结构调整的不断深入,商业竞争也已经从产品竞争、企业竞争、产业链竞争过渡到商业模式竞争阶段。而企业商业模式的超越相比规模超越和技术超越则更易达成,也更容易使企业获得更多的市场机会,并通过商业模式的设计把握这些新机会,使企业在商业模式竞争阶段获得先发优势和结构性竞争壁垒。价值是商业模式设计的核心,价值不应该仅局限于顾客价值,还必须满足合作伙伴的价值诉求,有效成功的商业模式必须整合、协调这些价值诉求,使其服务于企业的收入和盈利。商业模式应该以企业及其相关利益者的价值创造和价值获取为目标。一般来说,商业模式的设计方法可以归纳为全盘复制法、借鉴提升法和整合超越法三种方法。

全盘复制法比较简单,即对优秀企业的商业模式进行直接复制,将较为优秀的商业模式全盘拿来为我所用,当然有时也需要为适应企业情况略加修正。

借鉴提升法是通过学习和研究优秀商业模式,对商业模式中的核心内容或创新概念给予适当提炼,再通过对这些创新点的学习,对照本企业,寻找本企业商业模式与这些创新点对比的不足,如果这些创新点比本企业现阶段商业模式中的相关内容更符合企业发展需要,企业就应结合实际需要将这些创新概念在本企业应用并发挥价值。引用创新点学习优秀商业模式的方法适用范围最为广泛,不同行业、不同竞争定位的企业都适用，在实际引用中主要是取其商业模式较为创新的一个点，这个点一般集中在盈利模式上，当然，产品模式、业务模式、运营模式的创新点也会被引用。另外，要延伸扩展，一个好的商业模式诞生后，这种模式很快会被主要竞争对手复制，但是另一种复制模式则有可能另辟蹊径，并且尽可能抢占相关市场的先发优势。具体做法是，通过对最新商业模式的企业所在行业及细分市场的专业分析找到同一行业内尚未开发的其他细分市场，将该种商业模式的主体框架率先运用在同一行业的不同细分市场，使商业模式的应用范围不断扩展到其他细分市场，当然，商业模式在实际运用中需要针对细分市场进行优化和调整。

整合超越法通常用于行业领导者或细分市场领导者，其余企业尚不具备整合所需的各项能力和要素。其中，颠覆性超越是指借助行业内技术更新换代的时机，围绕技术变革可能出现的新机会，对现有产品的商业模式进行颠覆性创新，使企业凭借新商业模式实现跨越式超越。

（3）商业模式创新

商业模式创新被认为是当前企业经营的重要趋势。产品创新、过程创新、组织创新等原来的创新领域都是针对企业某个部分的创新；在当前网络化、信息化、全球化、知识化经济条件下，单单某个部分的创新已经不能实现生存与发展，对企业的商业模式进行创新成为适应经济环境、获取竞争优势的主要方式，对于新创企业理应如此。

一般而言，基于商业模式组成要素的商业模式创新的途径主要有重新定义顾客需求、改变价值主张、改变顾客接触方式、改变收入模式、以顾客价值为中心的协同模式创新五种途径。

①重新定义顾客需求。尽管大多数企业都能够明确自己所对应目标顾客的需求，但由于顾客需求时刻发生变化，这就要求企业要从根本上进行商业模式创新，即重新定义顾客需求，提出相应的顾客价值主张，进而获取潜在的利润。顾客需求往往受到多种因素的影响，比如社会、文化、经济、消费者心理和消费习惯以及竞争对手的动作等。更令企业感到为难的是，这些变化基本上是非线性的，这给企业顾客需求带来很大困难。所以多数时候，企业对顾客需求的变化会出现判断偏差，因此，由此导致在此基础上进行的商业模式创新失败。

②改变价值主张。价值主张一旦确定，企业需要生产的产品、产品的属性与特征、生产所需要的各种资源、利用资源进行生产的运作流程以及相关的各种对内对外原则都将随之确定。而价值主张的改变也将不可避免地引发上述各个方面的变化。作为商业模式的核心要素，价值主张的变化与创新，必将导致商业模式的其他各个要素发生一

系列变化。在某种意义上，由价值主张变化引发的商业模式变革是企业商业模式最深层次的变革，并将导致商业模式发生根本性变化。

③改变顾客接触方式。顾客接触方式是一个企业商业模式运行现状的反映，同时也是企业与顾客之间关系价值的体现。通过改变顾客接触方式进行商业模式创新涉及顾客界面的设计和选择。目前，针对顾客接触方式的界面分析已成为商业模式创新研究的一个重要突破点，特别是对最终顾客提供的产品/服务的研究。加强企业与目标顾客之间的相互交流已成为企业商业模式创新的主要路径之一。特别是在那些无明显有形特性或容易被竞争者产品替代的产品/服务中，企业与顾客之间的接触方式就显得更为重要。

④改变收入模式。收入模式是指企业的商业模式取得收入的路径。重新定义企业的收入模式可以分别从收入模式的三个要素来考虑，通过改变三个要素来刺激目标顾客的消费欲望，从而提高企业的收入。首先，企业可以与竞争者采用不同的收入介质获得收入；其次，企业可以改变其交易方式，比如采用信用交易，积极推行消费信贷，或者实行竞标形式等；最后，企业可以改变其计费方法。

⑤以顾客价值为中心的协同模式创新。这种商业模式创新的关键是企业要以客户价值为中心，并通过各种手段与其他企业之间产生协同效应。

2. 案例分析

问题一：结合本案例，从商业模式及商业模式创新理论视角，谈谈苏杰为什么要实施"外销不足内销补"战略？

商业模式中最核心的是价值的创造过程。

第一，2012年开始，由于国内涌现了大量LED照明产品生产厂家，大小企业一拥而上导致产能过剩，产品逐渐陷入同质化竞争，同质化竞争引发价格战。利润率逐年下降。在这种情况下，要实现企业的创新发展，构建符合时代需求的商业模式十分重要。制造型企业要想实现价值创造必须以"服务主导"的方式与客户共同完成。在与客户的价值共创过程中，使自己成为价值共创的辅助者而不是主导者，客户是在自己的支持下完成了价值创造，进而也实现了企业的价值创造。这种思路完全转变了以往基于"生产者逻辑"价值共创的方式，让客户以自身利益为出发点，成为价值共创的主导。

第二，多年来，蓝米公司虽然进行了有效的产品创新和生产工艺技术革新，像蓝米这样的中小型制造型企业因资金、技术实力等限制，暂时无法做到在技术和产品上的颠覆性创新，但是，在企业谋求生存和长远发展的道路上，需要保持核心竞争能力。中小企业可从商业模式创新的角度入手，针对现有商业模式中存在的问题和原因进行剖析，找到突破口，实现企业的创新发展。

第三，值得一提的是，中共中央政治局在2020年7月30日召开会议，提出"加快形成以国内大循环为主体、国内国际双循环相互促进的新发展格局"，中央是基于什么考虑？为何提出"以国内大循环为主体"？如何实现"双循环相互促进"？企业如何实现自己商业模式的创新与变革，形成核心竞争力？

第四，通过分析得出重新构建商业模式对蓝米公司具有现实意义。为企业在"以国内大循环为主体、国内国际双循环相互促进的新发展格局"下，找准自己的定位、提出符合需求的价值主张、打造自己的核心竞争力等方面都起到了帮助作用。对企业为适应当前"复杂多变"的国际环境下，改善目前的经营现状和对未来的发展模式及规划具有一定的参考价值。

问题二：商业模式的设计有哪几种方法？结合案例谈谈苏杰在2017年设计的商业模式用了哪种方法？

商业模式设计主要有三种方法。第一种是全盘复制法，就是对优秀企业的商业模式进行直接复制，将较为优秀的商业模式全盘拿来为我所用，当然有时也需要为适应企业情况略加修正。第二种是借鉴提升法，通过学习和研究优秀商业模式，对商业模式中的核心内容形成创新概念，并给予适当提炼和节选，再通过对这些创新点的学习，对比本企业，寻找本企业商业模式与这些创新点对比的不足，如果这些创新点比本企业现阶段商业模式中的相关内容更符合企业发展需要，企业就应结合实际需要将这些创新概念在本企业进行应用并发挥价值。第三种是整合超越法，这是基于企业已经建立的优势或平台，依托消费者对本企业的忠诚度或用户黏度，通过吸收和完善其他商业模式进行整合创新，构建相关竞争壁垒。整合超越法用于行业领导者或细分市场领导者，其余企业尚不具备整合所需的各项能力和要素。本案例中，苏杰用的是第二种方法，即借鉴提升法，苏杰在充分研究现有模式的基础上，根据本企业和产品的特点进行创新。

问题三：商业模式创新的途径主要有哪些？结合案例解读苏杰用哪些途径进行商业模式创新？

基于商业模式组成要素的商业模式创新途径主要有：重新定义顾客需求、改变价值主张、改变顾客接触方式、改变收入模式、以顾客价值为中心的协同模式创新五种途径。

苏杰主要通过改变收入模式和以顾客价值为中心的协同模式创新途径来进行商业模式创新，在商业模式创新中，一方面，苏杰整合了供应链，通过增加产品品种，由单纯的LED照明产品扩大到包括五金件的产品，收入的介质发生了变化；另一方面，苏杰通过以客户价值为中心,延伸服务内容,并通过各种手段与其他五金店之间产生协同效应。

问题四:开放式问题,结合中共中央政治局会议提出的"逐步形成以国内大循环为主体、国内国际双循环相互促进的新发展格局",本案例对其他企业创新发展有何借鉴意义?

中共中央政治局2020年7月30日召开会议指出,当前经济形势仍然复杂严峻,不稳定性不确定性较大,我们遇到的很多问题是中长期的,必须从持久战的角度加以认识,加快形成以国内大循环为主体、国内国际双循环相互促进的新发展格局,建立疫情防控和经济社会发展工作中长期协调机制,坚持结构调整的战略方向,更多依靠科技创新,完善宏观调控跨周期设计和调节,实现稳增长和防风险长期均衡。

从外部环境看,境外新冠肺炎疫情快速蔓延,叠加经济全球化遭遇逆流,一些国家保护主义和单边主义盛行。联合国贸发会议(UNCTAD)发布的《2021世界投资报告》显示,2020年全球外国直接投资(FDI)总额下降了三分之一以上,降至1万亿美元,与2019年的1.5万亿美元相比,下滑35%。

从内部运行看,我国经济正处在转变发展方式、优化经济结构、转换增长动力的攻关期,经济发展前景向好,但也面临着结构性、体制性、周期性问题相互交织所带来的困难和挑战,加上新冠肺炎疫情冲击,目前我国经济运行面临较大压力。

不过,尽管当前经济形势依然复杂严峻,但新冠肺炎疫情等外部冲击不会改变我国经济长期向好的基本趋势,我国经济韧性仍强劲。随着新冠肺炎疫情防控形势的不断向好,复工复产复商复市有序推进,2020年二季度经济增长明显好于预期,经济发展呈现稳定转好态势,在疫情防控和经济恢复上都走在世界前列。

本案例中,蓝米的经验和做法,对于中小企业特别是制造型中小企业实现企业的创新发展,具有以下借鉴意义:

第一,蓝米公司在外部环境发生变化,出口效益明显下降的情况下,虽然未提出"内循环"的概念,但是,根据本企业的具体实际,实施"外贸不足内贸补"战略,客观上在实施"打通内循环",比中央提出的"以国内大循环为主体、国内国际双循环相互促进的新发展格局"早了三年多。这种不墨守成规、大胆创新的思维值得其他企业借鉴和学习。

第二,公司创始人苏杰不愿做"温水中的青蛙",在众说纷纭中力排众议,决策"外贸不足内贸补"战略,在"外贸不足内贸补"战略实施过程中遇到挫折时体现出"不怕困难、敢于冒险、大胆尝试"的企业家精神,值得其他企业的管理人员学习和借鉴。

第三,蓝米公司能针对企业现有商业模式中存在的问题和原因进行剖析,找到突破口,进行商业模式创新,激活高质量发展的强劲内生动力,通过"互联网+"构建完整的内贸营销体系,调整产品结构,以客户价值为中心,延伸服务内容,着力打通生产、流通、消费各个环节,畅通国内大循环,形成企业新的增长点,使企业提升自身发展水平。这种务实的做法,值得其他企业学习和借鉴。

（五）关键要点

1. 案例关键点

（1）蓝米为什么要实施"外销不足内销补"的战略?

（2）蓝米通过哪些途径进行商业模式创新,从而实现"外销不足内销补"战略?

2. 知识关键点

（1）商业模式;

（2）商业模式设计;

（3）商业模式创新。

3. 能力关键点

（1）商业模式设计能力;

（2）商业模式创新能力;

（3）系统思考能力。

（六）建议课堂计划

本案例可开设专门的案例讨论课来分析,参与案例讨论的人数应当控制在30人以内,整个案例课堂时间控制在 80~90 分钟,以下是按照时间进度提供的建议课堂计划,仅供参考。

1. 课前计划

通过邮件或公共信息平台发布预习公告,教师应提前一周将案例正文、辅助阅读材料等相关材料发放给全体学生,引导学生在课前完成阅读及启发思考,并在正式上课开始前,再进行一次统一的课前阅读。提供启发思考题给学生,请学生在课前完成阅读和初步思考,并了解商业模式创新的相关理论知识,预计时间在20分钟左右。

2. 课中计划

课程用时控制在90分钟之内,完成系列知识的教学环节:简要引导、案情回顾、分组讨论、小组发言、案例总结。详细的时间安排如表1-5所示。

表1-5　课中时间安排

课堂进度	序号	内容	教学内容	时间/分钟
课堂	1	简要引导	教师就本案例进行简单介绍（案例主题、主要理论、课堂形式）	5
	2	案情回顾	随机提问各组学生，对案例主要情节进行回顾，使得学生对案例有一个整体的把握	10
	3	分组讨论	分小组对案例启发思考题进行讨论，在组长的引导下，形成最终答案	35
	4	小组发言	采用点名与小组推荐代表相结合的形式对相关启发思考题进行发言，其他小组成员可以提出问题与补充	25
	5	案例总结	教师根据各组回答和理论知识点进行总结，同时启发对商业模式创新的进一步思考	15

3. 课后计划

（1）请你运用商业模式创新相关知识点，能不能发现市场上还有哪些企业需要进行商业模式创新？

（2）根据现在蓝米商业模式存在的问题，结合行业环境和国内外形势，谈谈对其的改进意见和建议。

参考文献

[1] Amit R, Zott C. Value creation in E-business[J]. Strategic Management Journal, 2001 (22): 493-520.

[2] Afuah A, Tucci C. Internet Business models and Strategies: Text and Cases[M]. Boston: McGraw-Hill /Irwin, 2003: 32-33, 196-201.

[3] Chesbrough H, Rosenbloom R S. The role of the business model in capturing value from innovation: Evidence from Xerox Corporation's technology spin-off companies[J]. Social Science Electronic Publishing, 2002, 11(3): 529-555.

[4] Magretta J. Why business models matter[J]. Harvard Business Review, 2002, 80(5): 86-92.

[5] Markides C, Charitou C D. Competing with dual business models: A contingency approach[J]. The Academy of Management Executive(1993—2005), 2004, 18(3): 22-36.

[6] Morris M, Schindehutte M, Allen J. The entrepreneur's business model: Toward a unified perspective [J]. Jounal of Business Rescarch, 2005, 58(6): 726-735.

[7] Osterwalder A, Pigneur Y, Tucci C L. Clarifying business models: Origins, present, and future of the concept[J]. Communications of the Association for Information Systems，2005,16（1）: 1–25.

[8] Sorescu A, et al. Innovations in retail business models[J]. Joumal of Retailing, 2011, 87（S1）: 3–l6.

[9] Stahler P. Business models as an unit of analysis for strategizing[R]. International Workshop on Business Models, Lausanne, Switzerland, 2002.

[10] Teece D J, Pisano G, Shuen A. Dynamic capabilities and strategic management[J]. Strategic Management Journal, 2010, 18（7）: 509–533.

[11] Timmers P. Business Models for Electronic Markets[J]. Journal on Electronic Markets, 1998, 8（2）: 3–8.

[12] 罗珉, 曾涛, 周思伟. 企业商业模式创新: 基于租金理论的解释[J]. 中国工业经济, 2005（7）: 73–81.

[13] 孙永波. 商业模式创新与竞争优势[J]. 管理世界, 2011（7）: 182–183.

[14] 肖智星. 基于商业画布模型的ofo小黄车商业模式研究[J]. 现代商业, 2018（1）: 81–84.

[15] 杨特, 赵文红, 李颖. 创业者经验宽度、深度对商业模式创新的影响: 创业警觉的调节作用[J]. 科学学与科学技术管理, 2018（7）: 88–103.

［案例3］ 小企业如何撑起大平台: 大数据视角下"弹个车"商业模式创新之路①

一、案例正文

摘　要: 作为阿里巴巴新零售战略在汽车领域的重要布局, 大搜车基于蚂蚁金服开放平台推出的互联网购车平台——弹个车, 成为践行马云"新零售"概念的佼佼者。2016年11月15日, 大搜车推出中国首个汽车融资租赁产品"弹个车", 主打"1成首付弹个车"。目前, 弹个车已成为国内汽车新零售和新金融的创新样本, 重新定义了一种全新的购车方式。弹个车通过大数据赋能链接汽车厂商、汽车经销商、物流服务商、保险

---

① 案例来源: 中国管理案例共享中心, 已获授权使用。

及售后服务等多个主体,构建了多边价值体系,实现了多边价值创造。

大数据视角下,弹个车创新二手车新零售模式、融资租赁模式,倒逼汽车销售行业转型升级。弹个车创新了新的消费场景,创造了全新的商业模式。弹个车商业模式的创新路径包括:①赋能——基于大搜车的SaaS大数据;②开放——实现平台化升级;③创新——占据二手车市场先行优势;④协同——构建汽车产业互联网协同生态。弹个车的新零售、新金融模式,推动了汽车产业数字化文明之路。

关键词:大数据;新零售;新金融;商业模式创新

0 引言

弹个车由大搜车于2016年11月15日正式推出,是中国汽车市场"1成首付"开创者。它开辟了中国汽车市场除了全款购车、按揭购车以外的第三种方式。弹个车开创了"1成首付"超低首付方案和"先用后买"的超弹用车方案,开启了消费者的购车新模式,定义了一种全新的购车方式,吸引了广大的消费者,为国内汽车新零售和新金融提供了创新样本。弹个车是基于蚂蚁金服开放平台赋能的弹性购车金融服务解决方案,自面世以来,弹个车就实现了跨越式发展。

当案例调研组问及弹个车推出的背景时,大搜车创始人兼CEO姚军红思绪万千,公司创业的历程历历在目,过去十年的创业历程如同电影般一幕幕地在他脑海闪过。公司是怎么活过来的? 公司未来发展在哪里?

1 仗剑天涯:试水C2C市场

2012年9月,就在美国华平投资集团对神州租车的2亿美元投资刚刚敲定时,神州租车的创始团队成员、执行副总裁姚军红却选择低调离开了公司。2012年,正是看到互联网未来广阔的发展空间,不安分的姚军红怀揣着对互联网的创业梦想,毅然单枪匹马在杭州创立大搜车,把公司开在阿里巴巴的家门口。而此时优信拍刚刚起步,人人车、瓜子二手车尚未诞生。行业竞争者优信拍和车易拍主营B2B拍卖模式。创业之初,大搜车错开市场,采取市场补缺者战略,建立线上线下二手车零售连锁超市,采用寄售模式,即C2C市场,卖方把车寄放在大搜车的线下车馆里,让买方来选购,价格由卖方自定。同时,大搜车通过自有网站为卖方提供线上推广渠道。每完成一笔交易,大搜车收取卖方3%的佣金。

　　与国外二手车连锁零售模式采取重资产模式不同，大搜车采取轻资产模式。比如CarMax，CarMax的商业模式是从整车厂、汽车租赁公司或其他拥有旧车的机构收购二手车，然后再以低于每辆车平均价值的价格出售，并向客户明码标价，提供质量保证。

　　大搜车，作为最早入局的二手车玩家，可以说是"最招人喜欢的香饽饽"。2012年至2013年间，仅成立一年时间的大搜车就顺利获得晨兴资本、源渡创投、红杉资本的两轮投资，融资总额2000万美元。

　　2012年至2013年间，姚军红带领大搜车这个年轻的团队一路狂奔，不断试错迭代，公司成立一年多来，这个年轻的团队取得了不俗的业绩。2014年年初，大搜车网站上线运行半年，位于北京的二手车体验店的月销量从开张当月的30台上升到230多台，在全国二手车零售店月销量排名第二。但令姚军红纠结的是，C2C市场模式下，由于交易双方信息的不对称，买方、卖方对价格异常敏感，盈利空间有限，商业模式可持续性不强，企业战略调整转型迫在眉睫。

2 战略调整：退出C2C市场

　　2014年，大搜车创始人姚军红和团队核心成员进行"运营模式复盘"，复盘后给了姚军红当头一棒，每月每台成交量坪效86平方米、人效1.7人，相当于投入86平方米店、1.7个员工，每月仅成交一台二手车，利润5000元。假如用相同的投入去投资经营面馆，一个月利润何止5000元！ C2C市场业务投入产出率过低，姚军红和核心团队成员不禁暗自感叹，卖车的还不如开面馆的，C2C市场并不是好的商业模式。当天大搜车团队高管会议一直持续到凌晨1点，大家争得面红耳赤，争论的焦点在于是继续留在C2C市场，优化流程，提高效率，从而做大这块蛋糕，还是退出C2C市场进行战略转型。退出C2C市场，公司战略如何转型？公司未来的发展方向在哪？这在当时，姚军红和核心团队成员都还没有想好。

　　可以这么说，对于一家刚成立不到两年的年轻公司来说，这是个两难抉择。最终，在企业发展的关键时刻，公司创始人姚军红拍板一锤定音，在二手车电商C2C风头正劲之时，带领大搜车团队忍痛割爱，退出C2C市场。

　　北京的凌晨2点，天还下着小雨，姚军红一个人孤独地站在办公室窗口，看着窗外，小雨不停地拍打着玻璃，姚军红在静静地思考，公司未来发展的路在何方？

3 另辟蹊径：基于SaaS系统赋能2B市场

3.1 二手车市场交易欠完善

经过多次深入行业调研，姚军红及其创业团队发现，我国二手车市场与发达国家相比起步较晚，发展较为落后和混乱，进入门槛低，二手车市场发展还存在较多问题。当前，二手车流通信息不透明，没有形成二手车流通信息平台，信息查询开放力度不够。买卖双方信息不对称，往往上演"劣币驱逐良币"现象。同时，我国信用体系不健全，在很大程度上制约了二手车市场。在二手车交易中，价格评估是很重要的环节，但目前二手车估价的标准全国不统一，二手车评估体系不健全，在二手车交易中存在定价不合理、随意性较大的问题。在技术检测方面，检测不到位，程序不严格，目前，国家还没有要求所有二手车在交易前必须经过有关技术检测，很难保证二手车购车者的利益。且二手车服务保障措施不完善，二手车交易过程中的车辆贷款登记、保险、质保、维修等服务保障措施有待加强。

3.2 SaaS系统赋能2B市场

2014年，大搜车开始转型，开始涉足2B市场。2015年8月22日，在大雨中，大搜车的三位合伙人姚军红、张立宇、李志远毅然忍痛割爱关掉了在北京的唯一一家门店，这一天在大搜车的发展史上至关重要，非同寻常。

也许是因为浙商创业者身上特有的活力和创新创业情怀，以及不甘于小富即安的人生哲学，面对街道上每天川流不息的汽车，姚军红一直在思考大搜车的未来在哪里。

针对二手车市场的信息不对称，姚军红觉得完全可以靠SaaS系统数据解决。此时的姚军红热情高涨，仿佛在黑暗中寻找到了前进的灯塔。姚军红当即召集公司核心团队成员进行商讨，着手准备进入2B市场。

在二手车市场领域，信息流是价值的核心，信息流是二手车商的生命线。基于这样的思路，公司将业务转移到了线上，针对二手车商提供基于SaaS系统的全方位业务服务，赋能二手车商发展，帮助大大小小的二手车商提升盈利能力，将交易信息数字化，做好精准的数据匹配。通过不断的技术研发和试错迭代，大搜车研发诞生了两款产品——"大风车"和"车牛"。

"大风车"业务管理系统主要服务大车商，业务涵盖评估系统、ERP、CRM、营销系统、报表系统；而"车牛"APP则是服务小车商，即个体二手车经纪人，业务功能涵盖估价、收车、卖车、拍卖、交流、担保交易等。姚军红称，"大风车"注重交易过程管理，而"车牛"更多的是注重交易结果。

数据显示，2016年，使用大搜车SaaS的车商从200多家增加到4000多家，全国百分之七八十的二手车商都在使用这一系统，95%的大型二手车商都在使用大风车系统。

正当公司在2B市场发展得如火如荼的阶段，不安分的姚军红心中的2C市场梦又旧梦重燃。那么，公司此时再战2C市场是否合适？公司能够解决2C市场的哪些痛点？公司又具备哪些核心资源？这一连串的问题开始在姚军红脑海中快速运转。

4 战略延伸：从交易到金融

4.1 汽车零售行业竞争局势

当前，二手车零售市场竞争激烈，"瓜子二手车""人人车""优信二手车""易车"纷纷布局，呈现多足鼎立的竞争态势。近两年，B2C和C2C模式的二手车电商平台风起云涌，开辟了二手车交易的O2O新战场，定义了二手车交易的新场景。诞生了以"瓜子二手车""人人车"为代表的C2C模式，"优信二手车""易车"为代表的B2C模式。

（1）瓜子二手车。市场推广力度大，同时背靠"58同城"，有巨大的流量优势，知名度和曝光度很高；人工智能的应用提升了运营流程的效率和金融业务的发展。资金大幅投入市场推广，技术、运营服务能力上相对滞后；无线下店，用户体验较差，不能将汽车售后服务中诸如汽车养护等问题纳入商业模式的环节；未解决跨区域物流问题。

（2）人人车。拥有线下店，用户体验好，提供汽车养护等服务，与滴滴围绕汽车产业展开了全方位的合作，口碑良好，用户转换率高；线下店不提供售后服务，买卖交易效率低，未实现资源的有效配置；"广告"大战中的策略失误导致目前人人车规模小、知名度不高；未解决跨区域物流问题。

（3）优信二手车。车源获取比较容易，自建物流体系，优先发展全国直购业务，优信金融相关业务丰富；服务压缩其利润，矛盾明显；自建立物流体系，资产规模大；市场广告直销成本高，无法短期盈利。

（4）易车。2000年，易车成立，2010年，易车在美国纽约证券交易所正式挂牌上市。作为中国汽车互联网平台的领先企业，易车为中国汽车用户提供专业丰富的互联网资讯和导购服务，并为汽车厂商、汽车经销商提供一站式互联网营销解决方案。通过大数据和AI整合产品和服务，易车深度赋能链接汽车上下游产业链，不断完善服务汽车全产业链的能力。易车APP发展成为集汽车资讯、报价、车友社区、汽车服务于一体的综合汽车服务平台。

二手车虽在近几年来受到众多消费者的热捧，但是在整体汽车市场中所占份额不超过10%，传统的购车方式依然成为大部分用户的选择。且在共享汽车滴滴出行等技术不断普及的情况下，如果不在原基础上进行技术革新，相关产品很容易被后来者替代。在原来基础上，二手车销售仍需注重创新开拓，筑高竞争壁垒。在移动互联网、人工智能、数字经济时代，传统二手车行业如何融合数字经济，数字经济如何赋能传统二手车行业，大数据如何赋能，值得进一步探索和研究。

4.2 汽车零售行业痛点

经过多次深入行业调研并结合行业经验，姚军红及其创业团队发现，无论是在选车、购车还是用车环节，消费者、经销商、金融机构都存在着不少痛点需要解决。

（1）消费者购买中的问题。消费者在选车过程中不了解自己的实际贷款能力，由于车价的不透明导致无法真实了解车价，到店选车、看车的时间成本较高。购车过程中通常因贷款流程耗时间而耽误提车，往返4S店和银行的时间成本高。

（2）经销商的诉求。首先，经销商需要拓宽其获客渠道，同时获得更多高质量的客源，提升客户转化率。其次，经销商需要为顾客提升购车体验，提高金融渗透率，深度挖掘客户，提高客户净值。最后，当客户购买后，要增加用车的相应服务，提升客户黏度；通过购车后的服务提升客户忠诚度，引导客户回购，并进行推荐。

（3）金融机构的难点。金融机构存在如何促达价值客户、如何锁定客户贷款意向等问题。在促成客户购车的同时解决提高市场占有率、提高贷款时效，从而降低运营成本的问题。提升客户黏度、深度挖掘客户贷款需求、提升客户忠诚度，从而在客户再次购车时能选择同一家金融机构，这是金融机构的最终目标。

4.3 旧梦重燃：再战2C市场

源于创新创业的情怀和与生俱来的商业头脑，经过为期三天的高管团队会议讨论，姚军红带领大搜车团队决定再战2C市场。

2016年11月15日，大搜车旗下的汽车融资租赁平台弹个车上线，得益于蚂蚁金服开放平台的赋能，弹个车推出了"1成首付，先用后买"的弹性购车金融服务方案和新的消费场景。

弹个车通过品牌加盟方式已经建立了超过5000家的社区店，遍及300多个市以及

2000多个区县。与传统汽车零售4S店重资产不同，弹个车社区体验店采取轻资产模式，最小的店铺只需要十几平方米，模式上非常轻。轻，恰恰是弹个车作为一个具有互联网特征的平台公司所具备的优势。

根据相关数据显示，2018年"双11"，弹个车平台汽车成交量总计12306台，首付金额（GMV）突破1.27亿元，成交总额18.11亿元。2018年"双12"，弹个车平台汽车成交量总计4386台，首付金额超过5300万元，合同总额突破6.8亿元。

弹个车自面世以来，为何发展如此之快？其成功发展的秘诀在哪里？这些问题都值得进一步探讨。

4.4 弹个车：从交易到金融

2017年，大搜车获得阿里巴巴领投的3.35亿美元E轮融资，并与阿里巴巴进行深入的资源共享和业务合作。同时，大搜车深化与蚂蚁金服在新金融领域的合作，从而实现了弹个车从交易到金融的模式创新。

4.4.1 赋能——弹个车基于大搜车的SaaS大数据

大搜车用了五年的时间，为线下车商免费提供在线SaaS服务系统。大搜车的SaaS系统覆盖了汽车零售商车辆管理、客户管理、营销管理、财务管理、员工管理等经营管理全流程，将汽车零售店的人、货、场完全彻底地数字化、在线化，数据实时记录、更新、分析、使用，而这些数据都是在不断流动着的"活数据"。掌握了这些"活数据"，大搜车就具备了链接互联网的能力，而后再用"端＋网＋商"的新零售结构重塑交易场景，大搜车成为汽车产业各方的连接者和配对者，以智能算法和大数据技术驱动使得交易更高效。

弹个车的技术基因沿袭自大搜车，第一步便是基于SaaS系统，数字化全国的汽车零售网络，包括4S店、新车二网、二手车商等，如今已覆盖了整个零售网络的65%，成为"最懂车商"的企业。也就是说，汽车流通环节中超过一半的车商都在应用同一个SaaS系统，大部分汽车流通业务都是在大搜车的SaaS系统里运行的。大搜车不仅实现了工作流在线化和资产数据化，更重要的是打通了供给侧的高速公路，让数据流能够流动起来。第二步是逐步搭建新车供应链、二手车供应链、资金供应链、保险供应链、流量供应链。大搜车通过长期合作，与汽车4S店建立了良好、稳定的关系，这是其他汽车电商无法企及的。4S店作为主机厂输送车源的存量渠道，也会优先受到照顾。大搜车为主机厂带来增量渠道和产能，通过金融的方式与主机厂进行合作，不触碰4S店的线下消费者，将新零售的能力不断赋予4S店，大搜车的风控能力也为汽车4S店的用户进行了把关，这样就从本质上解决了主机厂的需求，从而达成良性合作关系。

4.4.2 开放——弹个车实现平台化升级

做开放的生态平台一直是弹个车的原则和目标，因此，弹个车实现了自身由产品到平台化的升级。把弹个车在汽车直租业务的全生命周期能力完全向行业开放，这是弹个车平台化的核心使命。随着客户需求的多样化，弹个车平台对服务形式及服务内容进行不断创新，推出更符合潮流趋势的平台化服务。从挖掘客户需求、设计产品和服务满足需求、汇聚需求，到整合汽车供应商资源、构建协同网，再到最终实现产品和服务的交付，作为平台方的大搜车，发挥了至关重要的作用。

（1）平台升级迎合客户细分

弹个车以特有模式切入汽车金融市场，该模式首付较低、租赁形式灵活，月供相对较低，其主要满足特定的细分市场人群需求，这类人群的显著特征主要体现在两个方面：一方面是对于车辆有较高的更新需求，一般是在三年左右便会更换新车的消费者；另一方面是相较于利息等成本更加关注首付以及每月支出的消费者。除了消费者以外，弹个车对于b端客户也进行了细分，主要通过代理商、汽车厂商、汽车经销商、物流服务商、保险及售后等多方面对消费者提供精准服务。

弹个车充分适应互联网时代年轻人的消费习惯。当下，"90后"已经成为消费主力军，而弹个车通过模式创新为年轻人购买"人生第一台车"提供了便利。与社会趋势共舞，与年轻人的生活方式共舞，弹个车已经成为最受年轻人欢迎的购车平台之一。公开数据显示，2018年"双11"当天，弹个车天猫旗舰店成交量达12306台，成交总额超过18亿元，其中，"80后""90后"消费者贡献了近80%的销售量，弹个车在年轻人中的号召力可见一斑。

（2）平台升级实现价值主张

价值主张是为特定细分客户创造价值的系列产品和服务。弹个车实现了购车流程在线化，除了交付与线下服务环节，其他流程都可在线上完成，效率极高。通过战略投资方蚂蚁金服的赋能，弹个车改变了原本烦琐的购车手续，用户只需通过支付宝扫码认证，最快5分钟就可以完成征信审批。此外，弹个车社区店和便利店一样就在用户身边，给用户提供触手可及的服务。

4.4.3 创新——弹个车占据汽车市场先行优势

弹个车兴起并成为潮流与其全新的弹性购车金融服务方案是分不开的。对比传统车贷来说，弹个车这种模式其实更加实惠。第一就是银行的车贷首付一般较高，所谓的零首付也需要各种抵押，传统车贷在灵活度方面着实不如弹个车这种新兴模式。弹个车开创了"1成首付"的超低首付方案和"先用后买"的超弹用车方案，开启了消费者的购车新模式，定义了一种全新的购车方式，吸引了广大的消费者，为国内汽车新零售和新金融提供了创新样本。弹个车诞生的时间，正是中国商业迎来变革的窗口期。2016年10月，马云在云栖大会上提出了"五新"理论，即新零售、新制造、新金融、新技术、新资源。一个月之后，蚂蚁金服就宣布战略投资大搜车，而大搜车马上发布了首个汽车金融创新产品——弹个车。弹个车是基于蚂蚁金服开放平台和风控体系下的汽车金融服务方案，可以看作是马云提出"五新"理论之后，在汽车新金融领域的重要布局。

（1）"新"金融赢得核心资源

核心资源是指让商业模式有效运转所必需的重要因素，也是为客户提供价值的重要基础。"弹个车"是大搜车基于蚂蚁金服开放平台赋能的购车平台，弹个车能在二手车市场异军突起，这与它的资源优势和创新能力密不可分。

2017年6月21日，中国首个汽车融资租赁品牌弹个车正式宣布平台化。此举不仅意味着诞生八个月的"弹个车"加速进入2.0发展阶段，也势必促进中国汽车新金融的发展，中国汽车融资租赁2.0时代的大风口已开。弹个车是以特有模式切入汽车金融市场，以低线城市（三四线及以下城市）为主实行融资租赁的购车新模式，实际扩充了传统店贷款买车和汽车租赁公司之外的市场消费军，是一种不同于单纯的租车的购车新模式，代表着汽车买卖活动中的一次消费升级新潮流。有效解决了部分购车意向客户初期资金不足的问题。对于消费者而言，模式的升级带来消费习惯上的改变，以小额度撬动大消费的社会群体，将投入这场"预支消费"的潮流中。

弹个车平台化的核心理念是"共生、共创、共赢"，其以互联网新零售基因，与市场上各类汽车金融服务机构共建中国首个汽车融资租赁生态平台。一是弹个车作为融资租赁平台，通过平台大数据，蚂蚁金服、网商银行实现金融租赁、融资租赁公司在平台承接业务。二是作为征信服务平台，通过平台大数据，由支付宝、网商银行的车秒贷模型、芝麻信用、数据征信服务商与平台构建汽车行业征信服务体系，筛选出高净值的优质客户，共建汽车行业风控模型，进一步加强风险可控性。弹个车背靠阿里巴巴生态，蚂蚁金服可以在金融科技、大数据和风控体系上为弹个车进行保障。三是作为资金接入平台，通过平台大数据，蚂蚁金服、网商银行等各类资金端为平台上融资租赁资产提供资金。

（2）"新"物种获取渠道通路

弹个车不仅是大搜车的新物种，也是中国汽车金融及零售行业的新物种。弹个车平台化是大搜车开放与行业赋能理念的必然延伸，是汽车新金融和汽车新零售深度融合的先行者。弹个车创新了新的消费场景，强调以客户为中心，作为平台服务商，为客户提供持续优化的精准服务。弹个车更关注采取多种沟通渠道实现与消费者的有效接触。该模式下无论是线上还是线下，其通过自有渠道、合作伙伴渠道或两者混合来接触客户，提升公司产品和服务在客户中的认知，在协助客户购买特定产品和服务上起到了关键作用。

（3）"新"零售选择关键业务

马云提出的新零售，要义在于重构"人、货、场"。达到这一目标，必然牵涉行业上下游各方，需要以"生态"的形式才能完成这一重任，而这也正是弹个车的优势所在。作为大搜车基于蚂蚁金服开放平台赋能的金融服务方案，弹个车主要通过融资租赁的形式进行新车业务销售。

弹个车具有四大核心卖点（见图1-20），为消费者带来全新的购车方式：①10%超低首付。首付10%～20%，含购置税，送1年保险。②满1年可买可退。用车满1年，续用、购买、退还三种方式任意选择。③超弹4年分期。采用"1＋3"模式，首年租赁，满1年以后可以选择1次付费或3年分期。④15分钟超快审批。支付宝扫码申请，15分钟审批，全程代办，坐等提车。

图1-20　弹个车四大核心卖点[①]

弹个车是将汽车租赁、分期购车、二手车置换三种模式组合创新，作为比较主流的模式运行。同时，"1成首付"的创新口号，也为拔得汽车融资租赁市场头筹奠定了先机。用户可以通过线上挑选品牌、车型、颜色，线下门店体验试车，创造线上线下相结合的新型汽车零售模式，免去了以往在4S店一系列烦琐的购车过程。弹个车作为国内汽车融

---

① 图片来源：https://www.dasouche.com/zh/。

资租赁模式的首创，具有先发优势，已成为国内最大的汽车新零售平台。

弹个车采用的是轻资产模式，大搜车制定统一的服务标准、培训、物流、贷款方案、系统支持等。经销商直接出人员和场地，自己经营，并提供营销推广、车辆上牌、车辆交付等服务。轻资产运营有利于降低企业经营风险，同时提高灵活性，最终降低消费者的汽车消费成本。

4.5 协同——弹个车构建汽车产业互联网协同生态

弹个车的稳步发展在于协调多方利益，商家之间是基于利益进行交往的，协调好双方利益关系才能保持良好的互动。在这一原则指导下，通过链接、赋能和服务产业链上下游，弹个车构建了完善的汽车产业互联网协同生态。通过大数据，数字化赋能汽车厂商、汽车经销商、物流服务商、保险及售后服务等多个主体，建立了协调稳定的多边价值体系，实现了多环节、多主体的协调发展。

弹个车构建汽车产业互联网协同生态，截至目前，弹个车比较重要的合作平台包括蚂蚁金服、网商银行、支付宝、芝麻信用等。弹个车通过蚂蚁金服、支付宝、网商银行的车秒贷模型、芝麻信用、数据征信服务商等不同的重要合作伙伴实现不同阶段的任务。

弹个车通过协同理念，与战略合作伙伴、供应商、第三方合作伙伴、同行业竞争者、其他行业竞争者等构建了汽车产业互联网协同生态。

5 战略布局：构建产业互联网协同生态

大搜车以推动汽车产业数字文明为使命，以建成年交易额超过2万亿元的汽车产业互联网平台为愿景，将"客户第一""以奋斗者为本"，以及"高效""利他""协作""创新"，作为企业的核心价值观。

自创立以来，大搜车始终致力于推动汽车产业数字文明进程，通过链接、赋能和服务产业链上下游，全力打造汽车交易及流通生态，携手产业各方共同为消费者提供更高效、更便捷的买车、卖车、用车服务。

目前，大搜车已经搭建起比较完整的汽车产业互联网协同生态。这一生态不仅涵盖了大搜车已经数字化的全国90%中大型二手车商、9000多家4S店和70000多家新车二网，还包括大搜车旗下车易拍、车行168、运车管家、布雷克等具备较强产业链服务能力的公司，以及与大搜车在新零售解决方案上达成深度战略合作的长城汽车、长安汽车、英菲尼迪等主机厂商，以及中石油、昆仑好客等产业链上下游合作伙伴。基于这样的生态布局,大搜车在汽车流通链条上的每个环节都实现了数字化,进而为整个行业赋能。

6 结束语

访谈接近尾声,姚军红神情自若,对公司未来发展充满憧憬。作为阿里巴巴新零售战略在汽车领域的重要布局,大搜车基于蚂蚁金服开放平台推出的互联网购车平台——弹个车,成为践行马云"新零售"概念的佼佼者。目前,弹个车已经成为国内汽车新零售和新金融的创新样本。通过大数据赋能链接汽车厂商、汽车经销商、物流服务商、保险及售后服务等多个主体,构建了多边价值体系,实现了多边价值创造。

对弹个车模式的案例研究可以发现,从挖掘客户需求、设计产品和服务满足需求、汇聚需求,到整合汽车供应商资源、构建协同网,再到最终实现产品和服务的交付,作为平台方的大搜车发挥了至关重要的作用。

数字经济时代,新经济、新零售、新模式不断涌现发展,不断颠覆创新。弹个车新零售、新金融模式的发展任重道远,未来可期。

How to Support a Large Platform for a Small Enterprise: The Path to Innovation of Business Model of Tangeche from the Perspective of Big Data

Abstract: As an important arrangement of Alibaba's new retail strategy in the field of electro-mobile, DaSouche launches the Internet platform of car transactions Tangeche, based on the open platform of the Ant Group, which has become a flagship in practicing Ma Yun's concept of "new retail". On November 15, 2016, DaSouche launched "Tangeche", the first automobile financial leasing product in China, advertising "10% down payment of Tangeche". At present, Tangeche has become an innovative sample of new retail and new finance of automobiles at home, and redefines a new way of car purchase. By linking automobile manufacturers, dealers, logistics service providers, insurance and after-sales service, the multilateral value is realized.

From the perspective of big data, Tangeche creatively launches the new retail mode and the new financial leasing mode of second-hand car transactions. The mode of Tangeche forces the transformation and upgrade of the vehicle sales industry. Tangeche develops new consumption scenarios and creates a whole new business model. Its innovation path of the business model includes: (1) empowerment based on the SaaS big data of Dasouche;

(2) opening for platform upgrade; (3) innovation to occupy the first-mover advantage in the second-hand car market; (4) coordination to build an Internet collaborative ecosystem for the automotive industry. The new retail and finance modes of Tangeche promote the digital civilization of the automobile industry.

Key words: big data; new retail; new finance; business model innovation

附录:

1. 公司总体情况

大搜车于2012年年底成立，由神州租车创始团队成员、前执行副总裁姚军红创建。公司致力于成为中国第一个二手车交易服务提供商，为车商的日常经营提供数据分析、营销管理、金融及交易服务。2017年，大搜车获得阿里巴巴领投的3.35亿美元E轮融资，并与阿里巴巴进行深入的资源共享和业务合作。同时，大搜车深化与蚂蚁金服在新金融领域的合作。2017年12月，大搜车列入由硅谷全球数据研究机构Pitch Book评选的"2017年全球新晋独角兽"名单。

2. 公司创始人介绍

姚军红，1973年12月出生，浙江东阳人。南京航空航天大学计算机专业毕业，香港中文大学金融财务MBA，现任大搜车创始人兼CEO。姚军红曾在民航、通信、传媒、汽车等多行业创业及参与创业。在创建大搜车前，作为神州租车的创始团队成员任该公司执行副总裁，负责车辆管理、市场营销、战略合作等相关工作。

3. 大搜车及其创始人所获荣誉（见附表1）

附表 1 大搜车及其创始人所获荣誉

年份	所获荣誉
2013年	姚军红荣获"金典奖——中国（行业）最具创新力十大杰出人物"
2017年11月	姚军红荣获2017金引擎奖"中国汽车金融杰出营销人物"奖
2017年9月	姚军红荣获第三届中国汽车互联网＋创新大典"2017中国汽车互联网＋新锐人物"奖
2018年1月	在共青团浙江省委、浙江省科技厅、浙江省农业厅指导，浙江省团校、浙江青年创业学院主办的"2017接力浙商年度创变者评选"活动中，姚军红入选"2017接力浙商年度十大创变者"榜单
2018年6月	在第七届中国财经峰会中，姚军红获评"2018（行业）影响力人物"
2018年11月	在亿欧主办的"2018亿欧创新者年会暨第四届创新奖颁奖盛典"上，姚军红荣获"2018中国年度产业创新者"
2018年11月	大搜车荣获2018（第九届）中国汽车金融年会"2018最佳汽车新零售创新平台
2018年11月	2018中国财经峰会（冬季）中，大搜车获评"时代创变榜——2018年度影响力企业

续表

年份	所获荣誉
2018年11月	大搜车入选36氪M｜SE208新商业大会年度榜单，获得"汽车领域汽车电商及服务之王"称号
2018年12月	大搜车荣获中国数字化转型与创新案例大会"年度数字化转型与创新典范奖"

注：根据大搜车公司官网资料整理。

4. 大搜车融资情况（见附表2）

附表2　大搜车融资情况

年份	发展情况
2012年年底	大搜车成立。设立之初，即获得晨兴资本、源渡创投两家机构合计数百万美元的A轮投资
2013年9月	大搜车公司获得由红杉资本领投的千万级美元B轮投资
2016年10月	大搜车C轮融资1亿美元，蚂蚁金服领投，神州租车参与本轮融资
2017年4月	大搜车D轮融资1.8亿美元，美国华平投资集团领投，香港鼎佩投资集团、锴明投资、佐誉资本、海通国际、宜信新金融产业投资基金、晨兴资本、高鹄资本跟投
2017年10月	大搜车宣布已完成对新车B2B交易服务平台"车行168"的全资收购
2017年11月	大搜车F轮融资3.35亿美元，阿里巴巴领投，美国华平投资集团、春华资本、招银国际跟投
2018年4月	大搜车宣布推出卖车比价平台："大搜车"
2018年5月	大搜车进行F轮融资，融资规模为8亿美元

注：根据大搜车公司官网资料整理。

5. 弹个车体验店（见附图1）

附图1　弹个车体验店[①]

---

① 图片来源：https://www.dasouche.com/zh/。

6. 弹个车弹车方式（见附图2）

附图2　弹个车弹车方式[①]

二、案例使用说明

（一）教学目的与用途

（1）案例适用课程：本案例适合于"创新管理""战略管理"等课程教学讨论。本案例可适用于创业管理专业、工商管理专业、企业管理专业高年级本科生、MBA学员等案例教学。

（2）案例教学目标：通过对大搜车的创立及其快速成长的创业历程的回顾，再现了大搜车三阶段创业所面临的商业模式创新决策等问题。通过本案例的学习与知识讲解，让学生掌握商业模式的内涵、商业模式创新构想以及商业模式画布分析、价值创造与商业模式创新逻辑。

（二）启发思考题

（1）结合案例，谈谈公司创业发展演进路径，并讨论公司战略调整阶段，即退出C2C市场的战略决策是否正确，请说明理由。

（2）试分析二手车市场交易痛点，并分析为解决行业发展痛点，SaaS系统赋能产品商业模式创新的构想。

（3）试分析二手汽车零售市场竞争局势以及市场发展痛点，并分析为解决行业发展

---

① 图片来源：https://www.dasouche.com/zh/。

痛点,弹个车商业模式创新的构想。

（4）讨论战略延伸阶段,公司为什么再战2C市场,这个战略决策是否正确？请说明理由。并试用商业模式画布分析大数据视角下弹个车商业模式创新之路。

（5）弹个车商业模式创新的可持续发展的关键因素是什么？

（三）分析思路

案例使用说明提供的分析思路仅供参考。教师可以根据自己的教学目标（目的）灵活使用本案例。本案例分析的总体思路是按照从宏观战略、中观机制到微观措施的思路循序渐进展开比较分析。

（1）引导学生阅读案例,梳理公司战略调整、战略延伸、战略布局的前因后果,熟悉公司创业发展演进路径。该步骤是分析案例的逻辑起点,是后续分析的基石,能够锻炼学生的分析与归纳能力,增强学生参与讨论的兴趣与信心。

（2）讨论公司战略调整阶段,退出C2C市场的战略决策是否正确及其理由。

（3）分析二手车市场交易痛点,并分析为解决行业发展痛点,SaaS系统赋能产品商业模式创新的构想。

（4）分析二手汽车零售市场竞争局势以及市场发展痛点,并分析为解决行业发展痛点,弹个车商业模式创新的构想。

（5）讨论战略延伸阶段,公司再战2C市场的战略决策是否正确及其理由。并试用商业模式画布分析大数据视角下弹个车商业模式创新之路。

（四）理论依据及具体分析

1. 理论依据

（1）商业模式的内涵

商业模式是为了实现客户价值最大化,把能使企业运行的内外各要素整合起来,形成一个完整的、高效率的具有独特核心竞争力的运行系统,并通过最优实现形式满足客户需求,实现客户价值,同时使系统达成持续盈利目标的整体解决方案。

商业模式就是企业通过创造"与众不同"的客户价值,设计独特的盈利方式,颠覆行业传统规则,实现自我复制,突破扩张瓶颈,透过掌控核心资源建立高竞争门槛,最终成功构建系统性的价值链体系或和谐的生态系统。

（2）商业模式画布

商业模式画布是一种用来描述商业模式、可视化商业模式、评估商业模式以及改变商业模式的通用语言。

商业模式画布包括九个分析模块，即客户细分、价值主张、渠道通路、客户关系、核心资源、关键业务、重要伙伴、收入来源、成本结构。

企业以顾客为核心，根据细分市场客户需求提出价值主张，并运用各种核心资源和关键业务将价值主张以产品或服务的形式表达出来，最后通过沟通、分销渠道与客户建立关系，成功满足客户需求，创造价值。

（3）价值创造与商业模式创新

商业模式创新可以实现企业快速、低成本、具有可扩展性的价值创造，商业模式创新的本质就是为客户传递和创造最大的价值（Fichorova and Tucker, 2001; Magretta, 2002; Amit and Zott, 2001; 李长云, 2010）。商业模式创新的途径包括：商业模式系统的创新（Amit and Zott, 2001）、商业模式组成要素的创新（Osterwalder and Pigner, 2004）、基于创新程度视角的创新途径（Osterwalder, 2002）、基于价值链视角的商业模式创新（Magretta, 2002; 翁君奕, 2004; 高闯、关鑫, 2006）。

基于价值链视角，商业模式创新包括四个构成要素：价值主张、运营模式、界面模式和盈利模式（吴晓波等, 2014; 王琴, 2011）。基于价值链的增值创新，即价值创造，商业模式的本质也是价值链的创新（项国鹏等, 2014、2015; 闫国庆等, 2012）。价值创造与商业模式创新逻辑如图1-21所示（罗珉、李亮宇, 2015）。

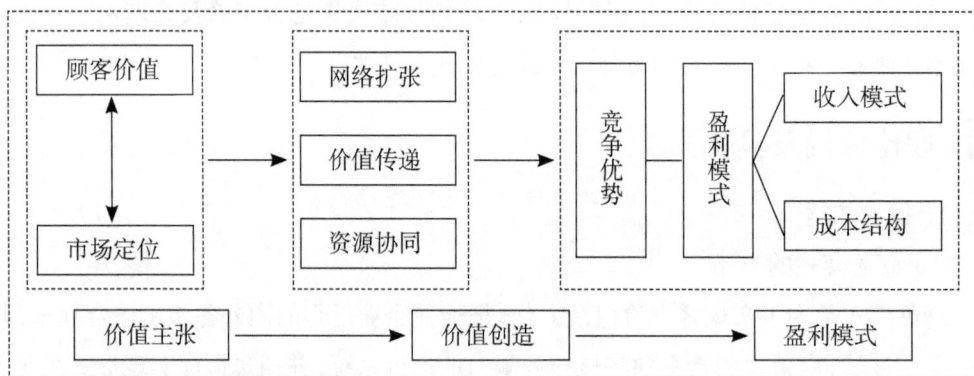

图1-21 价值创造与商业模式创新逻辑

商业模式创新的逻辑起点是顾客价值主张，即企业的顾客是谁；企业可以为顾客提供什么价值，即市场定位是什么；价值主张确定了企业的战略方向，那么顾客价值如何实现，即价值创造；价值创造首先要考虑企业资源禀赋是否可以支持，企业运营模式是否可以支持；企业甚至可以跨越企业边界，进行网络扩张（界面模式），形成价值网络，进行资源协同整合创新，从而产生新的竞争优势，即盈利模式；盈利模式包括收入模式和成本结构。

2. 具体分析

问题一：结合案例，谈谈公司创业发展演进路径，并讨论公司战略调整阶段，即退出C2C市场的战略决策是否正确，请说明理由。

公司曲折的创业历程包括：①仗剑天涯：试水C2C市场；②战略调整：退出C2C市场；③另辟蹊径：基于SaaS系统赋能2B市场；④战略延伸：从交易到金融；⑤战略布局：构建产业互联网协同生态。

公司战略调整阶段，即退出C2C市场的战略决策是正确的，理由如下：

大搜车创始人姚军红和团队核心成员进行"运营模式复盘"，复盘后姚军红惊醒，C2C市场业务投入产出率过低，感叹卖车的还不如开面馆的，C2C市场不是好的商业模式。C2C市场模式下，买方、卖方对价格异常敏感，商业模式可持续性不强，企业战略转型发展迫在眉睫。

可以结合商业模式画布九个分析模块来进行分析。

问题二：试分析二手车市场交易痛点，并分析为解决行业发展痛点，SaaS系统赋能产品商业模式创新的构想。

二手车市场交易痛点包括：①市场环境不够自由，地方保护严重，对二手车的流通形成了壁垒；②二手车流通信息不透明；③买卖双方信息不对称；④评估体系不健全；⑤二手车技术检测不到位；⑥二手车服务保障措施不到位。

为解决行业发展痛点，SaaS系统赋能产品商业模式创新的构想如下：

针对二手车商提供基于SaaS系统的全方位业务服务，赋能二手车商发展，帮助大大小小的二手车商提升盈利能力，将交易信息数字化，做好精准的数据匹配。大搜车通过不断的试错迭代，研发诞生了两款产品——"大风车"和"车牛"。

"大风车"业务管理系统主要服务大车商，业务涵盖评估系统、ERP、CRM、营销系统、报表系统；而"车牛"APP则是服务小车商，即个体二手车经纪人，业务功能涵盖估价、收车、卖车、拍卖、交流、担保交易等。姚军红称，"大风车"注重交易过程管理，而"车牛"更多的是注重交易结果。

问题三：试分析二手汽车零售市场竞争局势以及市场发展痛点，并分析为解决行业发展痛点，弹个车商业模式创新的构想。

二手汽车零售市场竞争局势：当前，二手车市场竞争激烈，"瓜子二手车""人人车""优信二手车""易车"纷纷布局，呈现多足鼎立的竞争态势。近两年，以B2C和C2C模式的二手车电商平台风起云涌，开辟了二手车交易的O2O新战场，定义了二手车交易的新场景。诞生了以"瓜子二手车""人人车"为代表的C2C模式，以"优信二手车""易车"为代表的B2C模式，以弹个车为代表的S2b2C模式。S2b2C模式强调以客户为中心，由服务平台商S，通过协同各种小b，为C端客户提供持续优化的精准服务。二手车交易场景如图1-22所示。

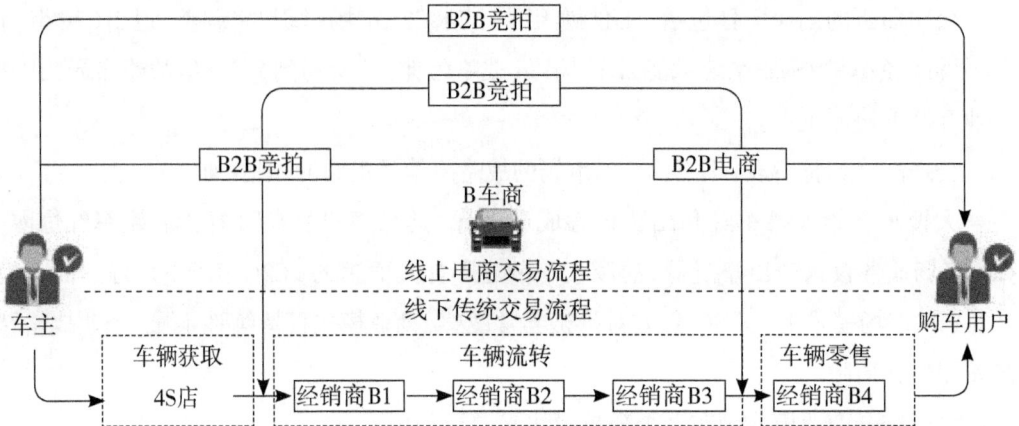

图1-22　二手车交易场景

3. 汽车零售行业痛点

无论是在选车、购车还是用车环节，消费者、经销商、金融机构都存在着不少痛点需要解决（见图1-23）。

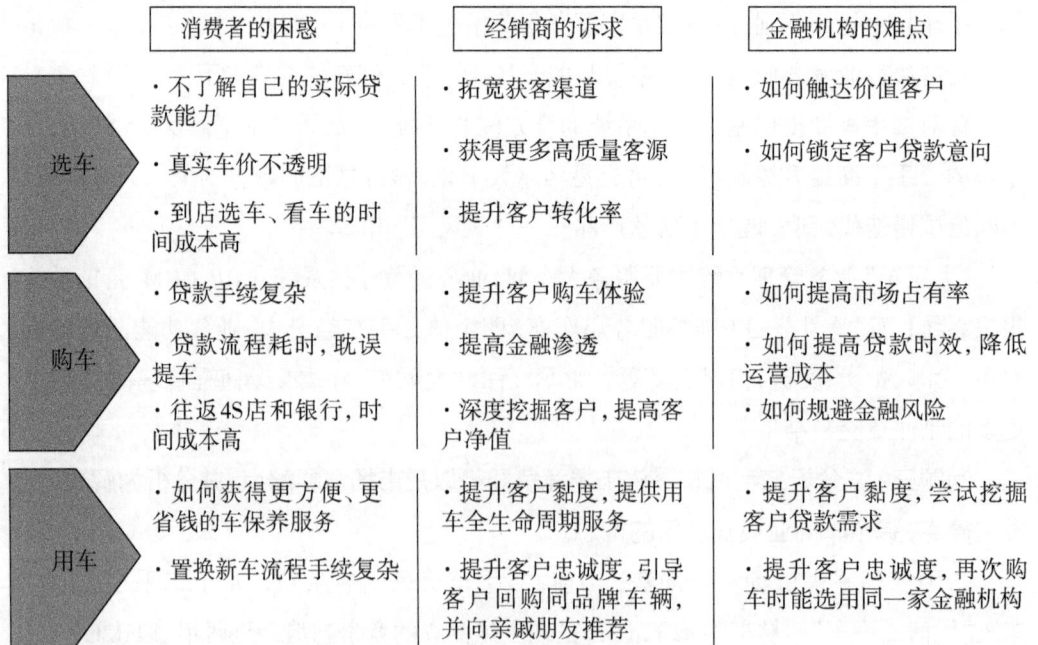

图1-23　汽车零售行业的痛点

为解决行业发展痛点，弹个车商业模式创新的构想如下：

弹个车创新了新的消费场景，创造了全新的商业模式：S2b2C模式。S2b2C模式从挖掘客户需求、设计产品和服务满足需求、汇聚需求，到整合汽车供应商资源、构建协同网，再到最终实现产品和服务的交付，作为平台方的S，在S2b2C模式中发挥了至关重要的作用。

问题四：讨论战略延伸阶段，公司为什么再战2C市场，这个战略决策是否正确？请说明理由。并试用商业模式画布分析大数据视角下弹个车商业模式创新之路。

公司战略延伸阶段，公司再战2C市场，这个战略决策是正确的，理由如下：一是公司找到了汽车零售市场发展的痛点；二是公司有核心资源解决这个痛点。

弹个车采用S2b2C的创新商业模式，以消费者（C端）体验为中心。弹个车依托互联网并运用大数据、人工智能等技术，实现线上线下无缝连接，让弹个车成为为消费者提供汽车交易精准服务的大平台，即S端。而b端的出现使弹个车从挖掘需求、设计产品和服务满足需求、汇聚需求，直至整合供应商、编织协同网再到最终实现产品和服务的交付。

弹个车通过蚂蚁金服、网商银行、融资租赁公司提供融资租赁；合作支付宝、网商银行、芝麻信用、数据征信服务商提供征信服务；通过蚂蚁金服、网商银行、各类资金端进行资金接入；从不同的供货商处获取车源，通过合作企业提供保险服务，引入物流服务客户购车。作为平台方的S，在S2b2C模式中发挥了至关重要的作用。通过线上线下结合，实现多消费场景，给客户提供无缝智能消费体验，从而实现沉淀用户、获取流量的目的。大数据视角下弹个车S2b2C商业模式创新路径如图1-24所示（曾铭，2018）。

结合商业模式画布的九个分析模块，弹个车商业模式画布分析如图1-25所示。

（1）赋能——基于大搜车的SaaS大数据

弹个车的技术基因，沿袭自大搜车，第一步便是基于SaaS系统，数字化全国的汽车零售网络，包括4S店、新车二网、二手车商等。第二步是逐步搭建新车供应链、二手车供应链、资金供应链、保险供应链、流量供应链。

（2）开放——实现平台化升级

做开放的生态平台一直是弹个车的原则和目标，因此，弹个车实现了自身由产品到平台化的升级，弹个车平台化策略如图1-26所示。

```
                          弹个车平台 (S)
        ┌───────────────────────┴───────────────────────┐
      B端                                              弹个车
  ┌─────┬─────┬─────┬─────┐                    ┌──────────┬──────────┐
融资租赁 征信服务 资金接入 购车服务              线上                线下

蚂蚁金服  支付宝  蚂蚁金服  车源      天猫汽车和支        通过弹个车门店
网商银行  网商银行 网商银行 保险服务   付宝实现除线        承载更多的销售
融资租赁  芝麻信用 各类资金端 物流服务  下提车环节以        和服务，将影响
公司     数据征信                    外整个交易流        力深入社区
        服务商                      程的在线化
```

打通线上线下消费场景无
缝智能的消费体验

提供服务

沉淀用户　获取流量
提供汽车交易精准服务的大平台

客户 (C)

核心　通过在线信用认证的消费者，只需要支付"1成首付"，后续按月分期付款，就能拥有一辆车的使用权，用满一年后可根据实际需要选择继续贷款买下这辆车，也可以选择继续租赁或退车

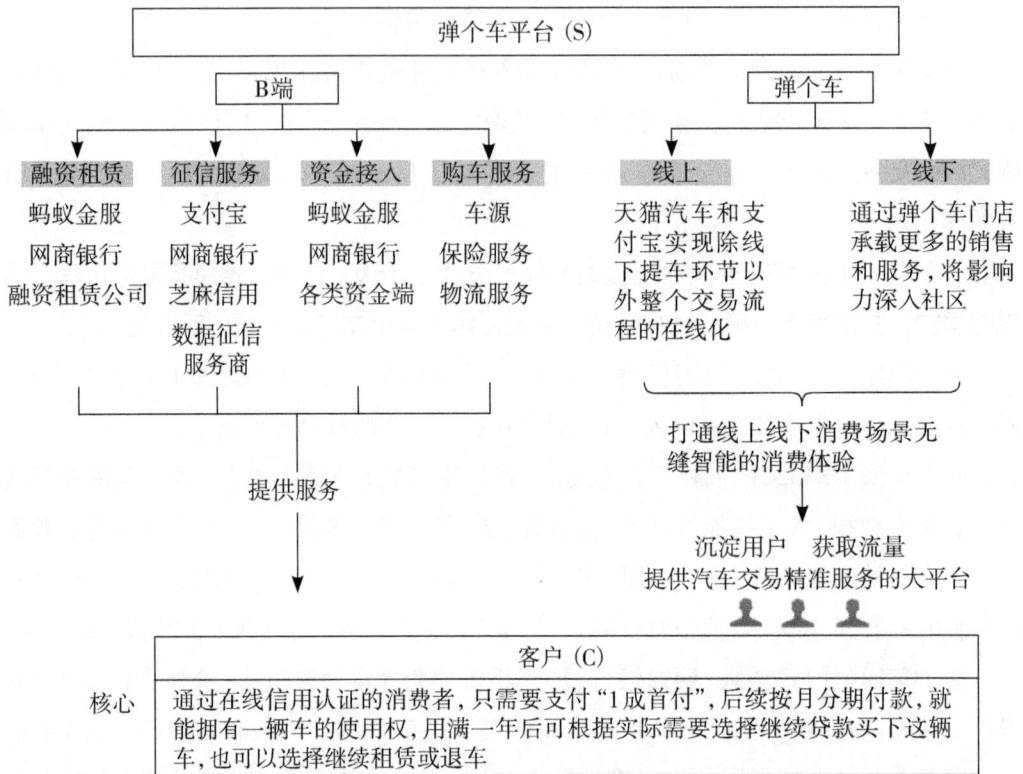

图1-24　大数据视角下"弹个车"S2b2C商业模式创新路径

重要伙伴	关键业务		价值主张	客户关系	客户细分
1.蚂蚁金服 2.代理商 3.汽车厂商 4.汽车经销商 5.物流服务商 6.保险及售后服务	融资租赁业务		1.推动汽车产业数字文明 2.购车平台化为年轻消费者提供更加方便的购车服务	1.供应商、经销商、物流服务商提供车辆 2.用户在蚂蚁金服信誉评估 3.客户平台购车 4.客户线下提车	1.年轻及急需用车的消费者 2.代理商 3.汽车厂商 4.汽车经销商 5.物流服务商 6.保险及售后服务
	核心资源			**渠道通道**	
	1.蚂蚁金服 2.支付宝 3.数据征信服务商 4.网商银行 5.政府			1.线上选车、购车 2.线下提车	
成本结构			**收入来源**		
融资租赁			1.车辆销售 2.代理商的代理费 3.服务费、车厂返点、贷款返点		

图1-25　弹个车商业模式画布分析

流量	天猫	蚂蚁金服	官网	媒体	渠道	技术	

核心	品牌价值	营销推广	优质车源	物流仓储		账户体系
	金融产品	风控模型	业务规则	……		支付体系

承接	融租公司1	融租公司2	融租公司3	……		接口封装

服务	车务/上牌	接车/交车	保险/出险	保养/维修		数据共享
	里程/违规	催收/贷后	退车/处置	资金/资产		

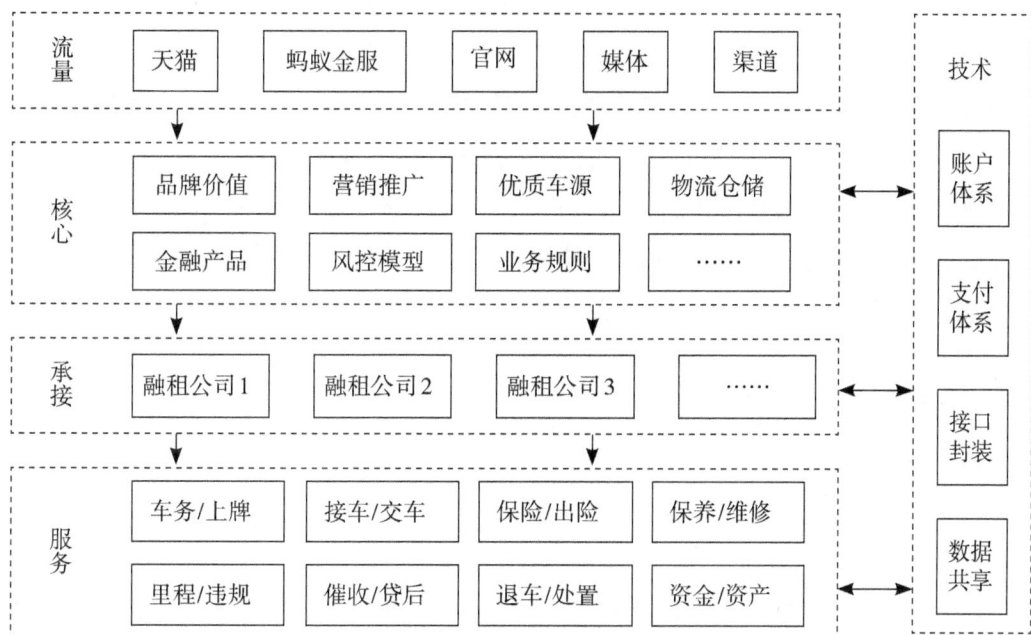

图 1-26　弹个车平台化策略

平台升级迎合客户细分。弹个车以特有模式切入汽车金融市场,该模式首付较低、租赁形式灵活,月供相对较低,其主要满足特定的细分市场人群需求。

平台升级实现价值主张。价值主张是为特定细分客户创造价值的系列产品和服务。弹个车实现了购车流程在线化,除了交付与线下服务环节,其他流程都可在线上完成,效率极高。

(3)创新——占据汽车市场先行优势

"新"金融赢得核心资源。弹个车新金融创新路径如下:第一,融资租赁平台化;第二,征信服务平台化;第三,资金接入平台化。

"新"物种获取渠道通路。弹个车创新了新的消费场景,创造了S2b2C全新的商业模式。就汽车融资租赁平台而言,打响知名度是其宣传的首要目的,弹个车自然极为重视,然而作为新平台,很多时候能起的作用有限,因此,弹个车更关注采取多种沟通渠道实现与消费者的有效接触。该模式下无论是线上还是线下,其通过自有渠道、合作伙伴渠道或两者混合来接触客户,提升公司产品和服务在客户中的认知,协助客户购买特定产品和服务起到了关键作用。

"新"零售选择关键业务。弹个车具有的四大核心卖点,为消费者带来全新的购车方式。

（4）协同——构建汽车产业互联网协同生态。弹个车构建了完善的汽车产业互联网协同生态。通过大数据，数字化赋能汽车厂商、汽车经销商、物流服务商、保险及售后服务等多个主体，建立了协调稳定的多边价值体系，实现了多环节多主体的协调发展。

问题五：弹个车商业模式创新的可持续发展的关键因素是什么？

弹个车商业模式创新的可持续发展的关键因素包括：加快二手车市场交易过程中诚信机制的建立；完善二手车市场交易体制；完善二手车鉴定评估体系；创新交易模式，发展相关配套业务；创新汽车金融风控体系。

（五）关键要点

1. 关键知识点

（1）理解小企业在成长过程中如何利用灵活、平衡和借力来实现生存、发展和壮大，重点关注公司曲折的创业历程以及公司创业发展演进路径。

（2）理解商业模式的内涵以及商业模式创新的构想。理解弹个车全新的商业模式S2b2C模式的特点。

（3）理解商业模式画布。理解公司战略调整、战略延伸、战略布局的前因后果。

（4）理解商业模式创新的路径。理解大数据视角下弹个车商业模式创新的路径。

2. 关键能力点

（1）案例分析思路，提升学生对案例的分析能力、归纳能力和实际问题解决能力；

（2）对知识点的理解和运用，能运用商业模式创新的构想和商业模式画布等理论知识点对案例进行解剖和分析；

（3）对案例进行纵向比较和横向比较，形成批判性思维。

（六）建议课堂计划

本案例可开设专门的案例讨论课来分析，采取小组讨论的方式进行。教学课堂时间进度、课堂讲授思路与任务清单、多媒体运用和板书建议以及所需的教学设备和材料提供等课堂计划建议仅供参考，建议课堂计划见表1-6。

1. 教学课堂时间

整个案例讨论时间控制在两个课时（每个课时45分钟，共90分钟）。

表1-6　建议课堂计划

序号	案例讨论	时间/分钟	理论讲授	时间/分钟
1	明确案例教学主题和教学目标,阅读摘要和引言部分	10		
	• 案例导入	5	• 教师板书1:案例脉络梳理	5
2	随机安排两组进行案例分析汇报展示	20		
	• 随机安排两组进行案例分析报告汇报展示 • 其他组同学认真聆听,并做好笔记			
3	阅读案例第一和第二部分	10		
	• 分析公司战略调整的背景和原因 • 讨论思考题1	5	• 结合商业模式画布理论分析公司战略调整决策是否正确	5
4	阅读案例第三部分	10		
	• 分析二手车市场交易痛点 •SaaS系统赋能产品商业模式创新的构想 • 讨论思考题2	5	• 结合行业环境分析,运用商业模式创新理论帮助学生理解SaaS系统赋能产品商业模式创新的构想	5
5	阅读案例第四部分	25		
	• 分析二手汽车零售市场竞争局势及市场发展痛点 • 弹个车商业模式创新的构想 • 讨论思考题3	5	• 结合行业环境分析,运用商业模式创新理论帮助学生理解弹个车商业模式创新的构想	5
	• 分析公司再战2C市场的背景和原因 • 分析大数据视角下弹个车商业模式创新路径 • 讨论思考题4	5	• 结合商业模式画布理论分析公司再战2C市场的战略决策是否正确 • 总结归纳大数据视角下弹个车商业模式创新路径	10
6	阅读案例第五部分	10		
	• 讨论弹个车商业模式创新的可持续发展的关键因素 • 讨论思考题5	5	• 结合商业模式创新的外部情境讨论弹个车商业模式创新的可持续发展的关键因素	5
7	授课老师进行归纳总结	5		

2. 课堂讲授思路和任务清单

（1）课前:教学准备阶段任务清单。

根据课程教学班级学生专业结构和知识背景,对课程教学班级进行分组,每组人数控制在4~5人,要求各小组成员做好分工与合作,将事先打印好的案例发放到各个学生手中,并在课前准备好案例思考题答题要点。

（2）课中：小组讨论阶段任务清单

第一步，明确案例教学主题和教学目标（10分钟）。

授课教师简要介绍案例大致内容（本案例主要介绍公司创业发展历程、行业发展痛点以及大数据视角下弹个车商业模式创新路径等，可参照摘要和引言部分进行适当扩展）、案例涉及问题（即阅读本案例需要解决的问题）。

第二步，开展小组分组讨论（20分钟）。

随机安排两组进行案例分析汇报展示，其他组同学认真聆听，并做好笔记，以进一步进入后续讨论环节。

第三步，授课教师主持案例讨论（55分钟）。

授课教师根据案例所涉及的问题组织学生讨论。授课教师可以逐条抛出案例所涉及的问题，让学生主动发言回答，阐述学生对各问题的分析及解决方案，也可以陈述学生所在小组的观点，其他各个小组学生都可以就每个学生的发言提出不同的意见并进行交锋讨论。在这个阶段，授课教师的角色只是作为问题讨论的引导者，授课教师不做出对案例问题的任何评论，引导学生给出他们的观点，并适度让持不同观点的学生进行讨论和交锋。

第四步，授课教师进行归纳总结（5分钟）。

在学生小组结论分享或讨论结束后进行，教师就各小组分析问题的思路和解决的方案进行总结。首先，应该是对各小组的观点或方案进行点评，提出观点或方案存在的优缺点；其次，提出自身对案例的看法，进一步引导学生的思路，以供借鉴；最后，提出一些悬疑问题，供学生课后继续思考，并写出对案例难题的思路分析和解决方案，留待进一步探讨。

（3）课后：提炼归纳并完善案例报告

下节课前，请学生以小组为单位，采用报告形式上交更加具体的案例分析报告，可以将学生的案例分析报告进行整合归纳，形成某个专题的案例研究。

3. 多媒体运用及板书建议

在课堂教学过程中，建议采用案例配套PPT以及图画式板书与提纲式板书相结合，图画式板书生动、形象、直观，能将企业发展历程和事物的内在关系表现得淋漓尽致，能有效激发参与者的学习兴趣，促进抽象思维能力的发展；提纲式板书条理清楚，重点突出，字句简洁，教学思路清晰。案例脉络梳理如图1–27所示。

4. 所需的教学设备及材料

设备：多媒体教学设备（多媒体计算机、投影仪、电动投影屏幕等）。

| 案例导入 | 明确案例教学主题和教学目标，阅读摘要和引言部分 |

| 仗剑天涯：试水C2C市场 | |
| 战略调整：退出C2C市场 | ★讨论思考题1：公司战略调整的背景和原因 |

| 另辟蹊径：基于SaaS系统赋能2B市场 | 讨论思考题2：
★分析二手车市场交易痛点
★SaaS系统赋能产品商业模式创新的构想 |

| 战略延伸：从交易到金融 | 讨论思考题3：
★分析二手汽车零售市场竞争局势以及市场发展痛点
★弹个车商业模式创新的构想

讨论思考题4：
★分析公司再战2C市场的背景和原因
★分析大数据视角下弹个车商业模式创新路径 |

| 战略布局：构建产业互联网协同生态 | 讨论思考题5：
★讨论弹个车商业模式创新的可持续发展的关键因素 |

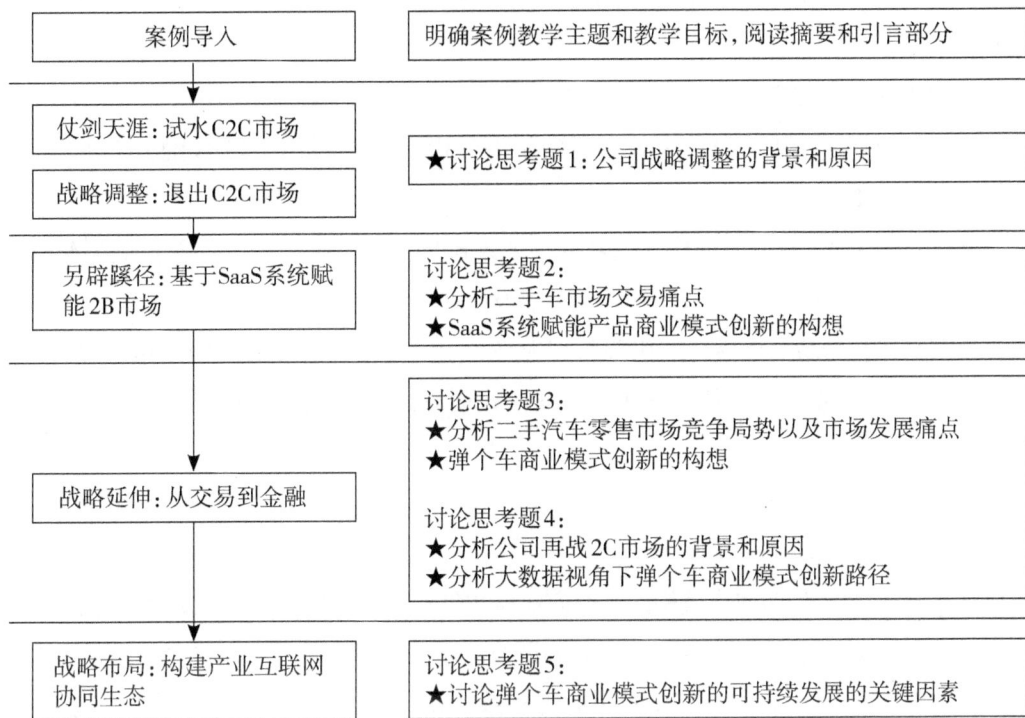

图1-27　案例脉络梳理

材料：所有学生每组一份案例材料（打印稿）、学生案例分析报告PPT、教学用PPT（案例配套PPT、案例附录PPT、理论教学 PPT等）。

参考文献

[1] Amit R, Zott C. Value creation in E-business[J]. Strategic Management Journal，2001（22）：493-520.

[2] Fichorova R N, Tucker L D. Anderson Deborah J. The molecular basis of nonoxynol-9-induced vaginal inflammation and its possible relevance to human immunodeficiency virus type 1 transmission[J]. Journal of Infectious Diseases，2001，8（15）：418-428.

[3] Magretta J. Why business models matter[J]. Harvard Business Review，2002，80（5）：86-92.

[4] Osterwalder A, Pigneur Y. An e-business model ontology for modeling E-business[J]. 15th Bled Electronic Commerce Conference e-Reality：Constructing the Economy，2002（6）：17-19.

[5] 程愚，孙建国. 商业模式的理论模型:要素及其关系[J]. 中国工业经济，2013（1）：141–153.

[6] 迟晓英，宣国良. 价值链研究发展综述[J]. 外国经济与管理，2010（1）：25–30.

[7] 刁玉柱，白景坤. 商业模式创新的机理分析：一个系统思考框架[J]. 管理学报，2012（1）：71–81.

[8] 高闯，关鑫. 企业商业模式创新的实现方式与演进机理——一种基于价值链创新的理论解释[J]. 中国工业经济，2006（11）：83–90.

[9] 李长云. 创新商业模式的机理与实现路径[J]. 中国软科学，2012（4）：167–176.

[10] 罗珉，李亮宇. 互联网时代的商业模式创新：价值创造视角[J]. 中国工业经济，2015（1）：95–107.

[11] 盛亚，徐璇，何东平. 电子商务环境下零售企业商业模式：基于价值创造逻辑[J]. 科研管理，2015（10）：122–129.

[12] 王琴. 基于价值网络重构的企业商业模式创新[J]. 中国工业经济，2011（1）：79–88.

[13] 王鑫鑫，王宗军. 国外商业模式创新研究综述[J]. 外国经济与管理，2009（12）：33–38.

[14] 翁君奕. 商务模式创新[M]. 北京：经济管理出版社，2004.

[15] 吴晓波等. 后发者如何实现快速追赶？——一个二次商业模式创新和技术创新的共演模型[J]. 科技学研究，2013（11）：1726–1735.

[16] 吴晓波等. 基于价值网络视角的商业模式分类研究：以现代服务业为例[J]. 浙江大学学报（人文社会科学版），2014（2）：64–77.

[17] 项国鹏，杨卓，罗兴武. 价值创造视角下的商业模式研究回顾与理论框架构建——基于扎根思想的编码与提炼[J]. 外国经济与管理，2014（6）：36–41.

[18] 项国鹏，罗兴武. 价值创造视角下浙商龙头企业商业模式演化机制——基于浙江物产的案例研究[J]. 商业经济与管理，2015（1）：44–54.

[19] 闫国庆，李肖钢，李秋正. 传统商业企业向商贸供应链公司转型分析——基于宁波阿凡达商贸供应链集成运营模式的案例研究[J]. 管理世界，2012（4）：181–182.

[20] 余杰. 大数据时代的电商供应链金融服务创新研究[D]. 广州：广东财经大学，2016.

[21] 原磊. 国外商业模式理论研究评介[J]. 外国经济与管理，2007（10）：17–25.

[22] 曾铭. 智能商业[M]. 北京：中信出版社，2018.

第二章　创业理论与实践案例

　　创业是发现机会和捕捉机会并由此创造出新颖的产品或服务,实现其潜在价值创造财富的动态过程,其包含几个要素:创业者、机会、资源、组织、价值。创业者是创业过程中处于核心地位的个人或团队;机会是没有被满足的市场需求;资源是人、财、物等各种投入;组织是创业的载体;价值是创业者为社会提供的产品和服务。

第一节　创业相关理论

　　创业是指创业者通过思考、推理和判断,对可用资源进行优化整合,创造出更大价值的过程。

一、创业缺陷理论

　　创业缺陷理论是指新创企业相比既有企业,在自身资源、组织体系、外部关系等方面存在明显不足,其生长与成长非常艰难,倒闭的风险常常伴随着新创企业。新创企业为了获得生存能力需要追求和实现快速成长,为了巩固和维持自己的生存能力而谋求发展。

　　新进入缺陷(liability of newness)指的是新企业的运营需要从无到有的展开过程,包括开始建立相应的内流程并获得外界认可,该过程中的任何环节出现问题都会带来难以估量的麻烦,因此,比既有企业会遭遇更高的失败率。

　　新进入缺陷这一概念最早是由 Stinchcombe 于1965年提出的,是指新企业刚成立时自身所存在的功能缺陷,如初始资源匮乏、组织体系尚未建立等,类似于新生儿因刚出生没有发育齐全而出现的功能障碍或缺陷。[①]

Stinchconbe致力于探索"为什么新企业失败率偏高，是什么因素影响了新企业的生存和死亡？"等问题，指出了新创企业相对于既有企业面临的客观问题，比如，缺乏行业经验和稳定的客户关系，需要承担更多的企业内部与外部的新角色、新任务，难以建立投资者信任关系，在开发新角色和建立外部关系时需要承担更多的心理冲突以及企业运行短期无效率等。

二、创业资源拼凑理论

1. 资源基础理论

资源基础理论将企业描述成一组异质性资源的组合，创业可以看作是整合异质性资源的过程。根据资源性质可将创业资源分为六种类型：①物质资源是指创业和经营活动所需的有形资产，如厂房、土地、设备等，有时也包括一些自然资源，如矿山、森林等。②声誉资源是一种无形资产，包括真诚、信任、尊严、同情和尊重等。在商业关系中，声誉资源已成为商业运营成功的关键因素。③组织资源包括组织结构、作业流程、工作规范、质量系统。④财务资源包括资金、资产、股票等。⑤智力和人力资源既包括创业者与创业团队的知识、经验、训练，也包括组织及其成员的专业智慧、判断力、视野、愿景，甚至是创业本身的人际关系网络。⑥技术资源包含关键技术、制造流程、作业系统、专用生产设备等。

2. 创业资源拼凑

创业资源拼凑是由Baker等于2005年提出的，是指创业者面临资源约束时的一种行动战略，即通过现有资源的将就利用，从而实现新的创业机会或应对挑战。[②]创业资源拼凑包含现有资源、将就利用和资源重新整合三个方面。

三、社会创业理论

1. 社会创业定义

社会创业凭借其解决社会问题的创新方式在全球蓬勃发展，逐渐成为一种突破市场失灵、政府失灵、社会发展困局的创新思维和实践。在扶贫、医疗卫生、教育、就业、

---

① Stinchcombe A L. Social structure and organizations[M]//March J G. Handbook of Organizations. Chi-cago, IL: Rand McNally, 1965：142–170.

② Baker T, Eric G G, Lubatkin M. A framework for comparing entrepreneurship processes across nations[J]. Journal of International Business Studies, 2005（36）：492–504.

社区重建、环保与可持续发展等领域产生了重大的社会影响。

目前学术界对于社会创业的定义并不统一,现有的相关研究大多从社会创业的产生动因、类别、影响因素、作用形式与机理等角度来诠释社会创业的概念。学术界对于社会创业的定义,概括起来有以下三种主要观点:①从社会创业的范围定位来定义。以学者Johnson为代表,他认为社会创业既包括营利组织的活动也包括非营利组织的活动以及政府跨部门的合作。[①]②从社会创业的价值主张来定义。以格雷戈里·迪斯为代表,他认为,社会创业概念包含两部分:一是利用变革的新方法解决社会问题并且为全社会创造效益;二是引用商业经营模式产生经济效益,但是经营所得不是为个人谋取利益。[②]③从社会创业问题解决的创新性来定义。例如,Spinelli和Adams认为,社会创业主要是采用创新方法解决社会焦点问题,采用传统的商业手段来创造社会价值(而不是个人价值)。[③]国内学者陈劲、王皓白指出,社会创业是一种在社会、经济和政治等环境下持续产生社会价值的活动。这种活动通过前瞻性地不断发现和利用新机会来履行社会使命和实现社会目的。[④]

社会创业的概念界定如下:社会创业是指组织或个人(团队)在社会使命的驱动下,借助市场力量解决社会问题或满足某种社会需求,追求社会价值和经济价值的双重价值目标,保持组织的可持续发展,最终实现社会问题朝着人们希望的目标改变。

2. 社会创业准备的核心因素——社会使命

社会使命主要包括两个方面:搜集信息以及识别和评估社会创业机会。社会创业者通常会运用个人知识、能力,从系统中获取大量信息;在启动社会创业活动之前,社会创业者需对获取的信息进行细致筛选,排除掉错误、无效的虚假信息,并识别出合适的社会创业机会。

3. 社会创业的生态系统

首先,社会创业从创业生态系统中获取社会创业必需的创业主体。其次,社会创业者以其能力为媒介,从创业生态系统中获取大量机会信息。社会创业者通常会对系统中的政府部门、商业企业和非营利组织进行对比分析,以便更加准确地了解环境形势,最终确定社会性企业的社会使命。

---

① Johnson S. Entrepreneurship, Economic growth and social change: The transformation of southern China[J]. The China Quarterly, 1995(6): 587-588.

② J.格雷戈里·迪斯. 创业型非营利组织:社会企业家的战略工具[M]. 李博,崔世存,译.北京:社会科学文献出版社, 2021(11): 256-258.

③ Spinelli S, Adams R. New Venture Creation[M]. New York: McGraw-Hill/Irwin, 2016: 298.

④ 陈劲,王皓白. 社会创业与社会创业者的概念界定与研究视角探讨[J]. 外国经济与管理, 2007(8): 10-15.

本部分包括初生牛犊不怕虎：云钛科技的创业之路；变废为宝：海归博士的资源拼凑之路；鱼和熊掌可兼得——大匠贝林的社会创业之路三个案例。

第二节 创业相关案例

［案例1］ 初生牛犊不怕虎：云钛科技的创业之路①

一、案例正文

摘 要：新企业创建，代表着组织的创立与诞生，但也是企业生命周期中最危险、失败率最高的阶段，与既有企业相比，新创企业在自身资源、组织体系、外部关系等方面存在明显的不足。据统计，新创企业的生存率只有3%，大学生新创企业的生存率只有1%。新进入缺陷理论回答了新创企业死亡率高、比成熟企业更容易失败的原因。本案例讲述了宁波云钛信息科技有限公司创始人赏吉飞，一个草根出身的"97后"大学生初生牛犊不怕虎、顽强求生的创业过程，以此解读新创企业的新进入缺陷理论，以帮助学生深入理解和掌握新进入缺陷理论，也可以为新创企业提供企业生存经验，对新企业初期生存实践具有指导意义。

关键词：新创企业；新创企业生存；新创企业生存率；新进入缺陷理论

0 引言

2020年6月8日下午，赏吉飞看到笔者走进位于宁波高新技术开发区国贸硅谷（金座）大楼宁波云钛信息科技有限公司的办公场所时，立即走过来拉笔者进入小会议室，惊喜地说："老师，正要去楼下接您，您怎么自己上来了？""老师，我们的企业还活着，请您听听我下一步的战略……"

赏吉飞滔滔不绝地讲了他的工作思路后，目光平视前方，似乎在问自己："我们没有名气、没有太大公信力的小公司，如何才能更好地生存下去？"

---

① 案例来源：中国管理案例共享中心，已获授权使用。

1 初创维艰

1.1 立志创业

宁波云钛信息科技有限公司是一家以软件开发、技术服务及技术咨询为主的信息科技公司，为传统实业供应链数字化升级提供一站式解决方案。创始人赏吉飞，1997年8月出生于浙江宁波的县级市慈溪，慈溪是我国排名第七、浙江排名第一的工业强县(市)，是全国闻名的"创业之乡"。赏吉飞从小耳濡目染父辈们的创业经历，创业的"种子"早已植入了他的血液中。2015年，赏吉飞考上宁波某学院软件专业，想学些技术，以便以后创业。进入大学后，赏吉飞组织了学习团队，在一年的时间里，基本学完了计算机软件的全部课程，还学了当时还很少有人知道的"区块链底层技术"，为了学习更多的创业知识，2016年9月，赏吉飞转到了工商管理(创业管理)专业学习。

2017年4月，赏吉飞看到"海淘"淘到假货的新闻屡见不鲜，他就想利用区块链底层技术无法篡改、不可逆的特点设计一个商品溯源系统，从源头上消除假货现象。

赏吉飞设想，先设计一款超级智能电子标签贴在商品中，电子标签用极薄的铝箔制成，不仅成本低廉，而且还有易碎、防撕等功能，让造假者无法"移花接木"二次使用或者复制拷贝。消费者打开手机中的NFC功能后，只要将手机靠近商品，就能显示商品的产地、品牌、价格、成分等基本资料，也可以显示商品的进口路线，让经营者、消费者一目了然，安心地销售与购买。

2017年7月，赏吉飞带着这个创意，以"山海鉴——区块链跨境供应溯源管理系统"为题，参加了"建行杯"浙江省第三届"互联网＋"大学生创新创业大赛，受到了评委专家的好评，获得创意组金奖。

1.2 面临散伙

"建行杯"浙江省第三届"互联网＋"大学生创新创业大赛结束后，赏吉飞和他的三个小伙伴，利用竞赛获奖的资金、勤工俭学积攒的钱和省下来的伙食费，开始研发产品，经过一个暑假夜以继日的研发、试制，用于防伪的超级智能电子标签样品试验成功，相关的软件也基本成型。但是，要进一步产品化，推广这种"基于区块链技术的跨境供应溯源管理系统"，还需要巨额资金和资源支撑，而此时他们手里的资金早已用完。只能寻求商家的投资了，赏吉飞和他的小伙伴们拿着项目PPT到处路演，众多的投资公司对这个项目赞赏有加，但是，连启动资金也"爱莫能助"。

创业团队陷入了"绝境"，何去何从？像许多大学生创业团队一样——竞赛结束就解散，还是继续创业？到哪里去寻求资金和资源支持？

2 时来运转

2017年10月底，经学校分院的领导亲自同复旦大学创业与创业投资研究中心协调，赏吉飞带着创业团队去上海参加了复旦大学创业与创业投资研究中心主办的"'一带一路'背景下的全球区块链与商业模式创新"论坛，深受论坛启发，赏吉飞决定将区块链技术应用到"金融信任体系"方面。12月，新项目"壹金金——基于区块链构建供应链金融信任体系"，在一次投资论坛上路演后，受到多家投资公司的追捧，一家深圳投资基金总经理听到这个项目后立即打电话给赏吉飞，邀请赏吉飞去深圳洽谈。

2017年年底，终于有一家投资公司提供了200万元的启动资金，还帮助赏吉飞注册了公司，新的公司开张了，团队人员也从原来的5名增加到了11名。

团队成员仍然拿着每月500元的补贴，赏吉飞舍不得动用这笔200万元的资金，为了省钱，他们建立了严格的财务制度，赏吉飞说："我们必须对投资人负责，除了公司日常运作必不可少的费用支出外，资金都要投入到设备购买和技术研发中。"房租费也能省即省，他们使用学校里免费的"大学生创业园"直到毕业。

推广营销要花钱，赏吉飞尽可能少花钱，采用"线上＋线下"推广的方式。线上，搞网站花钱太多，他便申请了一个公众号，天天写软文推广，同时利用投资方平台以及各种"读书会""行业协会"、免费论坛，尽可能往不花钱的地方"挤"。经过他们这种特有的推广方式，两个月后，新成立的公司终于接到了第一个百万元大订单，还有几个金融公司主动来电寻求合作，另有一个千万级大单正在谈设计方案。

3 生存危机

3.1 寒流袭来

2018年年初，国家有关部门发现某些区块链企业通过境外服务器向境内居民开展ICO及"虚拟货币"交易服务，涉及非法金融活动。对此，互联网金融风险专项整治办工作领导小组下发了一份针对比特币的通知，将矛头对准了生产"虚拟货币"的"挖矿"企业。由于这个事件的"发酵"，原本跟"虚拟货币"无关的区块链技术企业受到了殃及，赏吉飞的公司也被累及。

"忽如一夜寒风来",2018年6月开始,许多商家把"区块链虚拟货币"同区块链底层技术等同起来,进而认为"区块链=骗术",除了上文提到的第一家客户外,其他正在洽谈或即将签约的客户全部中止了与云钛科技的合作。

赏吉飞说:"一听说他们是区块链技术公司,客户就马上警觉起来,像见到骗子一样,根本没法再谈下去。"

整个团队的情绪一下子从"沸点"降到了"冰点",11位成员离职了6位,刚刚成立的公司,又面临"绝境",是求生,还是散伙?

3.2 顽强求生

让公司活下去,成了赏吉飞的努力目标,赏吉飞带着留下来的几个小伙伴,一家企业一家企业地拜访,承接小程序、APP、网站开发的活,几百元、几千元的生意,一笔一笔地做,来维持公司的生存。

2019年6月,大学毕业后,学校里免费的"大学生创业园"办公室不能再使用了,经客户介绍,他们搬到了免费的百度公司创办的"金融硅谷"创业园,租用百度公司半价的服务器。

4 新的起点

2019年10月24日,习近平总书记在中央政治局第十八次集体学习时强调,要把区块链作为核心技术自主创新的重要突破口。[①]赏吉飞感到"春风来了",他按照两年来了解到的制造型企业的营销痛点,带领公司技术人员用一个月的时间研发了一款"基于区块链进行产品溯源并集在线商城、新型AI客户营销管理系统为一体的多功能应用系统"。经一家10亿元出口规模的LED照明企业使用,仅7个月时间,内销就做了1亿多元,圆了该企业的"内销梦"。到2020年5月,已有5家制造型企业使用云钛科技的系统,即使在新冠肺炎疫情期间,这些企业的内销增长率也均在30%以上。

新冠肺炎疫情期间,赏吉飞看到了小微制造型企业的销售困境,这些小微制造型企业没有财力使用他们的系统,赏吉飞决定开发"国货之光"平台,为小微制造型企业提

---

① 习近平在中央政治局第十八次集体学习时强调 把区块链作为核心技术自主创新重要突破口 加快推动区块链技术和产业创新发展[N]. 人民日报,2019-10-26(01).

供营销服务，为小店主、小摊主提供可靠货源，利用平台上的区块链技术为小微制造型企业、小店主、小摊主提供征信服务。

赏吉飞的设想获得了宁波保税区领导的支持，"国货之光"平台已于2020年6月8日上线。面对新冠肺炎疫情期间复杂的经济环境，人们不禁要问：云钛科技还能走多远？能生存多久？

The Path to Entrepreneurship of Yuntai: Story of a Start-up

Abstract: Starting a startup represents the foundation of a new organization, which is also the most risky phase with the highest failure rate in a company's life cycle. Compared with existing enterprises, a start-up has some obvious shortcomings in own resources, organizational system and external relations. According to authoritative statistics, there is just 3% survival for start-ups. As for college starters, the survival rate is only 1%. The liability of newness is responsible for the higher infant mortality and propensity to fail of start-ups in comparison with their mature counterparts. This case describes the entrepreneurial process of the founder of Ningbo Yuntai Information Technology Co. Ltd., Shang Jifei, a grass-rooted college student born in 1997, who is not afraid of difficulties and hardships, and tries his best to make his enterprise survive. Based on this, this case tries to interpret the liability of newness any start-ups may be face to help business school students to deeply understand and master the theory. It provides survival experience for start-ups as well. This case implying the liability of newness will play a practical guiding role for new ventures in the survival of infant mortality.

Key words: start-ups; survival of start-ups; the survival rate of start-ups; liability of newness

二、案例使用说明

（一）教学目的与用途

（1）适用课程：本案例主要适用于"创业管理""营销管理"等课程。

（2）适用对象：工商管理专业本科生和硕士研究生、MBA和EMBA学员或高级经理人培训。

（3）本案例的教学目的：①了解新创企业死亡率高的本质原因；②掌握新创企业进

入缺陷的原因；③结合案例，引导学生扩展思考降低创业失败率的基本方法。

本案例解读的理论，即新进入缺陷理论，主要知识点包括以下内容：

（1）新进入缺陷的概念；

（2）新进入缺陷产生的原因；

（3）克服新进入缺陷的方法。

（二）启发思考题

（1）本案例中，赏吉飞的创业团队在2017年7月进入了哪种新进入缺陷？原因有哪些？赏吉飞是如何决策的？

（2）从2018年6月开始，本案例中，赏吉飞的创业团队进入了哪种新进入缺陷？原因有哪些？赏吉飞是如何决策的？

（3）结合本案例，谈谈新进入缺陷理论对新企业成长有什么实践指导意义？

（4）开放式问题：结合本案例，谈谈创业成功应具备哪些关键要素？

（三）分析思路

从企业生命周期的视角来看，企业作为有机的生命体，在不同的发展阶段具有不同的特征，会遇到不同的问题，必须采用相应的管理模式和解决方案。相对于成熟企业来说，新创企业的管理具有特殊性，其管理方式同成熟企业也有一定的区别。新创企业的首要任务是从无到有，把自己的产品或服务销售出去，掘到第一桶金，从而在市场上找到立足点，使自己生存下来。在创业初期，生存是第一位的，一切围绕生存运作，一切危及生存的做法都应避免。那么，什么是生存的来源呢？盈利。盈利是企业生存的重要保障，是创业管理的目标之一。在新创阶段，亏损、盈利，又亏损、又盈利，可能要经历多次反复，才能证明创业活动找到了可靠的商业模式，因此才有了追加投资的价值。构建新创企业的生存系统成了企业生存、发展的重要基础。

本案例回顾了一位"97后"大学生赏吉飞带着几位同学初次创业的过程，刻画了一位草根出身的大学生初生牛犊不怕虎，"不怕苦、不怕累、不怕挫折和失败"，从无到有，顽强生存的精神。首先，从赏吉飞看到"海淘"淘到假货的新闻屡见不鲜，他和他的小伙伴们想利用区块链底层技术（一种链式数据结构，即用户一旦写入信息，将被区块记录，数据就像链条一样环环相扣，无法篡改，也不可逆），设计一个商品溯源系统，从源头上保证信息的真实性，从而让"海淘"中的"李鬼"现原形，受到了专家的肯定开始。其次，云钛科技与其他新创企业一样，出现了"新进入缺陷"，本案例分析了云钛科技产生"新进入缺陷"的原因。再次,回顾了云钛科技在继续前行路上的跌宕起伏,既有跟投资者、客户、外部供应商等的艰难磨合,也有企业自身的技术学习、自主研发。接着,分析了云钛科技在自身努力以及地方政府、客户等支持下,完成了产品开发、市场营销的基本框架,取得了一些成绩。最后,对未来的商业环境变化以及云钛科技需要调整的部分提出了一些思考,并引导学生进行开放式思考。具体的分析思路如图2-1所示。

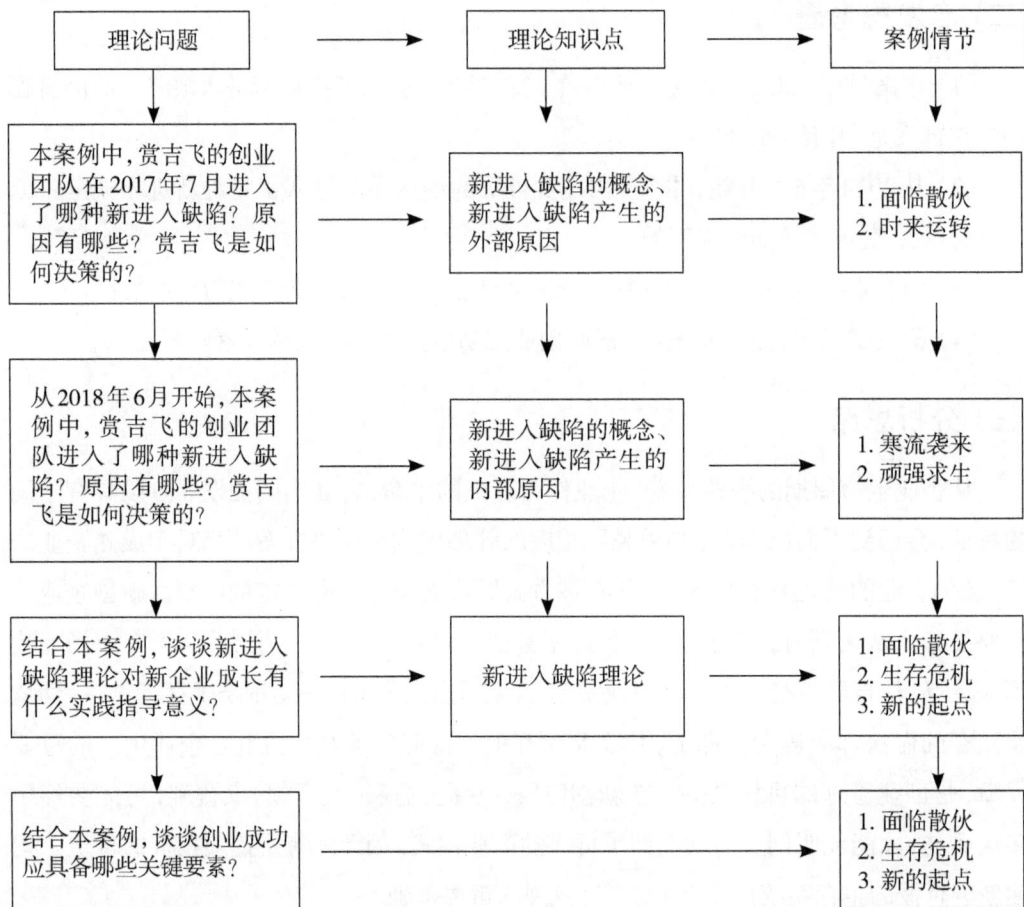

理论问题	理论知识点	案例情节
本案例中,赏吉飞的创业团队在2017年7月进入了哪种新进入缺陷?原因有哪些?赏吉飞是如何决策的?	新进入缺陷的概念、新进入缺陷产生的外部原因	1. 面临散伙 2. 时来运转
从2018年6月开始,本案例中,赏吉飞的创业团队进入了哪种新进入缺陷?原因有哪些?赏吉飞是如何决策的?	新进入缺陷的概念、新进入缺陷产生的内部原因	1. 寒流袭来 2. 顽强求生
结合本案例,谈谈新进入缺陷理论对新企业成长有什么实践指导意义?	新进入缺陷理论	1. 面临散伙 2. 生存危机 3. 新的起点
结合本案例,谈谈创业成功应具备哪些关键要素?		1. 面临散伙 2. 生存危机 3. 新的起点

图2-1 分析思路

（四）理论依据及具体分析

1. 理论依据

本案例的核心理论依据是新创企业的新进入缺陷理论。

在当前"大众创业、万众创新"的背景下,新创企业层出不穷地出现,但是,同既有企业相比,新创企业在自身资源、组织体系、外部关系等方面存在明显不足,其生长与成长非常艰难,倒闭的风险常常伴随。

新创企业的生存,是新创企业为了获得生存能力需要追求和实现快速成长,这一点有别于为了巩固和维持自己的生存能力而谋求发展的成熟企业。

新进入缺陷指的是新企业的运营需要从无到有的展开过程,包括开始建立相应的内流程并获得外界认可,该过程中的任何环节出现问题都会带来难以估量的麻烦,因此,比既有企业会遭遇更高的失败率。

新进入缺陷这一概念最早由 Stinchcombe 于1965年提出,是指新企业刚成立时自身所存在的功能缺陷,如初始资源匮乏,组织体系尚未建立等,类似于新生儿因刚出生没有发育齐全而出现的功能障碍或缺陷。

Stinchconbe 致力于探索"为什么新企业失败率偏高,是什么因素影响了新企业的生存和死亡?"等问题,指出了新创企业相对于既有企业面临的客观问题,比如,缺乏行业经验和稳定的客户关系,需要承担更多的企业内部与外部的新角色、新任务,难以建立投资者信任关系,在开发新角色和建立外部关系时需要承担更多的心理冲突以及企业运行短期无效率等。

新创企业的进入缺陷,有企业内部原因和外部原因,其产生原因如表2-1所示。

表2-1 新创企业的进入缺陷

维度	新进入缺陷	说明
内部原因	对目标和使命认识不足	新企业,特别是属于新类型或具有新模式的企业,往往涉及确定角色定位、设定目标的新使命,从而要求企业进行学习和探索
	过程不确定性高	实现新目标和完成新任务的过程(犹如价值链)充满着不确定性,而且具有高成本和低效率的特点
	组织结构的可再生性低	组织结构的可再生性是一种组织结构化能力,随着组织的成长而增强,在新企业初创阶段往往处于较低水平
	资源不足	资源包括财务资源、物质资源、组织资源和精神资源,新企业往往缺乏足够的资源来实施其战略
	内部关系与信任方面成本高、效率低	处理组织内部个人与个人之间的关系以及个人与组织层面的关系会产生协调成本,新企业在处理这两种关系时往往表现出高成本和低效率的特点
外部原因	适应小生态环境的能力较低	新企业适应小生态环境的能力较低,即使在密度很低的小生态环境中,新企业也会面临形式构造合法性的约束
	嵌入大环境的能力较低	新企业还无法有效地嵌入其所处的大环境
	外部信任与关系不稳定	新企业必须与陌生的外部人建立社会关系,主要是组织之间的关系。因此,新企业的外部信任与关系相对于成熟企业而言比较不稳定

资料来源:饶扬德,刘万元,邓辅玉.创业学[M].北京:中国人民大学出版社,2016:238.

2. 案例分析

问题一：本案例中，赏吉飞的创业团队在2017年7月进入了哪种新进入缺陷？原因有哪些？赏吉飞是如何决策的？

（1）理论视角：新进入缺陷的概念、新进入缺陷的内部原因。

（2）案例分析：并不是所有的资源具备了，才去创办企业，相反，新企业刚成立时，一般存在着内部组织尚未建立或不齐全，企业的目标还很模糊，产品或服务还未成熟，无创业资金或资金缺乏，营销体系尚未建立，外部关系尚未疏通，资信力低下，类似于新生儿因刚出生没发育齐全而出现的功能障碍或缺陷。

2017年7月，云钛科技遇到的新进入缺陷主要是内部原因，主要有：①对目标和使命认识不足，跟着"感觉"走，凭着"激情"干。本案例中，当赏吉飞看到"海淘"淘到假货的新闻屡见不鲜，他只是想利用区块链底层技术设计一个商品溯源系统，从源头上消除假货现象，至于要达到什么目标、该履行什么使命，还很模糊。②组织结构的可再生性低，内部合作者一遇到困难，一部分就要"各奔东西"，重新组建团队困难大、时间长。③内部关系与信任方面成本高、效率低，表现为沟通效率低，人员波动大。从案例中可以看到，当外部环境发生变故时，人员的离职率高。④资源严重不足。

云钛科技在初期遇到的新进入缺陷，赏吉飞没有放弃，没有等待，而是设定目标，靠竞赛获得的少量奖金和省下来的生活费来开发样品；没有营销渠道，靠一家一家地"跑街"来推广营销；没有人力资源支撑，千方百计重组团队，靠几个志同道合的同学一起拼搏；没有经验，到处学习；资源不足，想尽办法，到处寻找资源。

问题二：从2018年6月开始，本案例中，赏吉飞的创业团队进入了哪种新进入缺陷？原因有哪些？赏吉飞是如何决策的？

（1）理论视角：新进入缺陷的概念、新进入缺陷的外部原因。

（2）案例分析：新进入缺陷理论认为，新创企业存在以下问题：①适应小生态环境的能力较低，小生态环境是指与企业生存关系最为密切的外部环境。具体来说，小生态环境是指由客户、供应商等利益相关者所构成的微观环境，新企业适应小生态环境的能力将直接影响它们的生存。②嵌入大环境的能力较低。③外部信任与关系不稳定。

本案例中，从2018年6月开始，赏吉飞的创业团队进入了外部新进入缺陷。由于外部信任与关系不稳定，一受到外部环境的变化，就要陷入"倒闭"的境地，本案例中，当人们对"区块链技术"发生误解时，云钛科技受到严重打击。

在本案例中，云钛科技的决策，就是"千方百计地让企业活下去"，为了"活下去"，企业就成了"承接小程序、APP、网站开发"的"包工头"，从小项目做起，从解决客户的

"小问题"做起，努力通过产品销售，交给客户"物有所值"的东西，获取对方的认可和信任，来积累资金、拓展人脉。

问题三：结合本案例，谈谈新进入缺陷理论对新企业成长有什么实践指导意义？

（1）理论视角：新进入缺陷理论。

（2）案例分析：新企业的成长过程充满了模糊性和不确定性。其中，新进入缺陷是造成新企业失败率明显高于成熟企业的主要原因，克服新进入缺陷必须从以下几个方面着手。

首先，从外部环境角度来看，新企业要注重关系渠道的培养和维护，获得外部合法性。这些关系包括顾客、供应商、投资者等利益相关者，是新企业从外部获取资源的重要渠道。

Aldrich 和 Foil（2012）认为创业失败的主要原因并非因为缺乏市场潜力，而是因为创业者没有足够重视与利益相关者建立信任关系，没有处理好与竞争者的关系，没有获得组织合法性等一系列问题导致的。

赏吉飞和他的团队所在的高校是一所三本院校，创业初期，他们的身份又是学生，要想获得顾客、供应商、投资者等利益相关者的信任，的确很困难。但是，他们永不放弃，从小事做起，一点一滴地为客户解决难题，用他们的诚信打动顾客、供应商、投资者等利益相关者，逐步取得顾客、供应商、投资者等利益相关者的信任，打通了从外部获取资源的重要渠道。

其次，从内部管理角度来看，新企业要注重组织学习，尽快形成企业发展目标化、管理制度化、业务流程化的科学管理模式。

在本案例中，赏吉飞和他的团队注重学习，他们到复旦大学参加论坛，虚心向校内外老师请教、向社会上的有经验者学习，逐步形成了自己的一套业务模式。

再次，从资源角度来看，新企业需要在其薄弱的初始资源用完之前，开发出新资源，并且积累获得资源的渠道与经验。

最大限度地挖掘和利用资源，是新企业成功的重要方法。在本案例中，赏吉飞和他的团队千方百计利用校内资源，想尽办法拓展校外和社会资源，使企业逐步壮大。

问题四：开放式问题，结合本案例，谈谈创业成功应具备哪些关键要素？

（1）理论视角：开放式问题。

新创企业死亡率高的根本原因是新进入缺陷，每个创业者都清楚，创业的第一步，就是把企业的产品或服务卖给用户。这是一种惊险的跨越，如果不是用户肯付钱，怎么能收回成本、获得利润？经历过艰难创业的企业家和创业者，永远都会把用户放在第一位。此外，谁会借钱给没听说过的企业？谁会购买没听说过的企业的产品？谁会加入没听说过的企业？企业靠什么迈出这三步？靠的是诚信，也只有靠诚信。所以，一个企业的核心价值观不是杜撰出来的，而是创业阶段自然形成的。创业期间的管理是在塑造一个企业。

新创企业要积极与外界相关的个人或组织建立不同层次的合作关系，积极挖掘和充分利用内外资源来弥补自身的不足，力求构建以自身为核心的企业生存态系统，制定与企业和产品（服务）相一致的制度，来确保企业的生存和发展。

因此，创业成功，需要具备以下关键要素：①要讲诚信，永远将客户放在第一位；②不怕困难，不怕挫折、不怕失败；③创业团队需要学习，需要不断积累经验；④努力与政府、投资者、供应商、客户等建立良好的关系，去构建企业的生存系统；⑤积极挖掘和利用一切资源，是新创企业成功的关键要素。

（五）背景信息

云钛科技是一家以软件开发、技术服务及技术咨询为主的信息科技公司，为传统实业供应链数字化升级提供一站式解决方案。云钛科技以数字营销、驱动经营为使命，以引领分销渠道数字营销为目标，致力于推动传统实业数字化升级，促进中小型企业产业互联网化转型。

目前，云钛科技全场景新零售SaaS解决方案是一个涵盖传统实业"F-B-b-C"全通路、全业务场景的渠道赋能SaaS解决方案，通过云钛智选、云钛云店、云货架、智慧外勤、云钛分销和云钛零售、连锁等几大产品工具，贯穿服务"F-B-b-C"通路。

云钛科技全场景新零售SaaS结合上游工厂全渠道发展需求，以工具型SaaS连接零售商，通过"爆款商品＋优选商品"实现渗透。依托全面而强大的后台大数据管理，实现后台数据同步、客户锁定管理、用数据分析优化配送路线，从而降低成本。同时，搭配各种营销工具，提供给用户海量的基予社交特性的互动营销方法。

（六）关键要点

1. 案例关键点

（1）云钛科技遇到过哪些生存危机？

（2）云钛科技如何解决这些生存危机？

（3）云钛科技今后怎么做才能持续发展？

2. 知识关键点

（1）新进入缺陷的概念；

（2）新创企业新进入缺陷产生的原因；

（3）克服新进入缺陷的方法。

3. 能力关键点

（1）新创企业生存管理能力；

（2）系统思考能力。

（七）建议课堂计划

本案例可开设专门的案例讨论课来分析，参与案例讨论的人数应当控制在30人以内，整个案例课堂时间控制在 90 分钟。如下是按照时间进度提供的建议课堂计划，仅供参考。

1. 课前计划

通过邮件或公共信息平台发布预习公告，教师应提前一周将案例正文、辅助阅读材料等相关材料发放给全体学生，引导学生在课前完成阅读及启发思考，并在正式上课开始前，再进行一次统一的课前阅读。提供启发思考题给学生，请学生在课前完成阅读和初步思考，并了解新创企业生存的相关理论知识，预计时间在15分钟左右。

2. 课中计划

（1）课中时间安排。课程用时控制在90分钟之内，完成系列知识的教学环节：简要引导、案情回顾、分组讨论、小组发言、案例总结。详细的时间安排如表2-2所示。

表2-2　课中时间安排

序号	内容	教学内容	时间/分钟
1	简要引导	教师就本案例进行简单介绍（案例主题，主要理论，课堂形式）	5
2	案情回顾	随机提问各组学员，对案例主要情节进行回顾，使得学生对案例有一个整体的把握	10
3	分组讨论	分小组对案例启发思考题进行讨论，在组长的引导下，形成最终答案	35
4	小组发言	采用点名与小组推荐代表相结合的形式对相关启发思考题进行发言，其他小组成员可以提出问题与补充	25
5	案例总结	教师根据各组回答和理论知识点进行总结，同时启发对案例的进一步思考	15

（2）根据新创企业的新进入缺陷理论的三个知识点：①新进入缺陷的概念；②新进入缺陷产生的原因；③克服新进入缺陷的方法。大致分为如表2-3所述的几个部分，根据这个分类和时间顺序进行板书书写。

表2-3　课中板书格式

	新进入缺陷的概念	新创企业新进入缺陷产生的原因	克服新进入缺陷的方法
初创维艰			
时来运转			
生存危机			
新的起点			

3. 课后计划

根据相关理论知识，结合目前的国内外商业环境，谈谈对云钛科技的改进意见和建议。

参考文献

[1] Aldrich, Foil. The emergence of entrepreneurship as an academic field: A personal essay on institutional entrepreneurship[J]. Research Policy, 2012（9）: 1240–1248.

[2] Prahalad C K, Ramaswamy V. Co-creation experiences: The next practice in value creation[J]. Journal of Interactive Marketing, 2004, 18（3）: 5–14.

[3] Stinchcombe A L. Social structure and organizations[M]//March J G. Handbook of Organizations. Chi-cago, IL: Rand McNally, 1965: 142–170.

[4] 本·霍洛维茨. 创业维艰：如何完成比难更难的事[M]. 杨晓红, 钟莉婷, 译. 北京：中信出版社, 2015.

[5] 陈劲, 郑刚. 创新管理：赢得持续竞争优势[M]. 3版. 北京：北京大学出版社, 2016.

[6] 邓富民, 唐建民, 等. 战略管理[M]. 2版. 北京：经济管理出版社, 2018.

[7] 饶扬德, 刘万元, 邓辅玉. 创业学[M]. 北京：中国人民大学出版社, 2016.

[8] 亚历克斯·弗格森, 迈克尔·莫里茨. 领导力[M]. 叶红婷, 柴振宇, 译. 北京：中国友谊出版社, 2016.

［案例2］ 变废为宝：海归博士的资源拼凑之路①

一、案例正文

摘 要:本案例复盘了朱文荣利用日本读博所学,把日本的浒苔加工技术带到中国,成立宁波象山旭文海藻开发有限公司的经历。初出校园的朱文荣,在创业资源匮乏的情况下,一步步解决了厂房问题,并自主研发设备,通过导师资源解决了贸易危机,争取了政府资源扩大企业规模和进行校企合作保持技术领先等,运用资源拼凑完成了创业过程。学生通过案例的学习,理解企业创业过程的不同时期及其资源分类;理解新创企业如何通过资源拼凑在创业初期资源匮乏的情况下,快速整合资源,克服严重的资源短缺困境,实现企业成长;理解如何利用资源异质性,保持企业竞争优势。

关键词:浒苔;创业;资源拼凑;资源异质性

2019年的早春,气温还未回暖,但宁波象山旭文海藻开发有限公司实验室里却热火朝天,原来是朱文荣带领的科研团队,又一次攻克了浒苔纯人工养殖的技术难题。公司创始人朱文荣看着实验室里一瓶瓶的绿色生物,内心感慨万千。早在朱文荣求学期间,他就发现了中日两国在浒苔开发上的巨大差异,于是刚出学校的他,带着在日本学习的浒苔加工、养殖技术回到国内,扎根天然资源丰富的宁波象山海边,成立了宁波象山旭文海藻开发有限公司,把当地居民当成"海中杂草"的浒苔,加工后卖到日本市场。

研究浒苔十多年的朱文荣,一方面在心中勾画着浒苔"彻底摆脱海洋限制"进行纯人工养殖的蓝图;另一方面思考着旭文海藻经历了十多年创业后,已经成为国内最大的浒苔生产企业,公司的发展进入瓶颈后如何突破的问题。同时,2017年,中央农村工作会议首次提出走中国特色社会主义乡村振兴道路,让农业成为有奔头的产业,让农民成为有吸引力的职业,让农村成为安居乐业的美丽家园。2018年2月4日,《中共中央国务院关于实施乡村振兴战略的意见》正式公开发布。2018年3月,国务院总理李克强在《政府工作报告》中提出,大力实施乡村振兴战略。②扎根农村的朱文荣,敏感地感觉到乡村振兴已经是未来的重要发展方向,他的旭文海藻与乡村振兴可以有机结合,向多元化发展。目前,公司的浒苔研究已经走在了全国前列,浒苔年产量占国内市场75%以上,

---

① 本案例获清华大学经济管理学院主办的2020第三届"卓越开发者"案例大奖赛二等奖。
② 李克强说,大力实施乡村振兴战略[EB/OL].(2018-03-05)[2022-09-30]. http://www.gov.cn/guowuyuan/2018-03/05/content_5270926.htm.

在日本也拥有1/3以上的市场份额。公司是继续依靠单一的浒苔产品，还是顺应潮流融入乡村振兴，创立农旅文融合项目，实现多元化发展？

1 博士学习，播下创业之籽

1.1 新学小生，得到导师认可

朱文荣，江苏泰州人。1997年，朱文荣进入上海海洋大学生物专业学习，因为这个专业不用交学费，正适合家境贫困的他。2001年临近毕业时，当时国际著名海藻学专家——日本高知大学大野正夫教授，看到中国的浒苔资源非常丰富，但是却没有被开发利用起来，于是想在中国寻找一位年轻人去日本系统地学习浒苔知识，再通过与日资企业合作，一起开发中国浒苔。与大野教授有合作的上海海洋大学推荐了成绩优异的朱文荣去日本硕博连读。当时的朱文荣，由于家境贫困，一心只想早点工作，赚钱改善生活，但是面对日本留学这样的机会又不想放弃，在左右摇摆中，他最终选择了去日本留学。去了日本后发现，要通过硕士入门考试才能正式入学。日语一窍不通的他，经过两个月的辛苦努力，顺利通过了两门专业课和日语的测试，正式开始了日本留学之旅，学习研究的是非常冷门的一类绿藻——浒苔。浒苔是什么？朱文荣在去日本之前也一无所知。勤奋好学的他，在攻克语言关后，一头扎进了浒苔的学习中，几乎把所有空闲的时间都花在了实验室。不久，出色的朱文荣就得到了大野导师的认可。

1.2 初识浒苔，感受两国之差

浒苔，俗称"苔条""青海苔"，对浙江沿海一带居民来说，并不陌生，这是生长在海边滩涂上的一种海藻，新鲜的浒苔晒干后可以磨成粉作为调味料，使食物有一种特殊的香味。人们常用它制作苔条黄鱼、苔条花生、苔条年糕……

浒苔是一种天然单细胞绿藻，个头非常小，属于绿藻门石莼科，是一种广温、广盐藻类，繁殖能力强，生长在温度10℃～35℃、盐度范围12～40的环境中，在我国东部沿海、日本沿海均能生长，其基部通过固定器附着在岩石、砂砾或贝壳上。浒苔富含多种矿物质和维生素，是一种高蛋白、高膳食纤维、低脂肪、低能量的天然理想营养食品原料。

在日本浒苔被称为"青海苔"，是一种非常受欢迎的海藻类食品，在日本有这样一句话，"男人威士忌，女人爱马仕，调味料浒苔"。在食品中添加浒苔粉，既可以提高食品的色、香、味，还可以改善食品的营养价值。浒苔粉和浒苔片作为配料或营养添加剂，已广泛应用于各种食品,如加乐比、日清、格力高等食品公司生产的膨化食品、海苔饼干、海苔花生、海苔干脆面等。日本可食用浒苔每年的生产总量大约300吨干燥量,品质最好的主要生长在日本高知县四万十川。在当时的日本,每千克浒苔价格已高达760元人民币,但是在我国每千克却只有7元。

"由于日本市场需求旺盛,日本本土生产的浒苔已经供不应求,在2004年前后,就出现了每年400吨左右的缺口。日本企业选择到邻近的中国、韩国进口浒苔。由于浙江沿海地区的浒苔质量好,从20世纪70年代起,日本企业就依循着浒苔的生长轨迹,来到宁波地区收购浒苔。"朱文荣说。

1.3 中西合璧:萌生创业想法

读博期间,朱文荣一边在日本学习先进的浒苔养殖技术,一边前后七次回国调研国内的浒苔资源,特别是在2003年年底宁波市海洋与水产学会特地邀请了他的导师大野教授来宁波,开展海藻养殖与加工的国际学术交流与合作。在宁波交流、考察期间,他们先后走访了宁海、奉化等地的海藻养殖区及苔条加工厂。朱文荣发现宁波海域非常适合浒苔的生长,当地有着丰富的天然浒苔资源。宁波当地有吃炒年糕的习惯,海边渔民会放些浒苔粉进去,做成浒苔炒年糕,但也只是偶尔吃个新鲜,这样的零散食用,对浒苔的使用量很小。当地老百姓对这种滩涂上随便可以捡到的东西并不重视,经常捡回去喂猪、喂家禽。当地也有一些苔条加工的小作坊,但是由于加工技术落后,产品质量不佳,产量也不高。丰富的国内资源、两国巨大的价格差以及他在日本学习到的浒苔知识,使得一个创业想法出现在朱文荣的脑海中:既然国内浒苔自然资源如此丰富,并且价格低廉,那我是不是可以用日本的加工技术开发国内的浒苔再卖到日本市场去呢?当大野导师得知他有创业想法后,又考虑到他的家庭情况,给了他两个选择:一是毕业后,进入专门研发浒苔的日资企业上班,这也是一开始日方的初衷;二是回到国内,自己创业。无论选择哪条,导师都支持他。有了导师的理解与支持,朱文荣坚定了回国创业的想法。

创业光有一腔热情显然是不够的,于是朱文荣冷静地分析起自己具有的创业资源:首先考虑的是资金,家境贫困的他只有在日本读书期间省吃俭用积攒下来的10万元奖学金,这些钱既无法购买高昂的设备,又无法建造自己的厂房;其次是浒苔原料,国内天然资源丰富,还未被开发利用,一直被当成"海中杂草"对待;再次是技术,虽然朱文荣读博期间研究的是浒苔,但是理论知识多于实践,研究浒苔的生活史多于浒苔的加工技术,对于熟悉了做实验的他来说,迫切需要增加浒苔加工的实践经验;最后是销售,做出来的东西卖给谁？于是他又去找大野导师帮忙，在导师的推荐下，朱文荣进了日本一家浒苔公司实习。在一年半的实习过程中，朱文荣迅速掌握了浒苔加工流程、工作规范和质量管控。良好的人际关系和过硬的技术能力使他得到了公司的认可。当日方公司得知朱文荣要回国做浒苔生意后，马上给了他一份"特殊的订单"——只要他生产出来的浒苔质量符合要求，公司优先收购他的浒苔。于是在2005年年初，朱文荣带着日本的浒苔加工技术回国了。

2 菡萏初开，公司破土而生

2.1 小试牛刀，收获第一桶金

回国后，摆在朱文荣面前的第一个问题是：去哪里创业呢？自己是江苏泰州人，但是江苏的浒苔资源并不丰富。想起读博期间他曾到过宁波的奉化、宁海、象山一带做过调研，那里的水域浒苔资源丰富，于是就选择到宁波象山发展。万事开头难，作为一个外地人，在宁波人生地不熟，甚至连海边农民的说话都听不懂。作为一个穷小子，既没有资金建厂房又没有能力买日本的机器设备。于是他选择了最简单的方法，直接去象山海边的村里收购新鲜浒苔。由于之前与宁波市海洋与水产学会有过合作，在他们的引荐下，朱文荣认识了象山县黄避岙乡高泥村的村主任。高泥村面海靠山，自然环境优美，有着丰富的滩涂资源，村里原本就有一个浒苔加工厂，但是由于加工技术的限制，加工出来的浒苔质量不高，销路不广，加工厂一直处于开开停停的半关闭状态。当朱文荣提出愿意承包加工厂并收购村民采摘的鲜浒苔时，村委很快就同意了。对村民来说，赚钱是最好的动力，朱文荣以每千克0.2元的价格向村民收购鲜浒苔，一个村民一天可以在滩涂上采摘近2000千克的鲜海苔，一天的收入就是400元，远高于当时人均60～70元一天的人工费，看到采摘浒苔可以赚钱，村民们开始积极采摘，就这样朱文荣解决了厂房和采摘的问题。

浒苔有自己的生长周期，每年只有1—5月才能在滩涂上看到它们的身影，并且新鲜的浒苔很容易变质，虽然滩涂上到处可见，可质量却良莠不齐。如何保证收购回来的浒苔质量呢？为控制质量，朱文荣用高于市场的收购价从村民手中收购高品质的鲜浒苔，质量不过关的一律不收。鲜浒苔收购上来了，当天要完成加工过程，不然就会发酵变质。由于买不起清洗和烘干设备，只能在海边清洗，在海边天然晾干。这种完全利用手工的生产方式，每天产出的干品不到50千克，并且受气候影响很大，所以只做了10天就结束了,品质也不高,合格产品只有60%左右。但是,就是这10天加工成的500千克干浒苔销往日本后,净收入7万多元人民币。

2.2 承包滩涂,把控原料品质

第一次的成功给了朱文荣很大的信心,但同时也让他看到了自己的问题:一是质量太差,合格产品只有60%;二是采摘周期太短。想要提高浒苔质量,一方面要把控原材料,另一方面要提高加工技术。在原材料方面,虽然在收购时已经严格把控品质,但是由于农民的采摘都是自发式的,同一片滩涂上,大家零散地采取,并且采摘的时间也不大一样,造成采摘上来的浒苔生长期不同,长短品质各不同。另外,浒苔的生长期是1—5月,但是他却只做了短短的10天,大量的天然浒苔还没有用起来。

"怎样让采摘上来的浒苔生长期尽量一致、长短品质尽量统一,怎样延长浒苔的采摘时间呢?"朱文荣又陷入了思索中。

想要生长期一致,那就要控制采摘时间,同一个区域内同一时间采,然后等上几天后再在同一时间采一播,这样才可以使这个区域内的浒苔品质统一起来。怎样才能让村民在同一时间采摘同一片滩涂?望着长长的滩涂,朱文荣想到了向村里租滩涂,一旦租下来,那就可以控制采摘的时间和地点了。不久,他成功地租了3000多亩①滩涂,到第二年,他雇了几个当地村民,按照自己的模式,一片一片地采摘过去。等第一遍采摘结束,第二遍采摘正好接上,以此类推,这样采摘上来的浒苔生长周期基本是相同的,并且每天的采摘量也在上升,延长了整个采摘时期。

2.3 片接寸附,研发加工设备

原料得到保证后,紧接着就要解决加工问题。前一年的浒苔加工全部是原始晾晒,靠这样的手洗无法拣出浒苔里的所有杂质,靠天晒不能达到颜色、手感、口感的最佳状态。为此,朱文荣想把清洗工序从滩涂搬进厂房,用机洗代替人工。但日本的设备价格昂贵,朱文荣根本无力负担,想到自己在日本实习期间接触的设备,他一遍一遍地跑旧货市场淘机器,结合自己画的图纸,自己改装,终于成功研发出了浒苔清洗机和松散机。

但是最大的难题却是烘干机,国内市场上传统的烘干机无法用来烘干浒苔,由于浒苔细如发丝又是中空,且浒苔体内天然的保湿因子牢牢地锁住了水分,会导致浒苔烘干过程中即使表面已经干到焦,内部却依然很多水分。于是,朱文荣再次凭着在日本实习

---

① 注:1亩≈0.0667公顷。

期间的经验，自己画图纸，设计烘干机，并找了常州的一家干燥风机厂，定制机器。首批五台烘干机虽然做出来了，但是品质却很难把控，经常会出现烘不干或烘过头的情况，烘一次要24小时，且产量低下，一天一夜只能烘干100多千克，这明显达不到朱文荣的预期。有一次，他在参观奉化一家纺织企业时，看到了烘布机，看到薄薄的一层布在瞬间被烘干，联想到自己的浒苔，烘干出来时厚度也是薄薄的跟布差不多，如果能用这种设备，说不定就能解决烘干难的问题。但是一台烘布机的价格却要400多万元，太贵了，买不起，于是朱文荣自己根据烘布机的原理来设计。不久，长20米，宽2.2米，三层高的网格传送烘干机就制造出来了。他设计了七道烘干工序，七道烘箱温度逐渐递减，可以将浒苔均匀烘干。为了组装好这个20米长的"大家伙"，朱文荣三天三夜没合眼，在机器旁盯牢每一个环节齿轮的转动，不行就调整重来，直到薄如纸张的浒苔像布匹一样缓缓吐出。烘一次从原来的24小时缩短到了2小时，产量上去了，24小时烘干量从原来的100千克到提高到400千克。有了清洗机、松散机和烘干机，浒苔加工的质量和数量都稳步提升，2007年销售达到了9吨多，收入150多万元。

2.4 因人成事，企业初成规模

对于庞大的日本市场，每年9吨的市场份额实在是太小了，扩大生产规模已经是必然选择。但是，浒苔加工厂的厂房面积和员工数量都不足以支撑更大的加工量。如何扩大呢？朱文荣想到了干脆自己创办公司，建设新的厂房。但是在公司的创办过程中，他却碰到了很多困难，村里的土地承包价太高、公司环保测评不达标、招不到理想的员工，等等，问题接踵而至。正当朱文荣为创立公司忙得焦头烂额时，象山县团委正在做田野项目，想在当地找一些在农业上做出突出成绩的年轻人进行宣传和扶持。看着朱文荣把"滩涂野草"成功地卖到了日本市场，并且填补了国内浒苔加工的空白，他们对他的项目非常感兴趣，于是朱文荣顺利地成了象山县团委的推广对象。在当地团组织的鼓励和指导下，他参加了宁波市的创业大赛，并获得了"宁波市大学生十佳创业新秀"称号，这个奖给创业初期的朱文荣增添了信心。

"这是我人生中的第一个创业大奖，对当时的我而言，无疑是一种莫大的肯定，同时也对我后期在招工方面打开了局面。"朱文荣说。

2008年，在政府的扶持下，他顺利地解决了土地承包问题，通过了环保测评，创办了宁波象山旭文海藻开发有限公司。2009年3月，朱文荣的"浒苔机械化加工技术研究"项目获得了象山县科技局立项；2009年5月，"浒苔机械化加工项目研究"获得了宁波市留学人员创新创业基金项目立项。旭文海藻依靠这些项目，不仅获得了政府的科研经费，更重要的是提高了公司在当地的声誉,同时也为公司后续从纯粹的浒苔加工进入到既有加工又有研究的阶段打下了基础,打开了浒苔研究领域的大门。2010年,朱文荣获得了宁波市优秀创业奖;2012年,入选宁波市"3315计划"专家;2013年入选科技部创新创业人才,同时入选浙江省"151人才计划",入选第一批"国家高层次人才特殊支持计划"等。到2013年,朱文荣的公司拥有价值500多万元的浒苔加工生产线,土地23亩,加工生产车间1500平方米,海藻育苗车间900平方米,年产值2000多万元。

3 风吹雨打,开拓国内市场

3.1 飞来横祸,导师千里相济

由于日本浒苔市场缺口巨大,同时朱文荣在留学期间接触到了很多日本的浒苔经销商,他的浒苔一直是单一的出口日本市场,并且供不应求,2009年之前他一直想着如何生产出更多的浒苔来满足日本市场的需求。正当他逐渐扩大浒苔加工事业时,巨大的贸易危机却迎面而来。日本是农产品进口大国,日本进口的农产品频繁地出现农业化学品超标事件,消费者对食品安全产生了严重的信任危机。日本为加强农业化学品残留管理,制定了一项新的制度——食品中残留农业化学品肯定列表制度。根据这个制度,每种农产品、食品涉及的残留限量标准平均为200项,被喻为"世界上最苛刻的农残比",这无疑增加了企业产品出口日本的难度。"肯定列表制度"对516种农药制定了具体的限量标准,而中国对其中的405种农药未制定任何限量标准。可见,"肯定列表制度"实施后,很多的中国农产品出口日本将受阻。

2009年,一批价值300多万元的浒苔到达日本后,检测发现其中一种农药"扑草净"残留量是0.11ppm,超过日本的限量标准0.01ppm的11倍。日本海关通知朱文荣,这批货只能就地焚毁或被遣回,这无疑是一盆冷水浇在了朱文荣的头上,但是越困难就越需要冷静。于是他开始分析起来:第一,自己的浒苔是否真的农药超标不能吃? 首先,国内对浒苔中的"扑草净"未制定任何限量标准,因为所有的浒苔都是纯天然的产品,自己并没有喷洒过任何农药,后期加工也是清洗和烘干,那么浒苔中的农药残留只能是来自海洋本身。既然同一片海域中的浒苔检测出该物质,那其他海产品呢? 于是他马上查了紫菜中的"扑草净"限量标准为0.19ppm,为什么两者差异如此之大? 原来浒苔作为一种小众化的农产品,并没有明确列出在表格里,但是在表格的最后,注释中有一段文字"对未涵盖在上述标准中的所有其他农业化学品制定一个统一限量标准:0.01ppm"。

就是这个"统一标准"限制了他的浒苔。另外，玉米的限量标准是0.2ppm，而消费者每天玉米的摄入量远远大于浒苔的摄入量。显然，对浒苔的这个标准是极其不合理的，但是又无可奈何。第二，是否要按照日方要求就地焚毁或遣回？这个马上被自己否决了，无论是销毁还是遣回，先不说成本问题，两者都会直接影响公司的生存。浒苔是天然海区的产品，这批不符合要求，那下一批也会不符合要求，公司所有的产品都是出口日本市场，一旦没有了市场，公司也就无法生存。第三，日方公司方面，由于迟迟未收到货，后续该如何弥补？朱文荣马上想到了自己的导师，大野老师在海藻界是举足轻重的人物，于是他聘请导师做公司的技术顾问。通过与导师的沟通，通过不断的实验，发现可以从检测方法入手解决，最终大野老师从专业角度说服日本海关，接受水溶状态下的检测指标，这样旭文海藻的产品就全都合格了。两个月的奔波，虽然最终解决了问题，但也使朱文荣意识到，单一的日本市场，对企业来讲是十分危险的，仅仅依靠外销会受制于人，要发展国内市场了。

3.2 借力打力，开拓国内市场

国内的客户在哪里呢？在宁波市组织的一次食品行业交流会上，朱文荣发现，宁波奉化有个5A级景区——溪口，里面在卖一种特产"千层饼"，千层饼在当地有一百多年的历史，已经成为游客必买的伴手礼。千层饼有甜、咸两种口味，其中的咸味饼就是饼上涂了一层浒苔粉。于是朱文荣想把自己的浒苔卖给做千层饼的店家。他找到了千层饼协会的会长推销自己的浒苔，协会会长肯定了浒苔的质量，但不满意他的价格，农民自己晾晒的浒苔市场上只卖7元每千克，而朱文荣的浒苔却要20多元每千克，高昂的价格让他无法接受。

2010年，"地沟油"事件引发了全国热议，随着苏丹红、瘦肉精等一系列事件的爆发，国家对食品安全越来越重视，在面制品行业中，国家增加了铝含量的抽检要求。随着抽检的进行，越来越多的饼干、油赞子、面点等存在铝超标，特别是加了浒苔的产品。因为浒苔是一种海藻，它有吸附金属离子的特性，其中咸味千层饼也在铝含量超标列表中。朱文荣意识到，打开国内市场的契机来了。

他的浒苔是经过严格的清洗、筛选和检测的，铝含量比农民自己晾晒的低很多。于是，他带着自己的浒苔粉样本再一次找到千层饼协会会长，通过当场实验，证明用他的浒苔做出来的咸味千层饼能符合国家对铝含量的要求。浒苔粉得到了千层饼协会会长认可后，协会马上发文，建议店家购买。随着浒苔在千层饼行业里打开市场，不久国内最大的麻花生产商也慕名而来，主动联系朱文荣，一开口就要10吨的量。2010年，公司年生产浒苔约70吨,内销50吨,外销20吨。合作的公司有除了宁波周边的千层饼、油赞子等店家外,还有达能、波力、草湖食品、欧文蛋糕等,并与中国最大的浒苔使用商——众望集团公司签订了长期销售协议。经过几年的发展,朱文荣的宁波象山旭文海藻开发有限公司已经成为国内最大的浒苔生产企业,产量占国内市场的75%以上,在日本也拥有1/3以上的市场份额。

4 校企合作,坚守技术创新

浒苔在市场上一直处于供不应求的状态,经过几年的开发,旭文海藻已经有了稳定的客户群。朱文荣虽然不用担心自己的浒苔卖不出去,但他发现从2013年起象山海边的浒苔资源逐渐减少。我国的浒苔主要分布在东海海域,随着近年来海洋环境的变化,浒苔随着洋流逐渐漂到黄海海域,特别是在青岛海边每年都要爆发浒苔绿潮。一边是厂里一台台"饥饿"的机器,一边是难以利用的浒苔绿潮,主要原因是浒苔的生长不受人为控制,海水的盐度、温度以及各种离子的浓度、光照等环境因素都能影响浒苔的生长。于是朱文荣打起了养殖浒苔的主意。

"我要像种水稻一样把浒苔种出来!"朱文荣说。

养殖浒苔并非易事,首先考虑的是育苗,在人工环境下培育浒苔苗,再把苗接种到自然海域中。他一方面与日本高知大学合作学习苗种筛选培育,另一方面与上海海洋大学水产与生命学院合作进行浒苔的人工育苗实验,把从日本学习到的浒苔养殖技术与国内的本土环境相结合。2013年12月,朱文荣同时获得了国家海洋局公益性行业科研专项基金和国家科技支撑计划项目的支持。经过反复的实验,朱文荣团队终于成功地把实验室中的幼苗接种在网帘上,再经过一定时间的海水养殖后,浒苔成熟了,就可以进行收割,工人像割韭菜一样,割完一茬还能长出来,一季能有七茬左右。这样不但保证了浒苔的数量,同时也保证了所采的浒苔处于同一生长期。人工育苗大大提高了浒苔的产量,2014年公司浒苔年产量达到155吨,比2010年的70吨翻了一番,到2019年年产量稳定在170吨左右,见附录5。

由于不断地和高校合作,完善养殖技术,朱文荣在浒苔研究方面成果不断。2016年已拥有国家发明专利2项、实用新型专利3项,成功筛选了耐高温浒苔养殖品系,延长了浒苔的生长周期,把原本只能在冬季、春季收割的浒苔,转变为全年均可收割。2020年,朱文荣参与的"东海特色浒苔繁殖生态及资源利用关键技术与产业链示范"项目,荣获宁波市科学技术进步二等奖。如今的旭文海藻已经成为全国最大的浒苔生产企业,更是浒苔人工育种方面的专家。

虽然朱文荣已经成功地解决了浒苔的人工育苗难题，但是浒苔后期仍需在海中生长，无法摆脱海洋环境的制约。由于浒苔容易吸附重金属，伴随着海洋污染的日趋严重，海洋中的重金属含量也有增加的趋势，从食品安全角度考虑，利用天然浒苔资源将会越来越难，所以要彻底摆脱海洋的限制。朱文荣团队一直致力于浒苔的规模化人工养殖，从育苗到成熟，都在人工环境中完成，到2020年，已经取得了关键性突破，目前实验还在如火如荼地进行中。

5 尾声

随着旭文海藻成为国内最大的浒苔生产企业，朱文荣又开始把目标转向乡村振兴的契机，进行二次创业，创立农旅文融合发展项目。2019年，他承包高泥村600亩土地开发"里海荷塘海上田园综合体"项目，建设独具江南传统院落风格的主题民宿"安澜别院"，打造满池荷花的"里海荷塘"，吸引了大批游客前来游玩。同时，他打造生态农业，带领当地农民种植"红美人"和有机大米等系列产品，实行专人照料、专家指导，并雇村民进行日常打理，保持农产品的上乘品质，村民也可实现再就业。下一步，朱文荣打算在象山进行无土化栽培，让农产品真正实现零污染、无公害，将农业与科技相结合，从源头上把控农产品污染问题。公司的多元化发展之路正在逐步展开……

Waste Is Profitable: The Transformation of Enteromorpha Prolifera

Abstract: This case reviews how Zhu Wenrong brought Japanese processing technology to China and established Ningbo Xuwen Seaweed Development Co. Ltd. inspired by what he has learned from his doctorship in Janpan. When he just graduated, in the face of lack of entrepreneurial resources, the resoure bricolage helps his successful entrepreneurial process by solving the plant problems step by step, independently developing equipments, surviving the trade crisis through mentor resources, striving for government resources to expand the enterprise and carring out school-enterprise cooperation to maintain technology leadership. Through case study, students can understand the different periods and resource classification of ventures in the process of entrepreneurship; understand the impact of resource bricolage on how to quickly integrate resources and overcome the dilemma of serious resource shortage in the early stage of entrepreneurship and realize enterprise growth; understand how to use the resource heterogeneity to maintain the competitive advantage of enterprises.

Key words: enteromorpha prolifera; entrepreneurship; resource bricolage; resource heterogeneity

附录1　中日浒苔价格对比（见附图1）

青のり（坂東青・青海苔）１０ｇ

当店通常価格250円が!!
産地直送ならではの卸の価
格　**160円**　（税込）

お好み焼き・焼きそばに
欠かせない!

附图1　日本浒苔制品价格（10克160日元，即1千克约980元人民币）[①]

附录2　浒苔营养成分（见附图2、附表1、附表2）

附图2　中国浒苔制品价格（80克13.20元，即1千克约165元）[②]

[①]　图片来源：https://www.isekanbutsu.co.jp/fs/otoriyose/c/aosa。

[②]　图片来源：https://item.taobao.com/item.htm?id=13797741408&ali_refid=a3_430582_1006:1103047923:N:CQw aY41Oau8HG4dXnwo4QQ%3D%3D:52f9ba9bcbbb1503eaf5747a4307ef78&ali_trackid=1_52f9ba9bcbbb1503eaf57 47a4307ef78&spm=a230r.1.14.1#detail。

附表1　浒苔的营养成分

单位：100g

分类	粗蛋白/g	脂肪/g	多糖/g	粗纤维/g	灰分/g	VB₁/mg	VB₂/mg	VC/mg	Ca/mg	P/mg	Mg/mg	K/mg	Na/mg	Fe/mg	Zn/mg	I/mg
缘管浒苔	27.0	0.9	53.7	10.2	8.2			20.6	299	156	113.3	493	363	146	16	
条游苔	18.91	0.67	55.69	8.53	9.60	0.06	1.53	3.75	160		144.3			253	12	17
浒苔精粉	29.9		48.0						600					200		

资料来源：林文庭.浅论浒苔的开发与利用[J].中国食物与营养，2007（9）：23－25.

附表2　浒苔蛋白质的氨基酸组成

氨基酸名称	含量/%		氨基酸名称	含量/%	
	缘管浒苔	条浒苔		缘管浒苔	条浒苔
天门冬氨酸（Asp）	3.38	2.42	异亮氨酸（Ile）*	1.15	0.81
苏氨酸（Thr）*	1.47	0.90	亮氨酸（Leu）*	2.06	1.37
丝氨酸（Ser）	1.45	0.74	酪氨酸（Tyr）*	0.82	0.44
谷氨酸（Asp）	3.32	2.17	苯丙氨酸（Phe）*	1.50	1.12
甘氨酸（Gly）	1.87	1.25	赖氨酸（Ile）*	1.17	0.95
丙氨酸（Ala）	2.55	1.78	色氨酸（Trp）*	0.43	0.26
半胱氨酸（Cys）	0.50	0.12	组氨酸（His）*	0.29	0.23
缬氨酸（Val）*	1.63	1.27	精氨酸（Arg）	1.71	0.97
蛋氨酸（Met）*	0.64	0.41	脯氨酸（Pro）	1.03	0.73
第一限制氨基酸	赖氨酸	蛋氨酸	氨基酸评分	79	80

资料来源同附表1。

附录3　烘干机专利（见附图3）

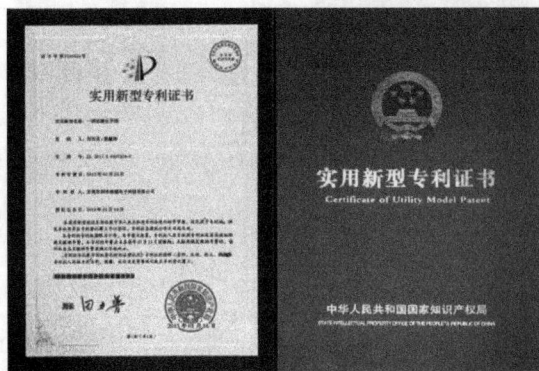

附图3　旭文海藻烘干机专利

附录4　旭文海藻发展大事记（见附图4）

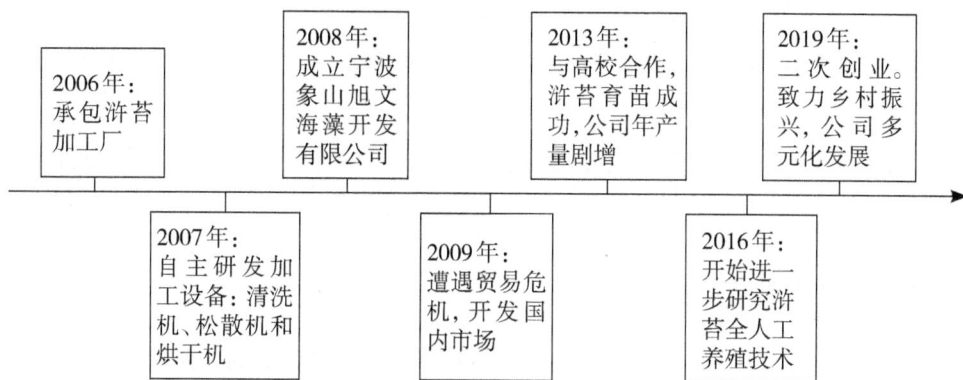

```
2006年：        2008年：        2013年：        2019年：
承包浒苔        成立宁波        与高校合作，    二次创业。
加工厂          象山旭文        浒苔育苗成      致力乡村振
                海藻开发        功，公司年产    兴，公司多
                有限公司        量剧增          元化发展

        2007年：        2009年：        2016年：
        自主研发加      遭遇贸易危      开始进一
        工设备：清洗    机，开发国      步研究浒
        机、松散机和    内市场          苔全人工
        烘干机                          养殖技术
```

附图4　旭文海藻发展大事记

附录5　浒苔年产量（见附图5）

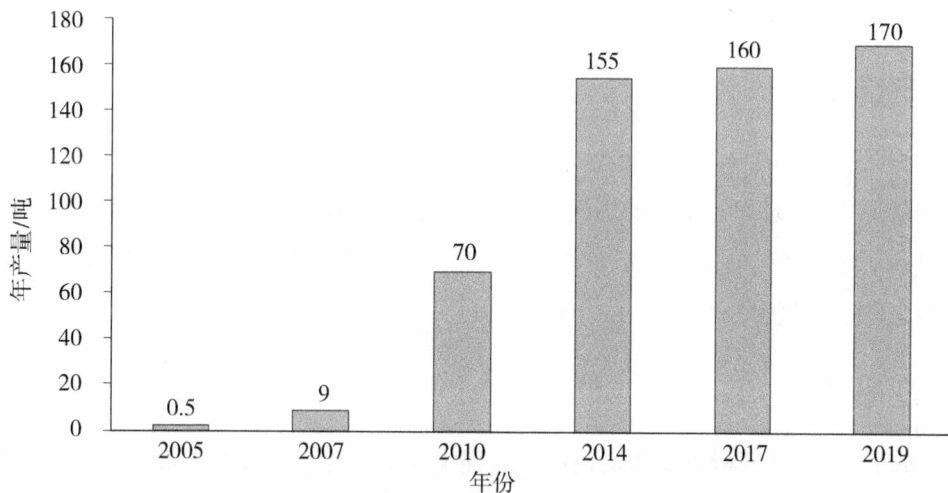

附图5　浒苔年产量

二、案例使用说明

（一）案例概要

　　早在朱文荣博士学习期间，就发现了中日两国在浒苔开发上的巨大差异，于是刚出学校的他，带着在日本学习的浒苔加工、养殖技术回到国内，扎根天然资源丰富的宁波象山海边，成立了宁波象山旭文海藻开发有限公司，从此把当地居民当成"海中杂草"的浒苔，加工后卖到日本市场。经历了10多年的创业后，旭文海藻已经成为国内最大的

浒苔生产企业，公司的发展似乎进入了瓶颈。近年来国家大力实施乡村振兴战略。旭文海藻开始扎根农村，目前旭文海藻在浒苔开发方面已走在了全国前列，浒苔年产量占国内市场的75%以上，在日本也拥有1/3以上的市场份额。旭文海藻是突破瓶颈，单一地依靠浒苔产品，还是与乡村振兴有机结合，进行公司多元化发展？

本案例复盘了朱文荣利用日本读博所学，把日本的加工技术带回中国，成立旭文海藻的历程。

（二）在课程中的定位

本案例适合MBA、研究生、本科生在"创业基础""创业管理"课程中讨论使用，也适用于企业管理人员的培训课程。本案例重点描述了朱文荣的旭文海藻在资金、设备、厂房等关键资源"一无所有"的状态下，通过资源拼凑最终实现创业的过程。从而引发学生对资源基础理论、资源拼凑理论等的讨论。通过学习本案例，学生可将资源拼凑理论与实际相结合，更好地理解相关知识。

（三）学习目标

通过本案例的学习与知识讲解，帮助学生理解和掌握新企业创建的不同时期；创业过程中的资源分类；理解资源拼凑理论在新创企业创业初期资源匮乏的情况下，如何快速整合资源，克服严重的资源短缺困境，实现企业成长方面的运用；理解如何利用资源异质性，保持企业竞争优势。

（四）启发思考

（1）基于案例，请分析旭文海藻在创业过程中经历了哪些阶段？在每个阶段，公司进行了哪些创业活动？

（2）分析本案例中朱文荣的创业资源有哪些，如何保持企业的竞争优势？

（3）请根据案例分析朱文荣在创业道路上，如何通过资源拼凑突破资源短缺限制？

（4）旭文海藻是应该继续依靠单一的浒苔产品，还是顺应潮流融入乡村振兴，实现公司多元化发展？

（五）建议课堂计划

本案例主要讲述朱文荣在创业过程中运用创业思维与资源拼凑理论造就旭文海藻创业成功的故事，可开设专门的案例讨论课来分析，参与案例讨论的人数应当控制在50

人以内,整个案例课堂时间控制在 90 分钟,分为课前、课中、课后三阶段。具体计划安排如下,仅供参考。

1. 课前计划

通过邮件或公共信息平台发布预习公告,教师应提前一周将案例正文、辅助阅读材料等相关材料发放给全体学生,引导学生在课前完成阅读及启发思考,并在正式上课开始前,再进行一次统一的课前阅读。提供启发思考题给学生,请学生在课前完成阅读和初步思考,并了解创业思维和资源拼凑理论,预计时间在20分钟左右。

2. 课中计划

课程用时控制在90分钟之内,完成系列知识的教学环节:简要引导、案情回顾、分组讨论、小组发言、案例总结。详细的时间安排如表2-4所示,板书设计见附录7。

表2-4 课中时间安排

序号	内容	教学内容	时间/分钟
1	简要引导	教师就本案例进行简单介绍(案例主题,主要理论,课堂形式)	5
2	案情回顾	随机提问各组学生,对案例主要情节进行回顾,使得学生对案例有一个整体的把握	10
3	分组讨论	分小组对案例启发思考题进行讨论,在组长的引导下,形成最终答案	35
4	小组发言	采用点名与小组推荐代表相结合的形式对相关启发思考题进行发言,其他小组成员可以提出问题与补充	25
5	案例总结	教师根据各组回答和理论知识点进行总结,同时启发对案例的进一步思考	15

3. 课后计划

(1)请运用资源拼凑理论相关知识点探寻市场上还有哪些企业在创业初期运用?

(2)根据案例内容,找出现在的旭文海藻存在的问题,结合行业环境和国内外形势,谈谈对其的改进意见和建议。

(六)理论依据及具体分析

问题一: 基于案例,请分析旭文海藻在创业过程中经历了哪些阶段? 在每个阶段,公司进行了哪些创业活动?

企业生命周期理论认为企业的发展如同人的寿命一样,存在着从出生到成长、成熟、衰老与死亡的生命周期规律,企业在不同的生命周期表现出不同的特征和属性,有不同的行为方式、决策模式和管理方法。创建新企业一般而言会经历创建期、成长期、成熟期和衰老与死亡期,其中的创建期又可以分为概念期、孕育期和生存期（见附图6）。

旭文海藻创始人朱文荣从2001年赴日本学习浒苔开始,逐渐发现浒苔开发的商机,孕育创业想法,最后坚定创业目标,找日本企业实习,回国后从承包浒苔加工厂到创办旭文海藻,主要经历了以下阶段。

1. 概念期:2001—2004年

概念期是创业者产生创业想法并识别创业机会的过程。2001年,朱文荣被上海海洋大学推荐到日本硕博连读,研究的内容是非常冷门的浒苔,浒苔是什么,朱文荣在去日本之前也是一无所知。在日本导师大野正夫的带领下,朱文荣逐渐了解了浒苔生长史以及浒苔制品在日本的受欢迎程度,并且开始关注中国的浒苔资源开发。朱文荣在七次考察国内浒苔资源后,对照日本市场发现了开发浒苔的商机。首先,他发现中日两国对天然浒苔资源的开发利用程度不同。在日本,浒苔是一种非常受欢迎的海藻类食品,广泛添加于各种食品,如膨化食品、海苔饼干、海苔花生、海苔干脆面等。日本可食用浒苔每年的生产总量大约300吨干燥量,品质最好的主要生长在日本高知县四万十川。由于日本市场需求旺盛,日本本土生产的浒苔已经供不应求,在2004年前后,就出现了每年400吨左右的缺口,日本企业需要进口浒苔。而在中国,虽然东海海域生长着大量浒苔,但是老百姓对浒苔的使用量很小,只有零星地捡回去食用,虽然海边村庄也有一些苔条加工的小作坊,但是由于加工技术落后,产品质量不佳,产量也不高。大量的天然浒苔资源还未被开发利用,一直被当成"海中杂草"对待。另外,中日两国的浒苔制品在市场上存在巨大价格差:在当时的日本每千克浒苔粉价格已高达760元人民币,但是在国内晒干的浒苔条却只有7元每千克。于是朱文荣萌发了创业想法——回国创办浒苔加工厂,开发国内浒苔资源,完成了企业创建期中的概念期。

2. 孕育期:2005—2008年

孕育期是创业者开展创业活动,推动新企业创立的过程。有了坚定的创业想法后,朱文荣从2004年开始就为创业做准备。在日本学习的最后一年,他在导师的推荐下,进日本浒苔公司实习,在一年半的实习过程中,迅速掌握了浒苔加工流程、工作规范和质量管控,同时获得一份"特殊的订单"。有了技术、有了订单,朱文荣在2005年回国创业。由于创业经费的限制,朱文荣首先承包村里快要倒闭的浒苔加工厂,缺少工人为他采摘滩涂上的浒苔,他就尝试用收购的方式来获取。为控制质量,朱文荣用高于市场价的收购价从村民手中收购高品质的鲜浒苔。没有清洗设备,他就用海水清洗;没有烘干机器,他就自然晾晒。受气候影响,第一年的收购期仅仅维持了10天,且加工方式原始,产品合格率低。但就是这10天加工成的500千克干浒苔销往日本后,净收入7万多元人民币。

初次尝试的成功给了朱文荣极大的信心，他决定扎根象山，继续出口浒苔。他承包滩涂，把控原料品质；利用旧机器自己组装和研发设备；寻找社会资源参与政府各类项目和宣传，得到政策扶植，解决了土地、环保测评和招工难等问题，于2008年成立宁波象山旭文海藻开发有限公司，浒苔的年出口量达9吨多，企业初成规模。

3. 生存期：2009—2013年

生存期是企业平稳运营并赢得市场竞争的过程。前期的旭文海藻只有单一的日本市场，2009年日本开始实施"食品中残留农业化学品肯定列表制度"，根据这个制度，旭文海藻生产的浒苔制品中农药"扑草净"残留量超标，被挡在了日本国门外。在当时，由于日本是其唯一市场，如果不解决外贸危机，公司将无法存活。最后，虽然依靠日本导师的帮助，通过更换检测方法解决了出口问题。但朱文荣意识到单一市场存在巨大的风险，于是开始了内销策略。他乘着国家重视食品安全的东风，基于旭文海藻的浒苔重金属含量远低于国内市场标准的优势，成功地推销产品给需要添加浒苔粉的食品生产商，逐渐开拓国内市场，成为国内最大的浒苔生产企业，形成稳定的国内、国外市场。产量占国内市场75%以上，在日本也拥有1/3以上的市场份额。

至此，旭文海藻成功地度过了企业创建期中的各个阶段。

4. 成长期：2014年至今

成长期是企业实力增强，形成自己的主导产品，由单厂企业向多厂企业发展的时期。这一时期的企业发展特点如下：创造力强，发明创造投入使用快；发展速度快、波动小；企业专业化水平提高，企业间协作加强；管理逐步规范化。旭文海藻的浒苔在市场上一直处于供不应求的状态，朱文荣虽然不用担心浒苔卖不出去，但是他却发现从2013起，象山海边的浒苔资源逐渐减少，原因是浒苔随着洋流漂到黄海海域，特别是在青岛海边，每年都要爆发浒苔绿潮。一边是厂里一台台"饥饿"的机器，一边是难以利用的浒苔绿潮，这主要的原因是浒苔的生长不受人为控制，于是旭文海藻开始了人工养殖浒苔的研究。公司一方面与日本高校合作，学习苗种筛选培育，另一方面与上海海洋大学合作，进行浒苔的人工育苗实验。如今的旭文海藻不仅是全国最大的浒苔生产企业，更称得上是浒苔人工育种的专家。在这个阶段中，朱文荣看到浒苔资源危机后，把单纯的浒苔加工企业转变成集加工与人工养殖研究于一体的综合性企业，通过技术创新提升浒苔产量。2014年，网帘养殖技术的应用，使收割浒苔像割韭菜一样，割完一茬还能长出来，一季能有七茬左右，浒苔的产量比2010年翻了一番。2016年，公司筛选出的耐高温品系浒苔，打破了冬春季采摘的局限，延长了浒苔的采摘期。目前公司已拥有国家发明专利2项、实用新型专利3项，公司技术团队正致力于浒苔的规模化人工养殖，即从育苗到成熟，都在人工环境中完成，彻底摆脱海洋的限制。到目前为止，旭文海藻仍处于企业成长期中，在技术的不断创新中，公司的专业化程度不断提高，与国内外高校的合作日趋紧密，公司实力不断增强中。

问题二：分析本案例中朱文荣的创业资源有哪些，如何保持企业的竞争优势？

资源基础理论将企业描述成一组异质性资源的组合，创业可以看作整合异质性资源的过程。创业资源的分类可以有很多种，根据资源性质，创业资源可分为物质资源、声誉资源、组织资源、财务资源、智力和人力资源以及技术资源六种。朱文荣的创业基于日本留学期间的体验，留学的经历帮助他识别了创业机会。但作为一名在校学生，虽有创业意愿，创业资源却并不丰富，下面首先分析旭文海藻在创建期具有的创业资源。

（1）物质资源

物质资源是指创业和经营活动所需的有形资产，如厂房、土地、设备等，有时也包括一些自然资源，如矿山、森林等。宁波象山海域丰富的天然浒苔资源是旭文海藻最重要的物质资源，同时，向当地村委承包的浒苔加工厂厂房，利用旧货市场淘来的机器，自己改装成功的浒苔清洗机和松散机以及根据烘布机的原理，自主研发的烘干机等设备都是朱文荣在创建期中掌握的物质资源。

（2）声誉资源

声誉资源是一种无形资产，包括真诚、信任、尊严、同情和尊重等。在商业关系中，声誉资源已成为商业运营成功的关键因素。旭文海藻主要的声誉资源可以分为三类：一是朱文荣在日本学习期间，在高知大学和实习单位建立起的勤奋好学、做事认真的个人形象，得到了导师和实习单位的信任，导师在企业创建过程中给了其巨大的助力，帮助他解决了外贸危机，实习单位则给了朱文荣"特殊的订单"。二是朱文荣在读博期间曾到过宁波的奉化、宁海、象山一带做过调研，曾与宁波市海洋与水产学会合作，得到了水产学会对其专业上的认可和信任。朱文荣回国后也是在水产学会的引荐下，认识了象山县黄避岙乡高泥村的村主任。三是朱文荣成为象山县团委的推广对象后，在当地团组织的鼓励和指导下参加创业竞赛，申请各类科技项目，获得各种荣誉，提高了公司在当地的声誉，为后续的招工和科研打下了基础。

（3）组织资源

组织资源包括组织结构、作业流程、工作规范、质量系统。组织资源通常是指组织内部的正式关系系统，包括信息沟通、决策系统以及组织内部的非正式的计划活动等。在企业创建的孕育期中，朱文荣为了回国后能够顺利创业，利用在日本学习的最后一年，进入日本浒苔公司实习,在实习过程中,他迅速掌握了浒苔加工流程、工作规范和质量管控等。

（4）财务资源

财务资源包括资金、资产、股票等。对创业者来说,财务资源主要来自个人、家庭成员和朋友。由于缺乏抵押物等多方面原因,创业者从外部获取大量财务资源比较困难。朱文荣从小家境贫寒,在上海海洋大学读生物专业是因为这个专业不用交学费。他的初始创业资金是读博期间省吃俭用节约下来的10万元奖学金。

（5）智力和人力资源

智力和人力资源包括创业者与创业团队的知识、经验、训练,也包括组织及其成员的专业智慧、判断力、视野、愿景,甚至是创业本身的人际关系网络。人力资源中包含社会资源,主要是指由于人际和社会关系网络而形成的关系资源。朱文荣的博士学习经历是他非常重要的智力资源,通过读博使他一步步地深入了解了浒苔资源,发现了中日两国开发的差距,识别了创业机会。创业的成功与他丰富的社会资源密切相关,如日本的大野导师,不仅是他读博期间的老师更是日后公司的技术顾问;日本的实习公司,后续成了旭文海藻的主要日方客户;象山团委的推广与扶持,帮助朱文荣解决了土地问题、环保测评问题和招工问题;朱文荣的母校上海海洋大学,是后来旭文海藻走向技术创新的重要合作伙伴。

（6）技术资源

技术资源包含关键技术、制造流程、作业系统、专用生产设备等。技术资源大多与物质资源结合,可以通过法律手段予以保护,形成组织的无形资产等资源。朱文荣的技术资源首先是他在日本所学的浒苔加工技术和流程,然后是自主研发的清洗机、松散机和烘干机,有了这些浒苔加工设备,可以使公司在浒苔加工技术上处于国内领先地位,相比传统的晾晒法,旭文海藻的浒苔制品清洁度高、烘干速度快、重金属含量低。

企业的持久竞争优势,是因为在企业拥有的异质性和不可流动性资源中,有部分资源尚具有稀缺性、不可模仿性与不可替代性等特征。分析旭文海藻,首先,在物质资源方面,一开始天然浒苔资源被人忽视,朱文荣抓住先机收购浒苔,但是随着浒苔资源的价值日渐显露,浒苔的开发会成为其他企业追逐的对象。但在浒苔加工技术方面,朱文荣自主研发清洗机、松散机和烘干机,并申请了国家专利,保持了设备的先进性,在技术上维持了资源的不可复制性。其次,在创业初期,朱文荣的浒苔是单一销售给日企,这与日企给他的"特殊订单"有关,其他企业若要模仿,需要花费时间才能打开日本市场。再次,在经历贸易危机后,旭文海藻果断开拓国内市场,从征服千层饼行业,到吸引其他企业上门求购，这都是凭借着浒苔的高端质量。而其他企业生产的浒苔杂质多、重金属含量高，无法在质量上复制旭文海藻。最后，为了摆脱海洋的限制，朱文荣与高校合作，共同研发浒苔的人工育苗、人工育种，这一系列行为都使旭文海藻在技术上遥遥领先，所以到目前为止还没有被同行模仿。

问题三：请根据案例分析朱文荣在创业道路上，如何通过资源拼凑突破资源短缺限制？

资源拼凑理论由Baker和Nelson于2005年提出，是指创业者面临资源约束时的一种行动战略，通过现有资源的将就利用，从而实现新的创业机会或应对挑战。资源拼凑理论包含三个重要特点：现有资源、将就利用和资源重新整合。在本案例中，朱文荣通过对比日本浒苔资源的开发利用程度，重新审视国内的天然浒苔资源，产生新的理解并合理化利用，将其"变废为宝"，在资源价值创造和使用方法上进行优化，从而产生更大的价值，这是资源拼凑发挥价值的核心；"将就"是指不等待"正确且匹配"资源的出现，直接利用手头资源，采取积极的行动应对问题、把握机会，不纠结于手头资源是否切实可行，也不犹豫怀疑是否手头资源能产生有益结果；资源重新整合是指以创造性的眼光和逻辑去审视手边资源，重新考虑资源的利用方式，创新性地整合资源、再造资源以实现生产目的。本案例中旭文海藻创立之初，面临着缺少资金、厂房、设备、员工等一系列困境，积极利用现有的浒苔资源、人力资源、技术资源等，重新整合手边可利用的资源，合理化为己所用。

（1）物质资源拼凑

朱文荣回国创业的第一年（2005年）由于资金有限，无法创立自己的企业，于是他承包村里现存的快要倒闭的浒苔加工厂，这样就解决了厂房问题。由于缺少工人为他采摘滩涂上的浒苔，他就尝试用收购的方式来获取。为控制质量，朱文荣用高于市场的收购价从村民手中收购高品质的鲜浒苔。创业第二年（2006年），他承包了村里3000亩滩涂，雇了几个当地村民，按照自己的模式，一片一片地采摘过去，保证了浒苔质量，延长了整个采摘时期。2008年，朱文荣为了扩大生产，在政府的扶持下创立自己的企业，有了自己的厂房。从承包村里的加工厂到创立自己的公司，建成自己的厂房，原料获取上从一开始的收购到后面的承包滩涂雇人采摘，均体现了物质资源的拼凑。

（2）技术资源拼凑

技术资源拼凑一方面体现在浒苔加工设备的研发上。创业第一年的浒苔加工全部采用原始晾晒的手法，产品质量太差，合格率仅为60%。但日本的浒苔加工设备价格昂贵，朱文荣无法负担，于是他一遍遍地跑旧货市场淘机器，自己画图、自己改装，成功研发了浒苔清洗机和松散机。随后又从烘布机上获得灵感,成功发明烘干机,申请国家专利,并自己完成组装和调试。有了这些加工设备,浒苔的质量和数量都稳步提升。另一方面是浒苔人工培育技术,自2013年起,象山海边的浒苔资源逐渐减少,究其原因是浒苔的生长不受人为控制,于是朱文荣想要人工培育浒苔,他与日本告知大学、上海海洋大学合作,共同研究浒苔养殖技术。从浒苔的网帘养殖到人工育苗,到目前的人工培育,一步步向"彻底摆脱海洋限制"靠拢。这体现了朱文荣从自身已有资源出发,通过资源转化利用解决资源短缺的艰苦的创业过程。

(3)智力和人力资源资源拼凑

创业初期,在宁波市海洋与水产学会的引荐下,朱文荣认识了象山县黄避岙乡高泥村的村主任,随后在该村承包加工厂、滩涂等。当他的浒苔生意开始小有名气时,朱文荣积极寻求政府资源,与象山县团委合作,参加创业比赛、申请科研项目等,逐渐扩大了自己的声誉,在政府扶持下顺利创建宁波象山旭文海藻开发有限公司。2009年,外贸危机发生时,公司生死存亡一线之间,朱文荣果断聘请大野老师为公司的技术顾问,一方面从技术层面解决难题,另一方面利用大野老师在日本海藻界的威望为自己发言,从专业角度说服日本海关,接受水溶状态下的检测指标,解决了出口危机。社会资源对创业活动非常重要,因为它能使创业者有机会接触到大量的外部资源,有助于透过网络关系降低潜在风险,加强合作者之间的信任,提高声誉。

(4)市场资源拼凑

创业初期,旭文海藻获得的"特殊订单"是企业能成功存活的重要因素之一,而这个订单来自朱文荣读博期间的实习企业,这与他的勤奋努力分不开。2009年之前,旭文海藻只有单一的日本市场,经历了外贸危机后,朱文荣为了打开国内市场,利用"地沟油"事件后,国家高度重视食品安全的大环境,以浒苔低铅含量为卖点,采用先试验再成交的方法,首先把浒苔推广到千层饼的生产商,随后又与国内最大的麻花生产厂签订合同,就这样逐渐开拓了国内市场。

问题四:旭文海藻是应该继续依靠单一的浒苔产品,还是顺应潮流融入乡村振兴,实现公司多元化发展?

这是一个开放性问题,学生可以根据以下内容分析,讲明自己的观点即可。

如今的旭文海藻不仅是全国最大的浒苔生产企业,更是浒苔人工育种方面的专家。单一的浒苔产品已经无法满足旭文海藻的发展,于是朱文荣开始把目标转向乡村振兴的契机。2017年,中央农村工作会议首次提出走中国特色社会主义乡村振兴道路,让农业成为有奔头的产业,让农民成为有吸引力的职业,让农村成为安居乐业的美丽家园。

2018年2月4日，《中共中央国务院关于实施乡村振兴战略的意见》正式公开发布。2018年3月，国务院总理李克强在《政府工作报告》中提出，大力实施乡村振兴战略。扎根农村的朱文荣，敏锐地感觉到他的旭文海藻可以与乡村振兴有机结合，促使公司多元化发展。2019年，朱文荣开始实施"里海荷塘海上田园综合体"项目，同时打造生态农业，带领当地农民种植"红美人"和有机大米等系列产品，下一步，朱文荣打算在象山进行无土化栽培，公司的多元化发展之路正在逐步展开。

本案例中，旭文海藻已经开始了除浒苔之外的其他项目，且类别较多，学生可以根据企业多元化发展理论，分析该公司是否有必要现在进行多元化发展策略。

第一，企业多元化实施的条件。企业实施多元化经营战略必须具有一定的资源优势和实力。这些资源主要包括雄厚的资金、专业的技术、共享性的营销网络、高素质的人才队伍等，企业资源只有是在种类上和数量上有相当的剩余，在实施多元化经营战略时才能得到保障。缺乏大量资源的支持，企业往往会走向失败。分析本案例的企业资源是否已经在种类上和数量上达到了支撑多元化发展的要求。

第二，企业实施多元化经营战略必须拥有较强的管理水平。能够决定一个企业经营行为的因素主要包括外部环境因素和内部因素。在内部因素中，企业的管理水平对企业实施多元化经营战略造成影响。旭文海藻实施多元化经营，是跨行经营，企业会面临更多的新行业与新市场，经营单位也会随之增多，从而逐渐形成一个更为复杂的管理体系，进而就使得企业在经营管理上的难度大大增加。

第三，企业实施多元化经营战略必须具有较强的主导产业。企业走多元化道路也就意味着企业要进入新的领域，实行多元化经营战略是为了分散市场风险，找到新的利润增长点。然而，对于新的领域，企业缺乏足够的认识与相应的管理经验，加上不断增加的风险和成本，企业在最初进入新的领域时是不可能迅速获取到丰厚的回报的，这就说明了企业走多元化之路，前提就是需要拥有稳定、雄厚的实力作为后盾，而成功的主导产业才是企业获取利润的"发动机"。分析旭文海藻是否具有这样的主导产业。

第四，企业实施多元化经营战略必须拥有核心竞争力。在企业的多元化经营中，核心竞争力起着非常重要的作用，不仅是企业进入多元化领域并获得持续成功的关键内因，还是企业以不变应万变，加强外部环境适应能力的重要手段。企业的核心竞争力包括技术开发能力与创新能力、生产经营能力和管理能力、对品牌的创造能力和运用能力、职工拥有的知识和技能、企业所具有的价值观与独特文化。分析旭文海藻目前的核心竞争力能否支持多元化发展。

附录6 新企业创建的生命周期（见附图6）

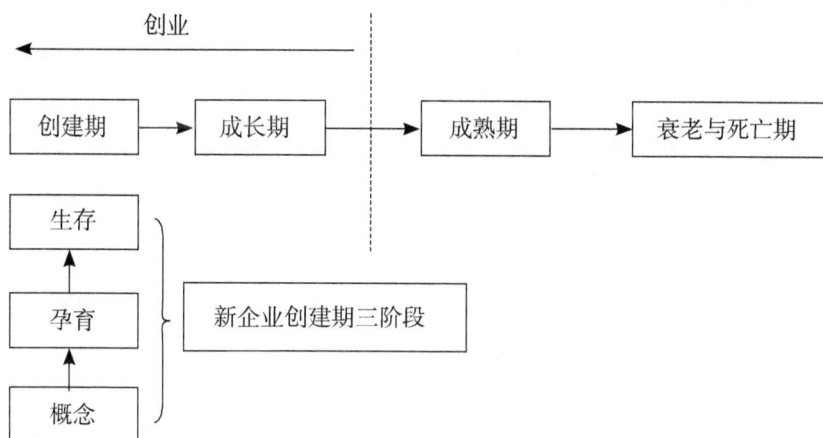

附图6 新企业创建的生命周期[①]

附录7 板书设计（见附图7）

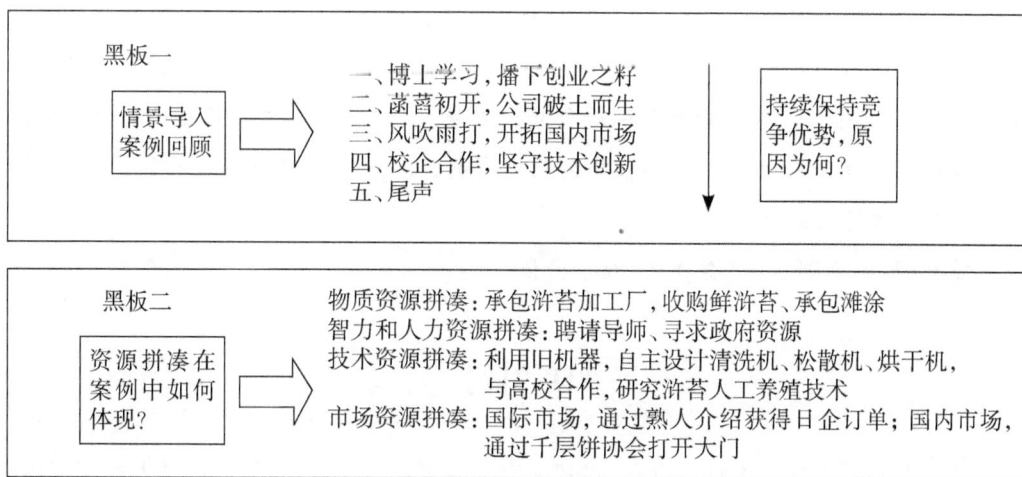

附图7 板书设计

参考文献

[1] 林阿朋. 浒苔Enteromorpha_prolifera组织培养初步研究[J]. 生态科学, 2006(4): 320–324.

---

① 资料来源：张玉利, 薛红志, 陈寒松. 创业管理[M]. 4版. 北京: 机械工业出版社, 2019: 271.

[2] 梅胜军,沈聪.创业资源整合模式的阶段性特征及其影响因素——基于制造型创业企业的纵向案例分析[J].经营与管理,2017(3):105-110.

[3] 孙利英,洪晟.成功创业与关键资源的整合运用——沪、浙创业管理最佳实践调查与研究[J].上海经济,2012(9):24-27.

[4] 孙文.浒苔资源利用的研究进展及应用前景[M].水产科学,2011(9):588-590.

[5] 余婧婧,龚维琳."海上草原"变废为宝——"象山牌"浒苔成致富产业[N].宁波通讯,2016-12-24.

[6] 张勇.浒苔的利用和研究进展[J].海洋开发与管理,2009(8):97-100.

[7] 张玉利,薛红志,陈寒松.创业管理[M].北京:机械工业出版社,2019.

［案例3］ 鱼和熊掌可兼得——大匠贝林的社会创业之路①

一、案例正文

摘 要: 在社会创业兴起、企业社会责任运动浪潮涌现的背景下,本案例以浙江贝林集团有限公司为研究对象,探讨贝林集团在扎实的建筑基础之上,如何通过分析市场需求、识别社会问题、跟随政策导向进行社会创业,实现社会责任与商业盈利的双重价值。以帮助学生深入理解和掌握社会创业中有关经济和社会双重绩效的知识点,探讨社会创业模式的可复制性。

关键词: 社会创业;社会责任;双重价值

0 引言

社会上有一大部分人庸庸碌碌,终其一生都在老地方徘徊;有另一部分人按部就班、辛辛苦苦地攀爬上升的阶梯,但终究欣赏不到顶峰的风光;而有少数人,在关键时刻做出改变一生的决定,通过艰辛的努力,终于跻身于成功者之列,享受顶峰的荣耀。

40多年前,一位年轻的农村小伙拿起了砖刀,开始了挥汗如雨的工地生活。那时,他才20岁。经过数十年的艰辛奋斗,他从一个普通的泥工师傅成长为集体企业里的建筑技工,有了稳定的收入,过上了安定的生活,他比当时一同奋斗的许多年轻人都要更

---

① 案例来源:中国管理案例共享中心,已获授权使用。

幸运。然而，这位青年人并没有安于现状，有一个问题反复萦绕心头："要不要下海创业，拼一个更好的未来？"1995年年初，郑积勤下定决心，做出了一个改变自己命运，同时也改变许多人生活的决定：离开集体企业，下海创业！同年3月8日，承载着郑积勤人生梦想的江山市贝林建筑工程有限公司正式成立。创业伊始，条件极其简陋，一间小办公室，两张办公桌，辛苦拼搏1753个日夜，到了2000年1月，浙江贝林集团有限公司正式成立，其下属控股子公司致力于建筑、房产、市政等业务。这其中的艰难和困苦，常人难以想象！

如今他已成为一家拥有从业人员3000余人，资产总额逾10亿元企业的掌舵人。"无论身在何方，我也无法忘记炊烟袅袅、阡陌良田的故土家园。"不满足事业成功的郑积勤，一直秉持着回报家乡、建设新农村的初心与使命，他说："初衷很简单，我是土生土长的农民，回归建设家乡是我人生最大的心愿。"但与此同时，如何在承担回馈家乡的社会责任的同时，又能保证贝林兼获商业绩效的问题困扰着这位年过半百的男人。一杯茶、一缕烟，他望着这片青葱又熟悉的家乡风景，不禁皱起了眉头，到底该怎样做，才能不放弃任何一个呢？

1 积水成渊：夯实建筑基础

1.1 贝林建筑恪尽职守

不管是挥砖刀的时期，还是艰苦创业阶段，郑积勤都经常把"有质量才有口碑"挂在嘴边，郑积勤常说："诚信是我们经营企业的一个基础，一个前提，做人要讲诚信，做企业更要讲诚信，所以当时定出这八个字'质量兴业，诚信为本'的企业文化。"至此，"质量兴业，诚信为本"这八个字从1995年起一直伴随着贝林一步一步成长壮大。

贝林建筑发展至今，烦琐的工作不仅没有让郑积勤退缩，反而令他更忘我地投入其中。员工们多少次在深夜看到那间灯火通明的董事长办公室，是他在亲自策划公司的发展规划，也是他在亲自主持建筑工艺的研制与开发。在工地上，在炎炎烈日下，郑积勤亲临现场，流着汗，微笑着现场解决技术难题。员工曾评价说："没有郑董就没有今天的贝林，更没有今天这么大的荣誉"，"在我们贝林人的心目中，郑董是贝林精神的象征"，"郑董为我们树立了一座灯塔，指引我们永远向前……"在郑积勤的心中：一个完美的建筑产品是可以传承的，100年或者150年。如何带领自己的员工夯实建筑基础，以工匠精神把工艺、细节都做精做细，做到精益求精，才是贝林建筑需要牢记的使命。

　　贝林建筑视诚信和质量为生命,对所有房地产开发项目均实行"两书"制度,既有房屋使用说明书,也有房屋质量承诺书,走在了全国房地产开发的前列。在贝林建筑推行"两书"制度一年后,国家相关部门才出台实施"两书"制度。贝林建筑自成立之初,从承建的第一个项目江中集资楼"中和楼"起,对每座竣工建筑都刻碑勒石,走在了全省的前列。碑石上既刻开工、竣工的日期,也刻建设、设计、施工的责任单位,使建筑的质量与企业生命体相连,确保建筑质量的万无一失。有这样的严谨,才有绝对的质量,贝林建筑因质量使企业的影响力和公信度不断提升,"买房子,找贝林"已成了广大百姓的普遍共识。

　　1997年以来,贝林建筑连续10年连捧10项"钱江杯"优质工程,其他省优、市优工程奖50余项,走出了一条以质取胜的良性发展道路,集团先后被命名为全国首批520家"重合同守信用"企业,省农行、建行AAA级信用企业,省工商企业信用AAA级"守合同重信用"单位,省工程建设用户满意施工企业,省诚信企业,省先进建筑业企业,省建筑业诚信企业及衢州市建筑业集团化龙头企业等百余项荣誉称号。"贝林"商标属浙江省驰名商标;"贝林"字号属浙江省知名商号。"贝林"品牌逐渐博得了广大业主朋友和社会各界人士的信赖与认同。集团经营业务主要分布在江西、安徽、河南、新疆、重庆、宁夏、吉林等省区市及浙江省各县市区。

1.2 贝林房产专业发展

　　以建筑为生命的贝林,建立初期恰逢房地产行业非理性炒作与调整推进阶段。1992年,房改全面启动,住房公积金制度全面推行。1993年,"安居工程"开始启动。1992年以后,房地产业急剧快速增长,月投资最高增幅曾高达146.9%。贝林能否抓住这股房产热潮,拥抱房产呢? 郑积勤说干就干。1998年7月,贝林确立了"以建筑带动房产,以房产回报建筑"的经营理念后,积极投身房地产开发事业。

　　涉足房产伊始,贝林以"专注工匠精神、打造百年企业"为经营目标,遵循"为客户缔造生活、为社会创造价值、为员工创造机遇"的使命担当,迅速发展省内房产。在产品细节上,力求精雕细琢、力臻完美;在配套景观中,讲究立体化空间布局,实行人车分流,追求"源于自然、回归自然"的天人合一的景观设计理念。在企业运作上,锐意提升管理、规划、执行及企业管治,竭诚为客户提供优质的产品及售后服务。在这种战略的指引下,贝林于2002年后,获评全国消费者公认诚信示范单位,全国质量服务信誉无投诉单位,浙江省首批公众消费者满意诚信单位,浙江省房地产诚信企业,浙江省第五届、第六届消费者信得过单位,浙江省房地产企业30强和长三角房地产企业80强。贝林房产先后在皖、闽、赣三省及本省的杭州、嘉兴、丽水、衢州等地成功开发楼盘30个,开发面积达420余万平方米,前景似乎十分美妙。

1.3 贝林市政资质晋升

然而,房产业的酒香并不是1998年的贝林能闻到的,随着社会的发展和房产改革的深入,江山市许多建筑企业重组重生,民营建筑企业更是发展迅猛,成为新生力量,纷纷夺食建筑房产这块美味可口的大蛋糕。即使此时的贝林已经是民营企业中出类拔萃的"小伙子",当地建筑行业的"大哥哥",但是想要跻身竞争激烈的建筑大环境中,并提高竞争力以及自身实力是贝林面临的新难题。

一次饭后闲谈,郑积勤和家族成员谈起贝林现阶段的发展困境,他们竟不约而同地想到一块儿:咱们有好的生活,但不能忘了家乡和家乡的老百姓,房产行业压力再大,我们也可以用自己擅长的建筑去帮助他们。此时郑积勤的心中,不禁萌生了一个想法:修路造桥。1999年10月,贝林经过政府考察,获批市政资质,既然房地产业有发展前景,建筑也是贝林的实力,那就做老百姓真正需要的建筑。江山市贝林市政工程有限公司正式成立,经营范围主要承担城市道路、桥梁、公共广场工程,城市供水、排水、污水处理工程和各类管道工程及其配套工程施工。

"做市政工程,让我有成就感。修路造桥,积德行善。"从郑积勤嘴里说出的最朴素的话,却藏着最普世的价值观。他说,做市政工程,其实是做民生事,一定要修良心路,干良心活,不能只挣钱,丢了良心。这样公与私的权衡,即使是在建筑行业竞争异常激烈的艰难时刻,郑积勤也是不假思索地选择了前者。市政工程是当地政府的脸面,是老百姓的生命线,是物质、精神文明的尺度,更是郑积勤将一腔真情与关爱洒向社会的起点,不忘回馈家乡的初心,牢记服务社会的使命。

有了市政回馈江山市的起步,郑积勤回报家乡、建设家乡的愿想越来越难以按捺,家乡到底需要什么? 而贝林又如何在企业持续经营获利的同时,帮助乡人,建设美丽乡村,赢得社会的认可与赞扬呢?

2 蛟龙生焉:贝林社会创业布局

2.1 蛟龙顺意:贝林绿化应运而生

江山市作为生猪养殖大市,境内的生猪饲养量曾经高达200万头,增收致富的同时,全市的水生态环境遭到严重破坏。据环保部门监测统计，江山市水体污染因子中70%来自生猪养殖排泄物。此外，随着市民生活水平的提高，江山市的机动车保有量不断攀升，随之而来的，是汽车带来的尾气污染。治水治气是江山市政府最为关心的绿色发展问题。

与此同时，《中共中央关于制定国民经济和社会发展第十三个五年规划的建议》中指出，完善天然林保护制度，全面停止天然林商业性采伐，增加森林面积和蓄积量。发挥国有林区林场在绿化国土中的带动作用。扩大退耕还林还草，加强草原保护。严禁移植天然大树进城。浙江省委十三届四次全会提出"五水共治"倡议以后，城镇吹响了大规模环境整治的号角，积极参与水资源保护工作。

顺应政策，解决当地实际问题才是民营企业贝林集团该做的榜样，贝林在2003年1月注册成立了江山市贝林绿化工程有限公司，在发展建筑业的同时，注重环境的保护与美化，公司集园林设计、施工和养护管理以及苗木销售于一体，现有苗圃基地1300余亩，苗木品种、大小规格齐全。另外，公司在建苗圃生动展现了贝林积极践行环境保护的战略。贝林绿化现拥有城市园林绿化企业二级资质。集团总部美丽的庭院环境连年被江山市绿化委评定为江山市绿化示范园区——"绿化示范庭院"荣誉称号。

贝林绿化素来注重管理，强调以人为本的作风和不断学习、不断创新的思想。公司设立工程技术科、苗木采购销售科、计划财务科、综合办公室、苗圃等部门，机构健全，职责分明；并建立有项目管理、财务管理、安全管理、人事管理、档案管理等各项管理制度。贝林绿化用其专业的技术服务于客户（见图2-2），以人为本的理念深入每个贝林人的心中，"营造完美"的态度满足了客户追求完美之心。

图2-2　贝林绿化相关展示

68.40%的森林覆盖率、23.81%的平原区林木覆盖率、43.73%的城区绿化率、90.00%的河渠总体绿化率、95.00%的公路绿化率、10.5平方米的人均公共绿地面积……这是江山市绿化的成绩单，这也是江山市政府、贝林和其他企业以及江山人民最为骄傲的美丽家园。

2.2 应龙解难：贝林医院救死扶伤

我国在2000年初期，医疗服务体系还不够完善，公立医院医疗人员数量及质量存在严重不足，不能够满足群众的整体医疗需求，尤其是一些乡镇由于交通、经济发展等各方面原因，普遍存在就医困难的问题。《关于卫生事业补助政策的意见》提出，对公立非营利性医疗机构的基本建设项目给予适当补助，广泛筹集社会资金，进行医疗建设，并加强对私立医疗机构基本建设项目的程序管理。2000—2018年期间，国务院对于医疗行业发布的相关意见，其内容足以显示国家对于医疗行业的重视（见图2-3）。

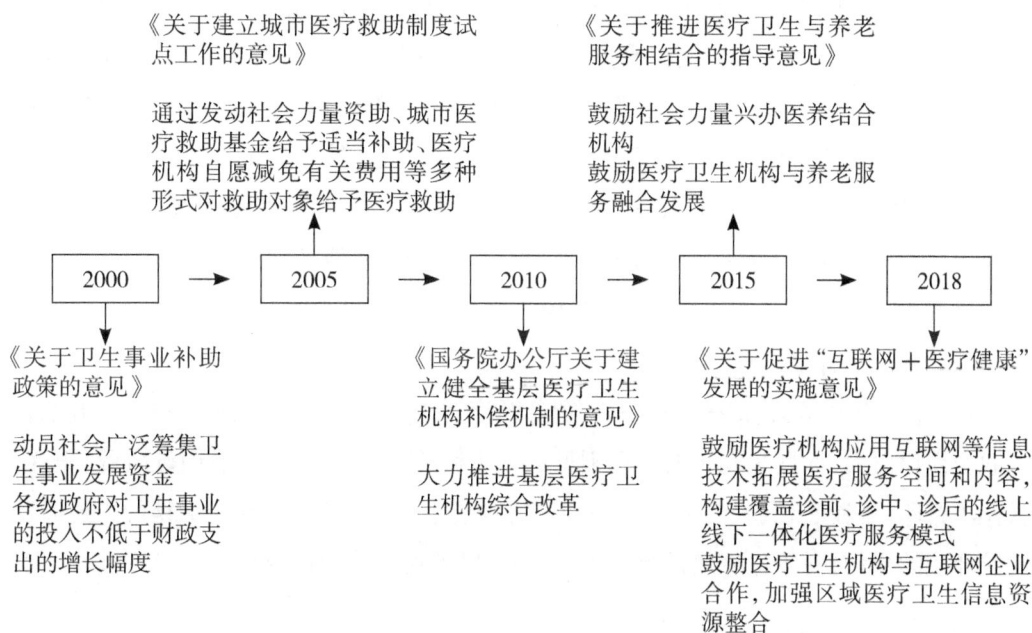

《关于建立城市医疗救助制度试点工作的意见》

通过发动社会力量资助、城市医疗救助基金给予适当补助、医疗机构自愿减免有关费用等多种形式对救助对象给予医疗救助

《关于推进医疗卫生与养老服务相结合的指导意见》

鼓励社会力量兴办医养结合机构
鼓励医疗卫生机构与养老服务融合发展

2000 → 2005 → 2010 → 2015 → 2018

《关于卫生事业补助政策的意见》

动员社会广泛筹集卫生事业发展资金
各级政府对卫生事业的投入不低于财政支出的增长幅度

《国务院办公厅关于建立健全基层医疗卫生机构补偿机制的意见》

大力推进基层医疗卫生机构综合改革

《关于促进"互联网＋医疗健康"发展的实施意见》

鼓励医疗机构应用互联网等信息技术拓展医疗服务空间和内容，构建覆盖诊前、诊中、诊后的线上线下一体化医疗服务模式
鼓励医疗卫生机构与互联网企业合作，加强区域医疗卫生信息资源整合

图2-3 国务院对医疗行业的相关意见（2000—2018年）

2002年，郑积勤捐资助学款项累计已达100多万元。与此同时，为县乡水利水电、广播电视进村入户等项目共捐款80多万元。更值得关注的是，他心系医疗卫生事业与贫困百姓，为医院和看不起病的困难百姓累计捐款20多万元。2003年，他又为家乡慈善事业捐款10多万元，获得了"慈善者"的荣誉称号。在郑积勤印象中，医院的门诊大厅收费挂号窗口总是排着长长的队伍，大厅里挤满了人，他不禁担忧，人都有病痛的时刻，怎样才能使大家享受到被家人关爱般的看病服务，而且在家门口就能享受到这样的待遇呢？

郑积勤没有停止从事医疗慈善的脚步，敏锐的嗅觉让他洞察到卫生事业政策的导向，更知悉百姓的需要。2003年的7月，抓住江山市委、市政府提供的鼓励和引导社会资本举办医疗机构的契机，郑积勤创办了衢州市首家高起点的二级综合非营利性民营医院——贝林医院，使企业实现了第一次的跨界发展，也成为集团跨行业谋划发展的又一新起点。

郑积勤说："办医院的宗旨就是关爱百姓，回报社会，让老百姓在家门口就有一家贝林医院好选择。办医初衷是考虑到卫生医疗行业是一项公益性事业，医院办好了能为很多老百姓服务，解决老百姓看病难、看病贵问题。"

郑积勤秉持站得高才能看得远，世界上没有一成不变的事物，墨守成规会痛失良机的原则，摒弃旧事物，助生新事物，从市场难题、百姓需求角度出发办实事。贝林医院于2005年11月起营业至今，由亏转盈，业务收入逐年递增，全面步入良性发展轨道，2012年12月顺利通过综合医院二乙等级评定，成功晋级为衢州地区首家二级乙等的民营综合性医院。现如今，贝林医院不管是规模还是经济效益，在全省502家民营医院中，位列20名之内。其中，呼吸慢阻肺重点专科能力位居全省第三，病例数量位居全省第五，为集团跨行业、多元化发展迈出了坚实的步伐。近两年，他又积极响应市政府进一步做大做强医疗卫生服务事业的号召，扩建工程——江山城北医学康复中心，已于2020年年底全部竣工并投入使用。

这一次，映入郑积勤眼帘的是一排智慧医疗站立式自助机，它们被整齐地摆放在人工收费窗口对面，大厅里冗长的队伍不见了。他到自助机前，界面上有门诊缴费、查询、检验单打印、住院费预缴、住院明细查询等功能按钮。他还观察到医院大楼的扩建以及医院环境的变化，对于这种建设与进步，他为集团的付出感到自豪。

2.3 金龙升华：耕读农场幸福乡村

建设了绿化、建立了医院，郑积勤回馈家乡的愿景一步一步得以实现，但对郑积勤来说，无论身在何方，也无法忘记炊烟袅袅、阡陌良田的故土家园。"我有时间也会到外地一些乡村景点走走看看，每到一个地方，我总在想老家耕读村的山水风光不比它们差。"2007年，郑积勤作为一名成功的企业家，回乡投资创办耕读休闲旅游度假村，他的初衷很简单，"我是土生土长的农民，企业发展经营得好，回馈建设家乡是我人生最大的心愿。"

企业有坚定的决心，政府也积极刮起支持旅游业"二次创业"的东风，一个能量巨大的"魔法"悄悄改变着耕读村。郑积勤积极响应政府"以工业反哺农业、建设幸福乡村"的重大举措。原先村里有很多养猪场，污水直排入湖，臭气难闻，随着生猪养殖整规工作的开展，耕读村实现了全村49家猪场的关停拆除，拆除面积达5000多平方米，完成了"无猪村"的创建。为了加快乡村休闲旅游建设的步伐，耕读村还率先在省内实施并完成了农村生活污水治理，7个污水处理终端已全部完成并投入使用，全村受益农户达258户。

"既然是乡村休闲旅游，回归自然是卖点，要做就要做精品。"郑积勤聘请了中国美术学院风景设计研究院的设计团队，为耕读农场做统一规划设计。怎样把传统的耕读文化元素融进创意，节约利用原有资源，并且不破坏自然风貌，专家给出了方案。郑积勤先后对耕读村投资1亿多元，将原本一个脏乱差的水泥村，打造成了国家3A级旅游景区村。

郑积勤说："企业有了原始资本积累，我们投入到乡村振兴这一块，也是响应国家政策，更主要的是我们有情怀，喜欢农村。"通过多年建设，耕读农场已基本建成一个集农林种植、餐饮服务、农业观光旅游和旅游景点开发于一体的综合型乡村旅游度假村（见图2-4）。

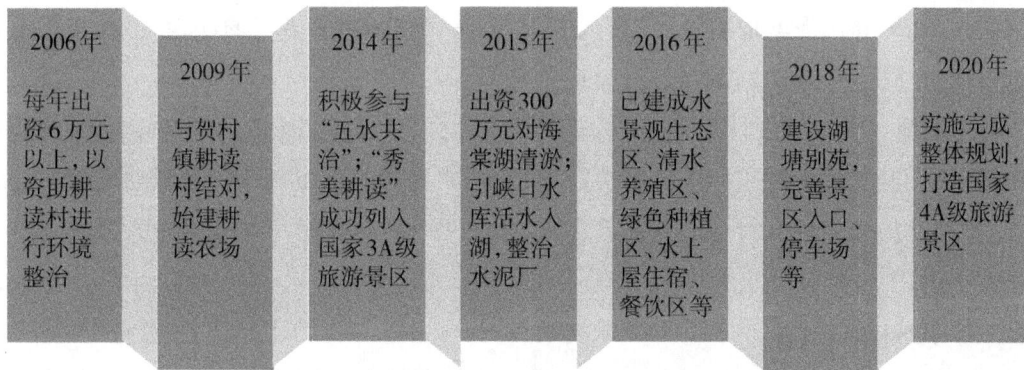

| 2006年 每年出资6万元以上，以资助耕读村进行环境整治 | 2009年 与贺村镇耕读村结对，始建耕读农场 | 2014年 积极参与"五水共治"；"秀美耕读"成功列入国家3A级旅游景区 | 2015年 出资300万元对海棠湖清淤；引峡口水库活水入湖，整治水泥厂 | 2016年 已建成水景观生态区、清水养殖区、绿色种植区、水上屋住宿、餐饮区等 | 2018年 建设湖塘别苑，完善景区入口、停车场等 | 2020年 实施完成整体规划，打造国家4A级旅游景区 |

图2-4 耕读农场的建设历程

为了让城里人闻一闻清新的泥土味，度假村开辟了农家风味餐厅、养生茶吧、绿色采摘区、休闲垂钓区、儿童开心农场、水上乐园等版块。在开心农场，每个人都可以认领20平方米的种植基地，基地上安装了摄像头，每个认领的家庭都可以在自己的电脑上看到种植蔬菜的生长情况。在果蔬种植基地，投建绿色天然露天菜园3000多平方米，还种植了樱桃、枇杷、黄花梨、水蜜桃、冬枣等各类果树，采用无公害种植管理，保证四季都有不同的水果出产并销往市场（见图2-5）。

"我们注重资源利用，生态环保。"郑积勤说，"我在湖上架设观光浮桥，既不破坏水体，又使游客有新鲜感；采用传统的木结构、利用地形设计'吊脚楼'小木屋，做到不破

图2-5　耕读文化度假村景区图

坏地表地貌，既亲近自然，又减少用地，与周边生态环境融为一体。"郑积勤还让员工在湖底清淤时，将淤泥就地利用，在湖当中造出了一个500多平方米的江心岛，并建起湖上茶吧，连湖边的树墩也没有挖掉，直接做成了靠椅。

郑积勤："要把村庄打造成一个秀美耕读景区村，首先要文旅融合，把耕读传统文化挖掘出来，其次要把医养结合这一块规划起来，再次就是把可利用的地规划成旅游地产，把耕读古镇那种古村落以外的东西开发出来，以后应该能发展成5000人口的一个耕读小镇。"

如今的耕读村已成为江山市新农村建设的新名片，郑积勤还荣获了2015年度浙江新农村建设带头人"金牛奖"，"让自己的家乡美起来，也可能会带领我们家乡的父老乡亲富起来。我现在身体还好，就是把贝林医院和耕读乡村休闲旅游、耕读康养中心这两件事情，在未来五年再投入五个亿规划发展建设好，这是该做的一点小小的贡献。"

"耕读现在是一个盆景，只有整个江山的旅游兴旺了，耕读的休闲业态丰富了，它才能成为一道风景。"郑积勤说，"投资耕读既是贝林多元化发展的选择，也有我个人回报家乡、回报父老乡亲的私心。"

3 圣心备焉：社会经济双重属性

对于贝林来说，建筑业是其发展的基石，是公司经营绩效的最主要来源。面对建筑业愈发激烈的竞争局势，贝林集团毅然选择社会创业发展之道，在政策导向下，在社会需求响应中，贝林相继成立了贝林绿化、贝林医院及耕读农场等副业公司，其社会创业布局见图2-6。

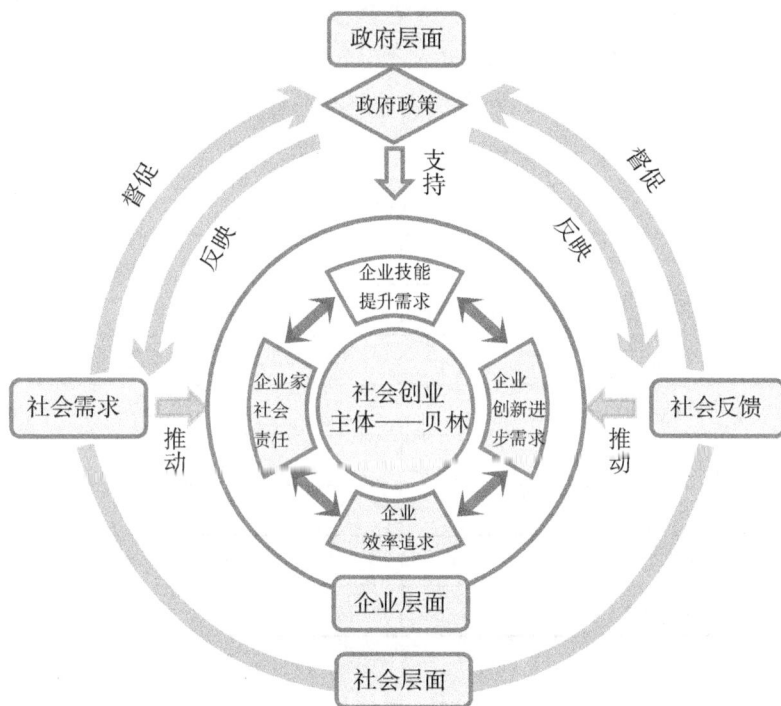

图2-6 贝林社会创业路径分析

贝林自1995年创立，至今已有近27个年头，相较于其他同业企业，贝林能够在衢州市独占鳌头、在浙江省名列前茅，与其发展过程中不断进行社会创业有着密不可分的联系。

贝林积极响应国家号召，勇于开拓，立足于长远发展目标，创办一系列新业务，成立多家非建筑行业子公司（见表2-5），真正实现了社会创业的长期发展策略。

表2-5 贝林具有代表性的子公司

创办时间	子公司	响应的国家政策
2003年1月	贝林绿化	《全国造林绿化规划纲要（2016—2020年）》
2004年7月	贝林医院	《国务院办公厅关于建立现代医院管理制度的指导意见》
2009年8月	耕读农场	《关于完善县级脱贫攻坚项目库建设的指导意见》

贝林通过把控社会创业发展导向以及响应政府政策，不断开拓市场，建立非营利性机构，建设"新农村"，发展"耕读文化"，建设绿化，回馈社会，从而符合社会创业的核心价值，贝林秉承"营造完美，建设理想，追求卓越，争创一流"的经营理念，倡导科学、严谨、高效、务实的工作作风和一丝不苟、精益求精的工作态度，以稳定优良的售后服务获得了用户的良好口碑，"贝林"品牌不断博得了广大业主朋友和社会各界人士的信赖与认同。

此外，贝林以精准的市场定位，不断反哺家乡、回馈社会。与此同时，贝林投资创办的绿化、医院、耕读农场无不为其带来了盈利（见表2-6）。由此可见，贝林体现了社会创业的核心价值与社会价值，并达到了社会效益和商业利益的双丰收，形成了自身特色的社会创业商业模式。

表2-6　2017年贝林经营产值

收入项目	收入额/亿元
建筑业	10.22
房地产	24.33
市政公司	0.3878
绿化	0.2335
物业	0.073
耕读农村	0.1279
贝林医院	1.33

4 以至千里：贝林未来展望

贝林很低调，从不张扬，本着从群众中来到群众中去的初心；它很朴实，默默地付出，关注百姓的需求，用行动回馈社会、回报家乡；它眼光独到，响应时代的号召，将传统耕读文化重新搬上舞台；它机智聪慧，用社会创业逐渐走出一条属于自己的"赛道"。

秉承"营造完美，建设理想，追求卓越，争创一流"的经营理念，倡导科学、严谨、高效、务实的工作作风和一丝不苟、精益求精的工作态度，稳定优良的售后服务，贝林不断获得了用户的良好口碑，"贝林"品牌也不断博得了广大业主朋友和社会各界人士的信赖与认同。

与此同时，我们也注意到社会创业的发展模式使得贝林得到了社会的青睐并迅速成长，但它还将面临新的挑战：如何继续发展其他板块，继续社会创业？同时其企业利润将如何得到进一步的保证？面对雨后春笋般的其他建筑企业同一"赛道"多种发展模式的企业竞争,其如何保持竞争优势？如何应对脱贫攻坚、扶持"三农"、新冠肺炎疫情后复工复产等诸多现状,贝林故事的序章才刚刚完成,后续该如何发展,整个贝林集团将继续用智慧与汗水去书写。

但郑积勤相信,"励精图治、再铸辉煌"。在这激情飞扬的21世纪经济大浪潮中,贝林人奋勇搏击,面对机遇和挑战,贝林集团董事长郑积勤先生豪情满怀,决心携全体员工坚定不移地坚持"质量兴业,诚信为本"的经营宗旨,以"稳健踏实,重誉奉献"的经营作风,立足浙江,投身国内外大市场,贝林的征程还在继续,社会创业的征程也在继续……

Have Your Cake and Eat It!
—The Road to Social Entrepreneurship of Master Beilin

Abstract: In the context of the rise of social entrepreneurship and the emergence of the wave of corporate social responsibility, this case takes Beilin Group Co. Ltd. as a research object to discuss how the Group identifies social problems by analyzing market needs on the basis of a solid superstructure, and follows policy guidance for social entrepreneurship and achieve the double value of social responsibility and commercial profitability. This case aims to help students deeply understand and master the knowledge points of social entrepreneurship, economic and social performance, and discuss the reproducibility of social entrepreneurship models.

Key words: social entrepreneurship; social responsibility; double value

二、案例使用说明

(一) 教学目的与用途

1. 适用课程

本案例主要适用于"创业管理"等课程中"社会创业的商业模式"相关内容,也可用于"战略管理"课程中"社会责任战略"相关内容。

2. 适用对象

工商管理专业本科生和硕士研究生、MBA和EMBA学员或高级经理人培训。

3. 教学目的

通过组织学生对本案例进行分析和讨论，试图引导学生探讨和思考以下五个问题，达到提高学生分析和解决问题的能力：

（1）了解社会创业者的前期准备，如何扎实基础产业。增强学生对市场观察的敏锐度。

（2）结合社会问题、市场需求和政策导向，分析社会创业者如何识别社会创业机会，并将社会问题转化成企业的发展机遇。增强学生的市场观察能力。

（3）全面了解贝林具体的社会创业布局。加强学生的社会创业实施规划能力。

（4）了解社会创业企业的独特性和差异性，并分析社会创业企业如何实现社会责任和商业盈利的双重价值。体现学生差异化思考分析能力。

（5）与企业经营发展联系起来，讨论社会创业商业模式的可复制性和可拓展性，分析社会创业模式的创新对其他社会企业来说具有哪些借鉴意义。展望社会创业企业能否以及如何通过商业模式复制和拓展实现可持续生存和发展。增强学生的系统思考能力。

（二）启发思考题

（1）了解贝林为社会创业铺设了怎样的基础，做了哪些准备？

（2）作为江山建筑龙头企业，贝林为何要走社会创业之路？

（3）回顾贝林的社会创业历程，归纳创始人郑积勤发现的社会问题或政策导向，分析他是如何通过社会创业机会识别，将这些社会问题转化为发展机遇的？具体的社会创业布局是怎样的？

（4）分析贝林是通过怎样的社会创业来维持企业的生存和发展，并创造社会经济双重价值的？

（5）根据贝林的发展现状与未来规划，你认为其社会创业模式是否存在可复制性和可拓展性？这种社会创业模式对于其他社会创业企业有何借鉴意义？

（三）分析思路

教师可以根据自己的教学目标灵活使用本案例。以下提供本案例的分析思路，仅供参考。

首先，分析贝林为社会创业进行了哪些前期准备；其次，依据社会创业机会识别理论，分析贝林是如何进行机会识别，又是如何将社会问题转化为发展机遇的；再次，依据社会企业商业模式理论,分析贝林是如何进行社会创业的设计和创新,并且如何通过这种设计和创新维持企业生存以及实现社会、经济双重价值的;最后,结合贝林社会创业模式的设计和创新,分析贝林这种社会创业模式的可复制性和可拓展性,同时展望社会企业能否以及如何通过商业模式设计和创新实现可持续生存和发展,并引导学生进行开放式思考。具体的分析思路如图2-7所示。

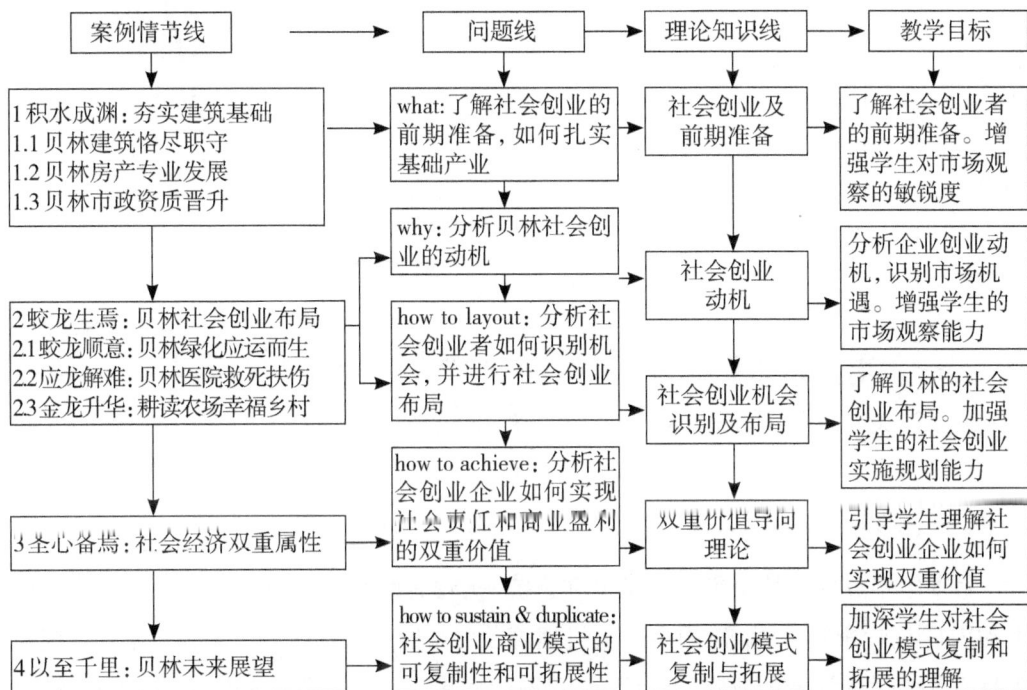

图2-7 分析思路

(四) 理论依据及具体分析

问题一:了解贝林为社会创业铺设了怎样的基础,做了哪些准备?

(1) 理论视角:社会创业定义、社会创业前期准备

①社会创业定义

社会企业最早源于英国。近年来,社会创业凭借其解决社会问题的创新方式在全球蓬勃发展,逐渐成为一种突破市场失灵、政府失灵、社会发展困局的创新思维和实践。目前,社会创业已在扶贫、医疗卫生、教育、就业、社区重建、环保与可持续发展等领域产生了重大的社会影响。

与此同时,社会创业正广泛吸引着学者们的兴趣,逐渐成为一个崭新的研究领域。2000年,有关社会创业研究论文的发表数量只有2篇,但是到2016年快速增加到225篇。

同样，主流核心期刊也逐渐显示出对社会创业研究的重视，社会创业研究论文的发表数量从2006年前的2篇增加到2017年的26篇（见图2-8）。

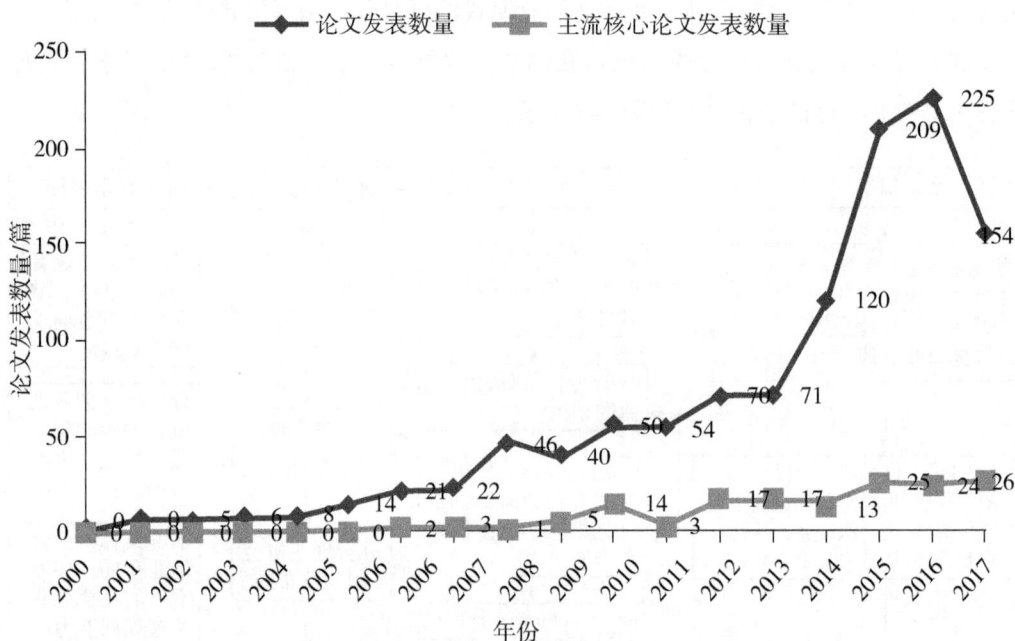

图2-8　2000—2017年社会创业研究论文发表数量——基于知网与读秀学术的检索结果

目前学术界对于社会创业的定义并不统一，现有的相关研究大多从社会创业的产生动因、类别、影响因素、作用形式与机理等角度来诠释社会创业的概念。表2-7摘录了具有代表性的社会创业定义。此外，目前学术界对于社会创业的定义概括起来有以下三种主要观点。

表2-7　具有代表性的社会创业定义

研究者	社会创业概念
Dees（1997）	永不疲倦地追求新的机会来创立持久创造社会价值的事业；不断创新、修正和改进；不受当前资源稀缺限制的大胆行动
Spinelli和Adams（2016）	采用商业化手段创新性地解决社会问题/创造社会价值，既包括营利组织为解决社会问题而开展的创业活动，也包括非营利组织支持和参与的创业活动
Mort等（2003）	创业的社会使命；面对道德、利益等问题时，社会创业者的行为与目的保持一致性；创造社会价值的机会感知和识别能力；社会创业者具有创新性、行动超前性和风险承担等关键特征
Mair和Marti（2006）	采用创新的方式整合各种资源、创造社会价值，满足社会需要或促进社会变革
Austin等（2006）	具有创新性，是社会价值创造的过程；组织形式多样化，跨越非营利组织、商业组织和政府部门多个领域

研究者	社会创业概念
Tracey和Jarvis（2007）	社会价值的创造是社会创业的核心目的；社会创业者要能够识别和开拓市场机会、整合所需资源，并且能够实现盈利，以便有效地实现社会目标
Short等（2007）	通过创新性的实践解决社会问题、满足社会需要，不管是否具有盈利的目的
Zahra等（2009）	通过创造新的组织形式或改变现有的组织实践来发现并开拓市场机会，提供创新性的产品和服务，从而满足社会需要
Tracey等（2011）	创新地融合社会福利逻辑与商业化逻辑，为社会问题提供可持续的解决方式

第一，从社会创业的范围定位来定义。以学者Johnson（1995）为代表，他认为社会创业既包括营利组织的活动也包括非营利组织的活动以及政府跨部门的合作。

第二，从社会创业的价值主张来定义。以格雷戈里·迪斯（2021）为代表，他认为，社会创业概念包含两部分：一是利用变革的新方法解决社会问题并且为全社会创造效益；二是引用商业经营模式产生经济效益，但是经营所得不是为个人谋取利益。

第三，从社会创业问题解决的创新性来定义。例如，Spinelli和Adams（2016）认为，社会创业主要是采用创新方法解决社会焦点问题，采用传统的商业手段来创造社会价值（而不是个人价值）。国内学者陈劲、王皓白（2007）指出，社会创业是一种在社会、经济和政治等环境下持续产生社会价值的活动。这种活动通过前瞻性地不断发现和利用新机会来履行社会使命和实现社会目的。

虽然学者对社会创业定义的角度不同，但其中包含和表达的共同要素有：社会问题、社会使命和目的、商业化手段、经济价值和社会价值、可持续发展等。

②社会创业前期准备

社会性企业创业准备阶段是指创业前期准备阶段，这一阶段最核心的因素就是确立社会使命。社会性企业创业准备阶段主要包括两个方面：搜集信息以及识别和评估社会创业机会。为了寻找更适合的社会创业机会，社会创业者通常会运用个人知识、能力从系统中获取大量信息。这些信息虽然数量巨大，但大都具有社会指向性，如社会需求、社会问题和社会环境等。当然，不是所有的问题都适合通过创建社会性企业的方式来解决。在启动社会创业活动之前，社会创业者需对所获取的信息进行细致筛选，排除掉错误、无效的虚假信息，并识别出合适的社会创业机会。另外，社会创业者还需根据资源和自身能力或偏好对识别出的社会创业机会进行评估，只有这样才能准确把握社会性企业的目标，并最终形成社会使命和企业家愿景。

社会性企业创业准备过程依赖于创业生态系统。首先，社会性企业从创业生态系统中获取社会创业所必需的创业主体。主张新建社会性企业的创业者，大多来自系统中已经存在的其他社会性企业以及社会创业组织，这些创业者不仅拥有一定的网络资源，还具有强烈的社会创业欲望和丰富的实践经验，其能够顺利指导社会性企业完成创业前的准备工作。其次，社会创业者以其能力为媒介，从创业生态系统中获取大量机会信息。为了保证社会性企业的创建存在一定价值，社会创业者通常会对系统中政府部门、商业企业和非营利组织进行对比分析，以便更加准确地了解环境形势，最终确定社会性企业的社会使命（见图2-9）。

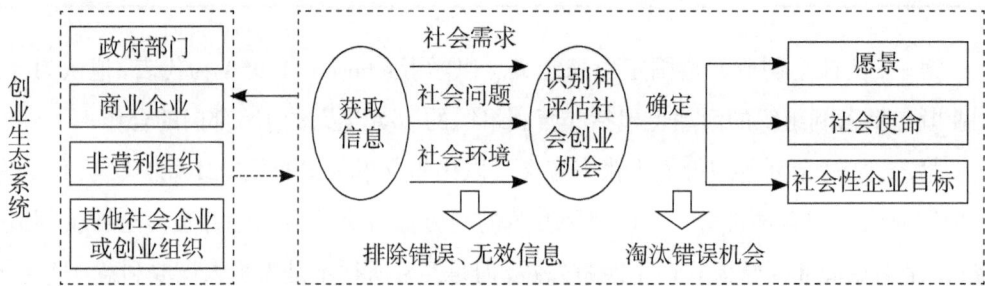

图2-9　社会创业企业准备阶段

（2）案例分析

①本案例中社会创业的定义

虽然学者对社会创业定义的角度不同，但其中包含和表达的共同要素有：社会问题、社会使命和目的、商业化手段、经济价值和社会价值、可持续发展等。因此，本案例对社会创业的概念界定如下：社会创业是指组织或个人（团队）在社会使命的驱动下，借助市场力量解决社会问题或满足某种社会需求，追求社会价值和经济价值双重价值目标，保持组织的可持续发展，最终使社会问题朝着人们希望的目标改变。

②贝林为社会创业所做的前期准备

一是贝林建筑恪尽职守。贝林成立于1995年，是衢州市首家以建筑为核心的无区域集团。"质量兴业，诚信为本"这八个字伴随着贝林一步一步成长壮大。贝林建筑视诚信和质量为生命，对所有房地产开发项目均实行"两书"制度，既有房屋使用说明书，也有房屋质量承诺书，走在了全国房地产开发的前列。

二是贝林房产专业发展。1998年7月，贝林确立了"以建筑带动房产，以房产回报建筑"的经营理念，积极投身房地产开发事业，加快实施"一业为主，多元经营"的战略方针。经过20多年的发展，贝林房产已先后在皖、闽、赣三省及本省的杭州、嘉兴、丽水、衢州等地成功开发楼盘30个，开发面积达420余万平方米。

三是贝林市政资质晋升。1999年10月，江山市贝林市政工程有限公司正式成立，经营范围主要承担城市道路、桥梁、公共广场工程，城市供水、排水、污水处理工程和各类管道工程及其配套工程施工。

贝林在社会创业前相继成立贝林房产、贝林市政，进一步巩固了贝林在建筑行业的实力与基础。在此过程中，先后接触并建造医院大楼等相关项目，为贝林社会创业，承担社会责任，回馈家乡打下了扎实的基础。

问题二：作为江山建筑龙头企业，贝林为何要走社会创业之路？

（1）理论视角：社会创业动机

社会创业的过程符合人类的"动机—行为"理论，因此社会创业的动机是驱动创业者从事社会创业的根本驱动力。社会创业动机是由多个内部报酬维度组成的，包括动机结构和内容。

①社会创业动机的根源是公共服务提供的动机

在研究社会企业家社会创业的时候，我们发现他们提供的是一种公共产品或者公共服务，公共服务学派认为公共服务是一个概念，一种态度，一种责任，甚至是社会道德意识，虽然公共服务理论还不健全，但与提供公共服务的动机相比，一些学者定义得更加正式，而且更多的是从公共道德理论的角度进行了仔细的界定和研究。相对于商业创业，在社会创业中提供的公共服务，更可能发生以商业创业的规则来指导社会创业，而普通百姓却期望社会创业能够提供正义、社会公平和实现公共利益。许多研究都发现，在公共部门和第三部门提供公共服务的公务员和志愿者中，实际上他们并不像自利假设那样，他们注重更高的价值，并不十分看重金钱的报偿，他们注重爱心、同情等道德维度上的价值观。社会创业、公共部门和第三部门的员工或者志愿者，他们与商业创业中的创业者和雇员，具有不同的价值倾向和理想标准，他们更愿意帮助他人，更愿意做一些有利于社会整体利益的事情。许多学者得出的共同结论是，经纪人的理性假设并不适用于公共领域（包括政府和第三部门的活动）（张康之，2002）。

提供公共服务实际上是一种对社会的责任，如果一个人提供公共服务的动机非常强烈，那么这个人一定具有更高的伦理水平和道德层次，因此也就具有更高层次或者说更强烈的公共服务动机。公共服务提供的动力就在于能够解释、发现和测度这种想法和内隐动机。许多学者都对提供公共服务的动机进行了各种各样的调查和检验（Young，2001），结论是内在报酬要显著高于外在报酬，并且利他动机要显著高于利己动机。

Rainey（1983）把公共服务提供动机看成是一个多维度的概念，因个体的差别，公共服务提供的动机也会有差别。Gene（2000）证实了假设，同时还分类出了四种不同公共服务动机的人，每一种类型代表公共服务的一种特殊的价值观念，分别是乐善好施者、爱国者、共产主义者和人道主义者，每一种类型的动机都有不同的构面和维度，但是他们的行为和基础都是从事公共事业并为大众提供服务，其潜在的愿望都是利他的。

虽然有很多学者对提供公共服务的动机进行了研究，但是到目前为止，只有Penry（1997）提出了一个较为完整的公共服务提供动机的驱动模式，这种驱动模式试图尝试取代目前理论界最为经典的"理性人"假设。为此，Penry提出了三个著名的假设，即理性、规范和情感，三者共同推动着被激励者每个人都有的内生观念，内生性决定了每个人在价值选择上的差异，而价值选择可以通过社会生活改变。Perry（1997）通过交叉分析的方法，分析了影响公共服务提供的四个关键因素，它们分别是社会背景、动机环境、个人特质和行为（见图2-10）。

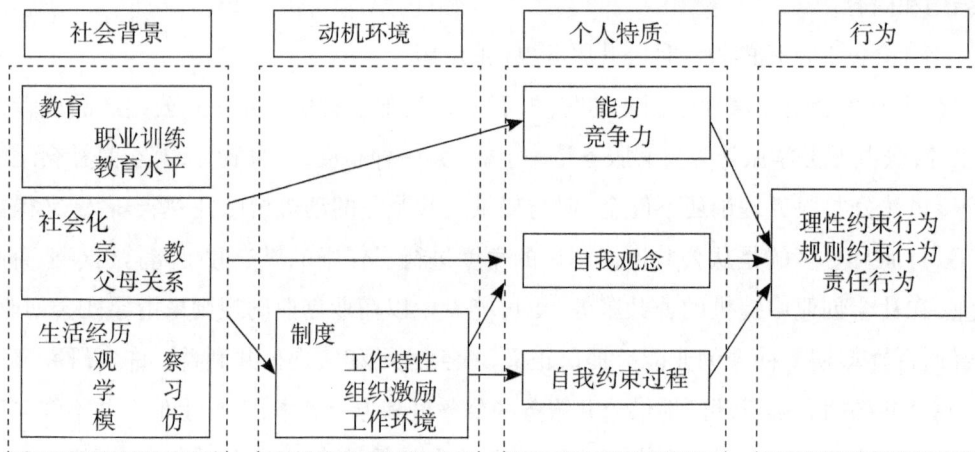

图2-10 公共服务提供动机的过程模型

②商业创业动机与社会创业动机的区别

在以往商业创业动机的研究当中，基本的假设是利己主义，所有的创业动机无一例外来源于利己的动机，而不管这种动机的结果是利己还是利他。有些学者虽然极力辩解，认为商人的核心动机是无私地服务于社会和雇员，但是实际上从出发点来看，动机是利己的（Shane，2003）。有许多学者认为，利他动机从经济理性的角度来看，本质上还是利己的（张廷华，1999），因此利他行为是理性的（杨春学，2001），他们的观点认为人类动机是源于一元动机驱动而产生的两种行为，把各种因利他动机而产生的利他行为也解释为是为了追求自身利益的最大化，这种一元驱动论实际上把利他动机解释成了外在行为，而不是内部动机。实际上，在理性经济人假设之下，利他行为可以是内部动机所要实现的利己目标的手段，也可以是内部动机之下的利他偏好所要产生的行为。内部动机是行为人对行为本身感兴趣,行为本身能使行为人获得满足,是对自己的一种奖励与报酬,无须外力作用的推动。显然,内部动机可以导致利己行为,也可导致利他行为。利他行为能够使行为人获得满足,并且行为人可能会因此得到物质收益和精神收益,这种"二元双重动机理论"相较于一元驱动论得到了更多的支持和肯定(叶航,2005)。

真正的理性的利己动机包括对工作的热爱,享受创建组织并从中获利的过程,创业者只是被对他自己有利的动机所驱动,并且做任何达到这个目的需要做的事情。实际上,还没有真正关于自利方面的定量研究,但是Baum(2001)尝试着用其他因素来解释公司的成长绩效,他把个人特质、基于任务的动机、技能、策略和环境这五个维度和激情放在一起研究,结果发现非理性自利的激情对于公司的成长也有积极的正向影响。

在社会创业领域,与商业创业不同的一个关键点恰恰是创业者的出发点主要是利他的,他们追求社会公正,解决某些社会问题使公共利益得到保证,公共福利得到增加。社会企业家往往同时拥护经济和公益目标,社会企业家的创业动机中最为核心的就是利用机会来进行社会变革和改善(Shaker,2009)。在如此多的文献中,与社会企业家利他动机相辅相成的就是他们提供的核心产品(服务)是公共服务。当然社会企业家并不只有利他动机,社会企业家同样拥有利己动机,准确地说是混合动机,因为许多学者在研究社会企业家时发现他们有着很强的自我实现动机。例如,搜索过程,追求社会创业的机会,追求社会影响的广泛性,以及制度的变革等。作为创业的一种,社会企业家在进行社会创业时也有很强的风险倾向和对不确定性的容忍,有强烈的内在控制倾向,因此,在研究相关文献的基础上,有关社会企业家的动机,我们可以认为他们在商业创业的基础上扩展了,他们既具有利己的动机也有利他的动机,他们是一个利己与利他的混合体,虽然在以往对商业创业的研究中,商业创业的核心动机还是自利的,但也不排除有利他的动机(见图2-11)。

(2)案例分析

①外部环境的指引

近年来,随着人民生活水平的提高,对房产居住条件的要求不断提升,建筑企业在自身体制发生变化的同时,外部环境也发生了巨大的变化,在这种形势下,建筑单位通过分析自身所处的内外环境,选择适合自身的发展战略并组织实施是十分必要和及时的。

本部分通过PEST分析模型,重点对贝林在当前所处的外部环境下,选择走社会创业之路是否妥帖提供依据(见图2-12)。本部分主要通过对政治、经济、社会和技术四个方面的若干影响因素进行总结和列示,帮助贝林分析和总结相对关键和重要的影响因素,以确立最终的社会创业战略目标。

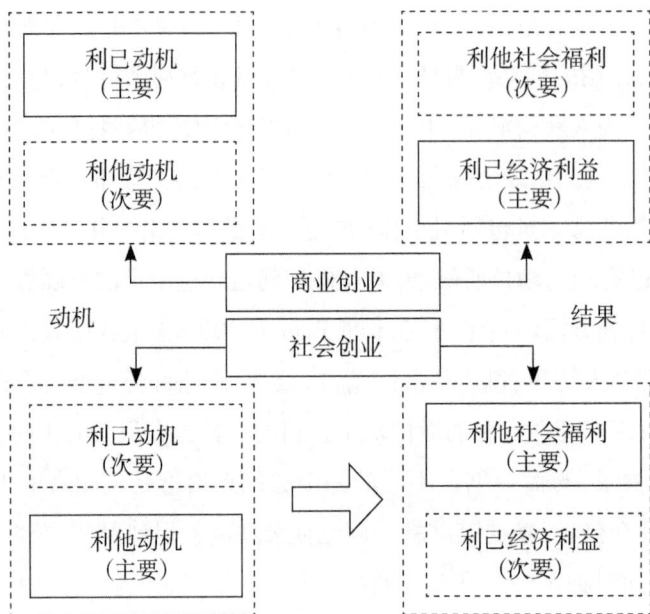

图2-11 社会创业与商业创业的创业动机、结果对比

图2-12 PEST分析模型

一是政治（political）因素。国家的政策无时无刻不在影响着各行各业的发展，建筑业作为与人们生活息息相关的重要产业，需要积极响应政府政策，进行改革与发展，壮大自身的实力，以迎接市场的激烈竞争。贝林积极配合国家政策，响应"五水共治"政策，对江山市的自然环境、水资源污染进行无偿治理，赢得了江山人民的好口碑；结合国务院鼓励和引导社会资本举办医疗机构的契机，建立了贝林医院，为江山人提供家门口的优质医疗卫生服务；结合"扶贫"政策与"三农"政策，开发"耕读文化村"建设项

目,带动一方人民发家致富,带动江山市经济的发展。贝林在发展中坚守积极回报社会的初心,不仅塑造了良好的企业形象,也为其社会创业长久发展奠定了基础。

二是经济(economic)因素。城市化是建筑行业发展的核心驱动力。随着经济的发展,城市化的推进,居民收入的提高,人们对建筑业的要求越来越高,贝林秉持服务社会、服务消费者的理念,根据消费者的要求去认真完成每一个项目,绿化小区、街道,使贝林在同行中越走越远。

三是社会(social)因素。社会因素包含人的一切活动,包括生活环境、医疗卫生、风俗习惯、宗教信仰等。贝林根据社会因素,分别通过贝林绿化改善生活环境,通过贝林医院提供完善的医疗救治,通过耕读文化传播当地的风土人情等,来满足社会需求,并且得到客户的认可,种种举措皆表明贝林社会创业乃社会所需。

四是技术(technological)因素。在过去10年中,技术变革的总体速度呈加速状态。随着时代的进步、科技手段的快速发展。贝林将技术进步和社会创业理念相结合,利用多媒体、虚拟现实技术等手段,发展了贝林绿化、市政公司及物业公司等,打造了贝林的独属精品楼房,使贝林形成了强大的核心竞争力。

②市场局势的驱动

一是"社会创业"的兴起。近年来,我国为支持"大众创业、万众创新",出台了一系列鼓励政策,如1元注册公司、一址多用、减免税费等优惠,使创业成本降低,推高了大众创业的激情和人数。而创业中的各种不确定因素,如缺乏资金、缺少支持(家庭、企业)、技能缺乏、收入不确定,使得数量较多的商业创业未能成功。部分企业开始探索发展新模式。在最近十多年间,社会创业在社会需求的驱动之下产生并在国外许多国家得到了迅速发展。

对于我国来说,社会创业还是一个新生事物,处于萌芽发展时期。商业创业只追求经济利益的最大化,然而社会创业实践证明,社会创业为企业的有效运作和持续发展提供了可行的方法,可避免在市场化运作中陷入过度追求利益而背离社会使命的误区。

二是建筑业发展现状。建筑业是我国国民经济的重要支柱产业之一,随着经济的快速发展,越来越多的建筑企业也随之崛起,市场规模越来越庞大,但遵循传统的发展模式,导致部分企业安于现状,满足于眼前利益,大部分企业处于行业的底端,经济效益较低。此外,建筑施工企业的发展及建筑行业整体市场化程度逐步提高,行业整体上已处于完全竞争状态。国内建筑业在整体规模、经济效益、发展层次上仍存在着明显差距,发展水平亟须提升。

由图2-13、图2-14中的数据不难看出,随着时间的推移,建筑企业数量不断增加,但总产值增长率近几年呈急剧下降趋势。建筑企业所获得的总产值也不再大幅度上涨。由此可见，市场渐渐趋于饱和状态，因此谋求自身发展之道，建筑行业势在必行。

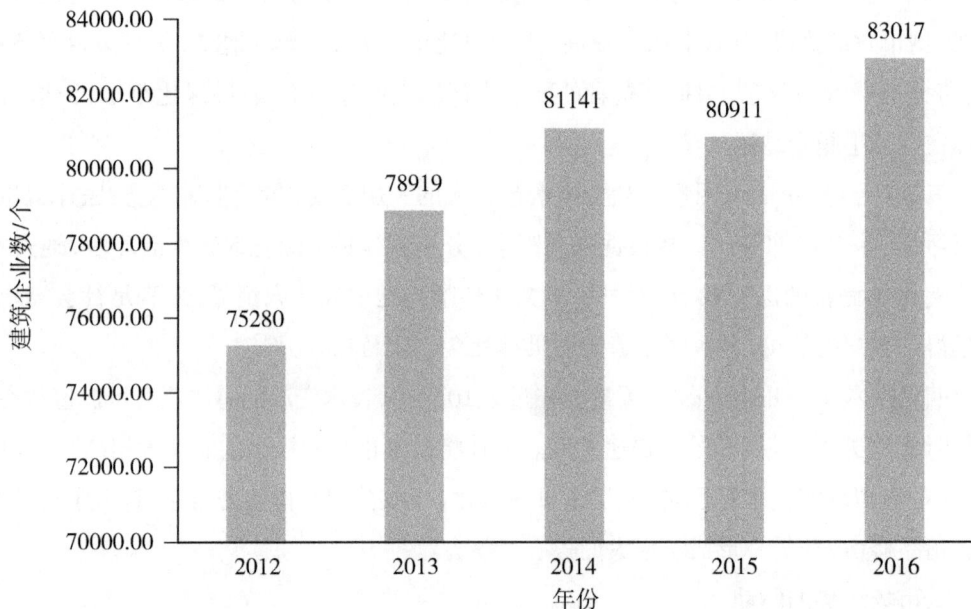

图2-13　2012—2016年建筑企业数

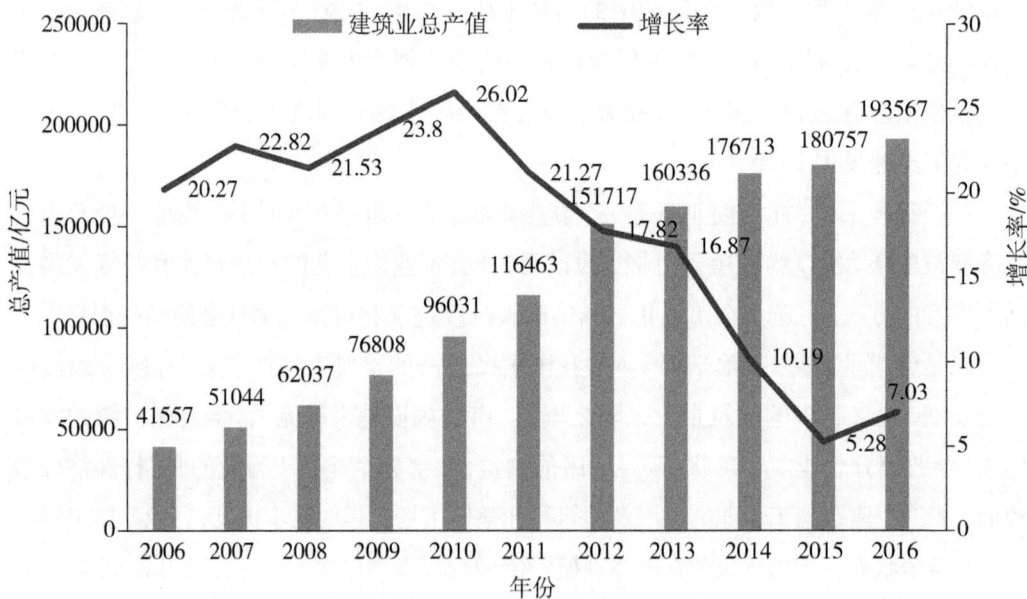

图2-14　建筑业总产值及增长率

③集团理念引领贝林社会创业

贝林自创建以来,以加强企业文化建设为抓手,积极传导时代思想,在企业发展的同时,与时俱进,完善集团理念。贝林以"稳健踏实,重誉奉献"作为自己的作风要求。在社会创业发展中也始终以回馈社会、回馈家乡作为自己的初心。贝林秉承理念和初心,实施社会创业的过程。

一是积极响应政府"以工业反哺农业、建设幸福乡村"的号召,投身"五水共治"新农村建设。2009年8月,贝林积极投身"五水共治"新农村建设,并与贺村镇耕读村结对,投资3亿元打造江山耕读农场休闲旅游度假村项目。目前,耕读农场已初具规模,大型游客接待中心也已完工投入使用,吃、住、游服务功能样样齐全,并列入"国家3A级旅游景区"。

二是依山而建贝林医院,有助病人休养。贝林在2003年7月通过政策导向,抓住江山市委、市政府关于进一步鼓励和引导社会资本举办医疗机构的契机,创办了衢州市首家高起点的二级综合非营利性民营医院——贝林医院,开始进军医疗卫生领域,成为集团跨行业谋划发展的又一新起点。

三是与贺村镇结对建设耕读农场,帮扶农村发展旅游,助力家乡人民发家致富等。贝林的社会创业,不仅给自身带来了发展,更给家乡带来了发展,其将回馈社会的经营理念用行动与结果生动地进行了诠释。

四是响应国家保护环境、可持续发展的号召,成立江山市贝林绿化工程有限公司,形成了集园林设计、施工和养护管理以及苗木销售于一体的经营模式。

贝林结合自身"回馈家乡、回馈百姓"的理念,通过建设非营利性组织、发展农村、保护环境、发展绿化等举措,实现了社会效益和商业盈利的双赢。

问题三:回顾贝林的社会创业历程,归纳创始人郑积勤发现的社会问题或政策导向,分析他是如何通过社会创业机会识别,将这些社会问题转化为发展机遇的? 具体的社会创业布局是怎样的?

(1)理论视角:社会创业机会识别

Guclu等(2002)认为,机会的创造和开发不仅需要灵感、洞察力和想象力,而且还需要严谨的逻辑分析与客观研究。据此,他们构建了一个基于机会识别、创造和开发的社会创业机会识别模型(见图2-15)。在这个模型中,社会创业者产生有成功希望的创意受到其个人经历、社会需求、社会资产和变革等因素的影响。个人经历常常是激发创意的基础条件,但由于个人经历通常各不相同,因此创意的产生也因人而异;社会的期待与现实情况之间往往存在差距,这种差距会激发社会需求,及时响应社会需求则是产生社会创业创意的社会基础；社会创业创意的形成还需要一定的资源支撑，社会创业者拥有一定的社会资产，则有助于创意的深入发展；变革可以创造新的社会需求，从而有助于社会创业者产生新的创意。只有当社会创业者采取机会导向型思维方式，并积极寻求能产生重要社会影响的创业机会时，个人经历、社会需求、社会资产和变革这四个因素才有可能激发有成功希望的创意。

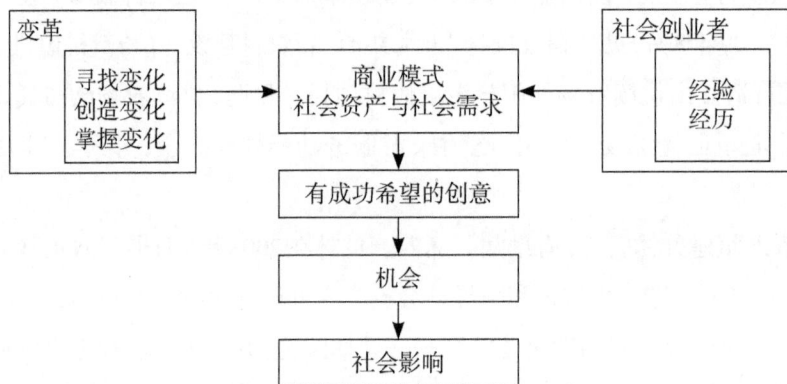

图2-15　社会创业机会识别模型

（2）案例分析

面对国家经济"新常态"下的各种复杂局面，贝林全体员工同心同德，锐意进取，把握趋势，紧紧围绕既定目标，坚定走社会创业之路。贝林的社会创业根据江山市发展困境及相应政策展开布局。

①贝林绿化：江山作为生猪养殖大市，境内的生猪饲养量曾经高达200万头，增收致富的同时，全市的水生态环境遭到严重破坏。据环保部门监测统计，江山市水体污染因子中70%来自生猪养殖排泄物。另外，江山市的机动车保有量不断攀升，汽车尾气污染当地空气。与此同时，《中共中央关于制定国民经济和社会发展第十三个五年规划的建议》中指出，完善天然林保护制度，全面停止天然林商业性采伐，增加森林面积和蓄积量。发挥国有林区林场在绿化国土中的带动作用。扩大退耕还林还草，加强草原保护。严禁移植天然大树进城。浙江省委十三届四次全会提出"五水共治"倡议以后，城镇吹响了大规模环境整治的号角，积极参与水资源保护工作。

2003年1月，为了完善天然林保护制度，全面停止天然林商业性采伐，增加森林面积和蓄积量。发挥国有林区林场在绿化国土中的带动作用。贝林成立了江山市贝林绿化工程有限公司，尽了自己的微薄之力。贝林在发展建筑业的同时，注重环境的保护与美化，公司集园林设计、施工和养护管理以及苗木销售于一体，现有苗圃基地1300余亩，苗木品种、大小规格齐全。

②贝林医院：我国在2000年初期，医疗服务体系还不够完善，公立医院医疗人员数量及质量存在严重不足，不能够满足群众的整体医疗需求，尤其是一些乡镇由于交通、经济等各方面原因，普遍存在就医困难的问题。《关于卫生事业补助政策的意见》提出，对公立非营利性医疗机构的基本建设项目给予适当补助，广泛筹集社会资金，进行医疗建设，并加强对私立医疗机构基本建设项目的程序管理。

2003年7月，贝林创立了衢州市首家高起点的二级综合非营利性民营医院——贝林医院，开始进军医疗卫生领域，成为贝林社会创业谋划发展的又一个新起点。

③耕读农场：源于情怀，情系家乡，企业有坚定的建设家乡的决心，政府也积极刮起支持旅游业"二次创业"的东风，一个能量巨大的"魔法"悄悄改变着耕读村。郑积勤积极响应政府"以工业反哺农业、建设幸福乡村"的重大举措。2009年8月，贝林积极投身"五水共治"新农村建设，并与贺村镇耕读村结对，投资3亿元打造江山耕读农场休闲旅游度假村项目，该旅游度假村被列入"国家3A级旅游景区"。

问题四：分析贝林是通过怎样的社会创业来维持企业的生存和发展，并创造社会经济双重价值的？

（1）理论视角：双重价值导向理论

国外部分研究者提出了"双重底线"概念或者"双重价值创造"理论，如Dees（1997）基于"双重底线"概念提出企业光谱模型，Kim（2003）基于"双重价值创造"理论衍生出企业可持续发展模型。本案例结合国外学者的研究，将"双重价值导向"定义为：同时以经济价值和社会价值为导向，推动经济利益和社会利益相互交织而不可分割，实现双重价值的兼容。社会价值导向高（社会价值导向超过经济价值导向）的企业可以为了社会的长远发展放弃眼前的利益，经济价值导向高（经济价值导向超过社会价值导向）的企业则以股东利益最大化为指引，追逐当下利润。双重价值导向有效避免了追求单一经济价值带来的社会和环境影响，同时实现了自我造血功能，为企业的可持续发展提供了可能。

而在现实情景中，企业的双重价值导向具有以下两大特征。

一是多变性和复杂性，双重价值导向不是一成不变的，随着内外部环境的变化动态调整，如企业在初创期、成长期往往难以做到经济价值导向和社会价值导向的兼顾，容易向其中一方偏离，从而导致一次甚至多次的使命偏移，这是因为社会与经济的兼容会迫使企业做出对组织架构产生重大影响的决定，甚至是挑战组织本质的决定。成熟期的企业即使达到了经济价值导向和社会价值导向的平衡状态，在面临资金甚至资源困境时，也易发生使命偏移。总的来说，双重价值导向随着企业所拥有的资源、外部市场环境和领导者的能力等动态发生变化。

二是内部边界模糊性，双重价值导向的定义中提到经济价值导向与社会价值导向往往相互交织、不可分割，因为经济价值是企业实现社会价值的基础，社会价值则能为企业更好地发挥经济价值指明方向。

（2）案例分析

社会创业具有企业化运营、社会使命驱动的混合特征，追求经济价值和社会价值双回报，具有显著的社会性、问题解决的创新性和核心资本的社会性。贝林作为一家关注社会需求、具有综合品牌优势、注重用户品质且极具地区竞争优势的企业，积极响应政府政策，将回应社会需求放在发展目标的首位。通过带动建设新农村等非营利性惠民工程，以明确的社会定位、市场定位，实现了自身的社会价值，基于社会创业理论基础，贝林在社会使命的驱动下，选择社会创业发展方向，并借助贝林建筑业的经营基础和市场力量满足社会需求，追求社会价值和经济价值双重价值目标。贝林发展的大方向是保持组织的可持续发展，实现社会问题朝着人们希望的目标改变，从而达成"社会创业"的社会创新模式。

贝林的社会创业成功之路，关键在于其构建了一架连接宏观与微观的桥梁，将宏观的社会问题与微观的企业发展相结合，再结合社会上的支持与企业自身的优势，走出的一条光明大道。

宏观上：从社会层面上，首先是社会问题产生，社会问题反映社会需求，催生新的社会反馈。一方面，社会需求与社会反馈督促政府作为；另一方面，社会需求推动企业进行社会创业的同时，社会反馈为企业带来新商机，助推企业发展。而从政府层面上，政府反映社会问题与社会需求，将社会问题抛向社会，颁布相关政策，支持企业进行社会创业，以谋求社会企业解决社会问题。

微观上：企业家的社会责任感是企业进行社会创业的精神支柱，企业家始终保持对社会的感恩与回馈的社会责任心，带领企业沿着政府导向发展，在不断提升企业技能与积极开拓创新相配合下，致力于解决社会问题，追求社会效益与经济效益的"双收"效益。

问题五：根据贝林的发展现状与未来规划，你认为其社会创业模式是否存在可复制性和可拓展性？这种社会创业模式对于其他社会创业企业有何借鉴意义？

（1）理论视角：社会创业商业模式复制和拓展

为了解决大规模的社会问题，社会企业需要复制或者拓展它们的解决方案。大多数情况下，社会企业家使用"复制"这个词来表示普及或在别的领域采用他们的经营模式;"拓展"主要是指社会企业显著地扩大组织规模以及中央协调能力的增强(Dees,2004)。复制和拓展两大策略是指社会创业企业家将他们的事业延伸到其他地域范围或者将他们的产品和服务延伸到新的目标群体。

Dees(2004)认为,社会企业家经常遇到扩大规模的瓶颈。在许多情况下,扩大规模的过程是缓慢的,尤其是在衡量需要解决的社会问题的重要程度时。他建议企业家要首先要明确他们的创新是什么,以确定他们拓展企业的内容,并确保这种创新是否具有可转移性。同时,需要注意的是,拓展或复制一个商业模式需要时间和成本资源,甚至传播一个创业都需要消耗时间和资源。如果社会企业家意识到他们已经处在复制的阶段,他们必须决定拓展或复制的策略是否适合他们的情况。

（2）案例分析

学生阅读本案例后首先要对贝林的现状和未来发展有个大致的了解,同时教师应当引导学生将其与问题二相结合,通过问题二,我们可以对贝林的创新型商业模式有所了解,再进一步分析贝林的这种社会创业商业模式的可复制性,从而对社会企业未来的发展进行展望。本题可作为开放式问题引导学生进行思考。

社会创业的发展模式使得贝林建筑得到了社会的青睐并迅速成长,但它还将面临新的挑战:如何继续发展其他板块,继续社会创业? 与此同时,其企业利润如何得到进一步保证? 面对雨后春笋般的其他建筑企业同一"赛道"多种发展模式的竞争,其如何保持竞争优势? 脱贫攻坚、扶持"三农"、新冠肺炎疫情后复工复产等诸多现状,贝林故事的序章才刚刚完成,后续该如何发展,整个贝林集团将如何继续书写?

(五) 企业发展历程

贝林集团的发展历程如图2-16所示。

(六) 关键要点

1. 案例关键点

（1）贝林是如何进行社会创业的设计和创新的?

（2）贝林社会创业是如何实现社会经济双重价值的?

（3）贝林社会创业模式的可持续发展和可复制性体现在哪里?

2. 知识关键点

（1）社会创业商业模式、机会识别;

（2）双重价值导向理论;

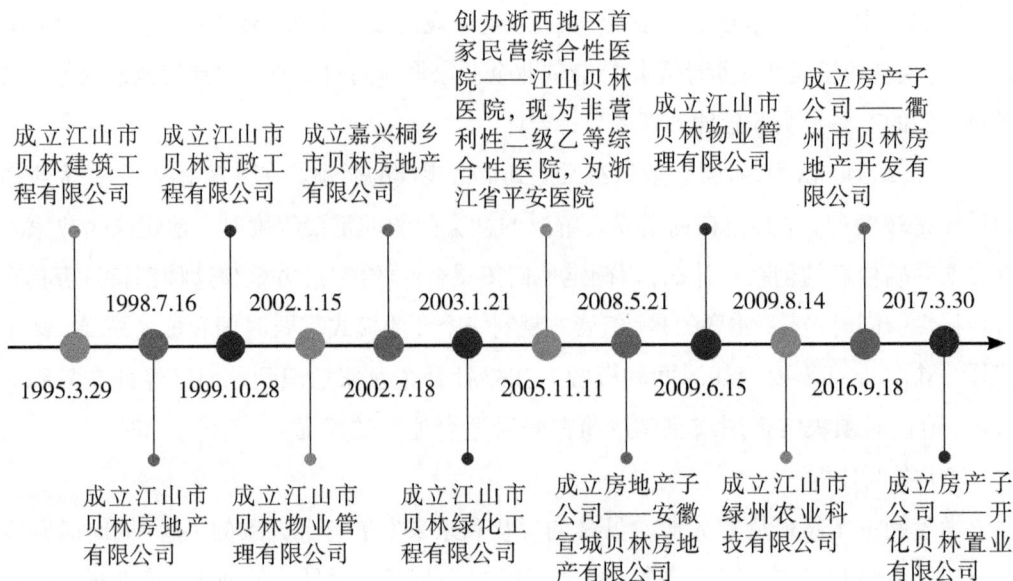

图2-16　贝林集团发展历程

（3）社会创业商业模式复制与拓展。

3. 能力关键点

（1）市场观察能力；

（2）系统思考能力；

（3）社会创业实施规划能力。

（七）建议课堂计划

本案例可开设专门的案例讨论课来分析，参与案例讨论的人数应当控制在50人以内，整个案例课堂时间控制在80～90分钟，以下是按照时间进度提供的建议课堂计划，仅供参考。

1. 课前计划

通过邮件或公共教学信息平台发布预习公告，任课教师应在前一周将案例正文、辅助阅读材料、微课等相关材料发放给全体学生，引导学生在课前完成阅读及启发思考，并在正式上课开始前，再进行一次统一的课前阅读。提供启发思考题给学生，请学生在课前完成阅读和初步思考，并了解企业创业、社会创业的相关理论知识，预计时间在20分钟左右。

2. 课中计划

（1）课中时间安排

课程用时控制在90分钟之内，完成系列知识的教学环节，如案例综述、分组讨论、延伸问答、归纳总结。详细的时间安排如图2-17所示。

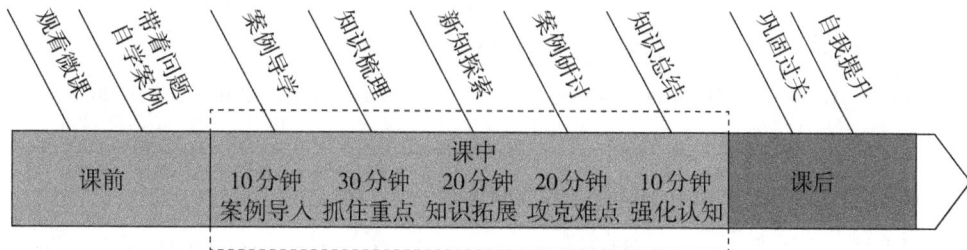

图2-17 课程时间安排

（2）课中板书格式

贝林的社会创业之路，关键在于其构建了一架连接宏观与微观的桥梁，将宏观的社会问题与微观的企业发展相结合，再结合社会上的支持与企业自身的优势，走出了一条光明大道。课中板书格式可参考图2-6。

3. 课后提升

（1）请你运用创业、社会创业相关知识点，能否发现市场上还有哪些企业具有社会创业特质？

（2）根据找出的这些社会创业企业，结合行业环境和国内外形势，谈谈其社会创业的进展情况，如有不足之处，请提出相应的改进意见和建议。

参考文献

[1] Austin J, Stevenson H, Wei-Skillern J. Social and commercial entrepreneurship: Same, different or both?[J]. Entrepreneurship Theory and Practice. 2006, 30(1): 1-22.

[2] Baum A, Altinay E. The interaction between culture and entrepreneurship in London's immigrant businesses[J]. Internationalsmall Business Journal, 2001, 20(4): 71-393.

[3] Brewer G A, Selden S C, Facer R L. Individual conceptions of public service motivation[J]. Public Administration Review, 2000, 60(3): 254-264.

[4] Dees J G. New definitions of social entrepreneurship: Free eye exams and wheelchair[EB/OL]. http://www.fuqua.edu/admin/extaff/news/faculty/dees-1997.html.

[5] Dees J G. The meaning of social entrepreneurship[R]. Comments and Suggestions

Contributed From the Social Entrepreneurship Funders Working Group, 2004.

[6] Guclu A J, Dees G, Anderson B. The process of social entrepreneurship: Creating opportunities worthy of serious pursuit [EB/OL]. http//www. Caseatduke. org/documens/ seprocess pdf, 2002.

[7] Johnson S. Entrepreneurship, economic growth and social change: The transformation of southern China[J]. The China Quarterly, 1995（6）: 587–588.

[8] Kim A. Social enterprise typology[EB/OL]. http://www.virtuentures.com/typology, 2003.

[9] Mair J, Mart I. Social entrepreneurship research: A source of explanation, prediction, and delight[J]. Journal of World Business, 2006（41）: 36–44.

[10] Mort G, Weerawardena J, Carnegie K. Social entrepreneurship: Towards conceptualization[J]. International Journal of Nonprofit and Voluntary Sector Marketing 2003, 8（1）: 76–89.

[11] Perry C. The Rise of The Social Entrepreneur[M]. London: Demos, 1997.

[12] Rainey H G. Reward preferences among public and private managers: In search of the service ethic[J]. American Reriew of Public Administration, 1982, 16（4）: 288–302.

[13] Shaker A Z, Donaldon G. A typology of social entrepreneurs: Motives, search processes and ethical challenges[J]. Journal of Business Venturing, 2009, 24（5）: 519–532.

[14] Shane S, Venkataraman S. The promise of entrepreneurship as a field of research [J]. Academy of Management Review, 2003, 25（1）: 217–226.

[15] Short J, Moss T, Lumpkin G. Research in social en–trepreneurship: Past contributions and future opportuni–case for definition[J]. Stanford Social Innovation Re view, 2007（Spring）: 29–39.

[16] Spinelli S, Adams R. New Venture Creation[M]. New York: McGraw–Hill/Irwin, 2016: 298.

[17] Tracey P, Phillips N, Jarvis A. Bridging institu tional entrepreneurship and the creation of new organizational forms: A multilevel model[J]. Organization Science. 2011, 22（1）: 60–80.

[18] Tracey P, Jarvis O. Toward a theory of social venture franchising[J]. Entrepreneurship: Theory and Practice, 2007（31）: 667–685.

[19] Venzin M. Challenges of building a pop up venue[J]. Special Events Galore, 2020, 20（7）: 3.

[20] Young M. The business of social entrepreneurship in a "down economy" [J]. Business，2001，25（3）：25-30.

[21] Zahra S A, et al. A typology of social entrepreneurs: Motives, search processes and ethical challenges[J]. Journal of Business Venturing, 2009, 24（5）: 519-532.

[22] 陈劲，王皓白. 社会创业与社会创业者的概念界定与研究视角探讨[J]. 外国经济与管理，2007（8）：10-15.

[23] 陈云，屈韬. 投资引领建筑企业转型升级[J]. 公路，2018（7）：275-277.

[24] 郭亚成，王润生，成帅.青岛港口工业建筑遗产存量保护与更新策略[J]. 规划师，2019（6）：37-42.

[25] J. 格雷戈里·迪斯：创业型非营利组织：社会企业家的战略工具[M]. 李博，崔世存，译. 北京：社会科学文献出版社，2021：256-258.

[26] 刘振，等. 社会创业的资源拼凑——理论背景、独特属性与问题思考[J]. 研究与发展管理，2019（1）：10-20.

[27] 刘志阳，李斌，陈和午. 企业家精神视角下的社会创业研究[J]. 管理世界，2018（11）：171-173.

[28] 刘志阳，许莉萍. 求同还是存异——基于制度逻辑视角的社会创业者修辞策略选择[J]. 研究与发展管理，2020（3）：1-12.

[29] 刘志阳，邱振宇，王思婧. 社会创业的经济学分析和转型比较——基于乡村振兴的实践[J]. 福建论坛（人文社会科学版），2020（3）：92-104.

[30] 彭伟，等. 社会创业企业资源拼凑行为的驱动机制研究——基于模糊集的定性比较分析[J]. 南方经济，2019（10）：90-101.

[31] 王天雨. 助推房地产市场绿色转型[J]. 中国金融，2019（4）：68-69.

[32] 杨春学.利他主义经济学的追求[J]. 经济研究，2001（4）：82-90.

[33] 杨涛，薛松. 技术与制度交互视角下建筑企业绿色转型驱动的内生机理研究[J]. 管理现代化，2020（3）：16-19.

[34] 叶航. 利他行为的经济学解释[J]. 经济学家，2005（3）：22-29.

[35] 张康之. 公共管理:社会治理模式的转型[J]. 天津社会科学，2002（4）：57-63.

[36] 张廷华. 利他和利己行为的效用分析[J]. 山西高等学校社会科学学报，1999（3）：86-88.

第三章　战略理论与实践案例

第一节　战略相关理论

战略是以未来为主导，与环境相联系，以现实为基础，对企业发展的策划、规划，它研究的是企业的明天。创新又是一种较量，要围绕着种种不利于企业成长的环境进行创新。创新也是一种挑战，推动企业不断成长壮大。

一、企业战略目标

（1）获利能力。在长期生产经营中，任何企业都会要求获得一种满意的利润水平。实行战略管理的企业一般都有自己的利润目标，在市场经济条件下，这种目标可以用企业每股股票或其他证券的收益来表示。

（2）产出能力。企业要不断地提高生产效率，生产效率经常用投入产出比率、年产量、设备自动化水平等指标来表示，有时也会把产品成本降低率、废品率等指标作为企业生产效率指标提出来进行分析。

（3）市场竞争地位。企业在市场中所占有的地位，是衡量企业绩效的一个市场标准。大企业往往根据竞争地位来确立自己的目标，判断与评价自己在增长和获利方面的能力。企业的销售总量或市场占有率常常被用来作为评价这种目标的标准。

（4）技术领先。企业自身的技术状况关系到企业在市场中的竞争地位，而竞争地位又关系到企业的战略抉择。因此，许多企业把技术领先作为自己的目标。

（5）职工发展。在企业里，生产能力往往会与职工的忠实程度以及企业为职工提供的发展机会和福利密切相关。当职工感到自己在企业中有发展机会时，他们往往会促进生产能力的增长。因此，在长期计划里，企业战略决策者要考虑满足职工的期望，确立职工民主管理制度,制定有关职工职业发展的目标。

(6)公共责任。企业必须认识到自己对顾客和社会负有的责任,不仅要通过提供价格适宜的产品或服务来提高自己的声誉,还应通过参与社会活动、公共福利等事务来扩大自己的影响。

二、战略目标的制定方法[①]

一般来说,确定战略目标需要经历调查研究、拟定目标、评价论证和目标决断这样四个具体步骤。

(1)调查研究。在制定企业战略目标之前,必须进行调查研究工作。但是在进入确定战略目标的工作中还必须对已经做过的调查研究成果进行复核,进一步整理研究,把机会与威胁、长处与短处、自身与对手、企业与环境、需求与资源、现在与未来加以对比,搞清楚它们之间的关系,这样才能为确定战略目标奠定比较可靠的基础。调查研究一定要全面进行,但又要突出重点。为确定战略而进行的调查研究不同于其他类型的调查研究,其侧重点是企业与外部环境的关系以及对未来的研究和预测。对战略目标决策来说,最关键的还是那些对企业未来具有决定意义的外部环境信息。

(2)拟定目标。拟定战略目标一般需要经历两个环节:拟定目标方向和拟定目标水平。首先在既定的战略经营领域内,依据对外部环境、需求与资源的综合考虑,确定目标方向,通过对现有能力与手段等诸多条件的全面衡量,对沿着战略方向展开的活动所要达到的水平做出初步的规定,形成可供决策选择的目标方案。在确定过程中,必须注意目标结构的合理性,并列出各个目标的综合排列次序。另外,在满足实际需要的前提下,要尽可能减少目标的个数,一般采用的方法是:①把类似的目标合并成一个目标;②把从属目标归于总目标;③形成一个单一的综合目标。在拟定目标的过程中,企业领导要注意充分发挥参谋智囊人员的作用。要根据实际需要与可能,尽可能多地提出一些目标方案,以便对比选优。

(3)评价论证。一是论证和评价要围绕目标防线是否正确进行。拟定的战略目标是否符合企业精神? 是否符合企业的整体利益与发展需要? 是否符合外部环境及未来发展的需要? 二是论证和评价战略目标的可行性。按照目标的要求,分析企业的实际运营能力,找出目标与现状的差距,然后分析用以消除这个差距的措施,而且要进行恰当的运算,尽可能用数据说明。如果制定的途径、能力和措施,对消除这个差距有足够

---

① 张文松.战略管理[M]. 北京:机械工业出版社,2010:168-170.

的保证，那就说明这个目标是可行的。还有一个要注意的倾向是，如果外部环境及未来的变化对企业的发展比较有利，企业自身也有办法找到更多的发展途径、能力和措施，那么就要考虑提高战略目标的水平。三是对所拟定的目标完善化程度进行评价，要着重考察以下三点：①目标是否明确。目标应当是单义的，只能有一种理解，而不能是多义的；多项目标还必须分出主次轻重；实现目标的责任必须能够落实；实现目标的约束条件也要尽可能明确。②目标的内容协调一致。如果内容不协调一致，完成其中一部分指标势必会牺牲另一部分指标，目标内容便无法完全实现。③有无改善的余地。如果在评价论证时，人们已经提出了多个目标方案，那么这种评价论证就要在比较中恰当进行。通过对比，权衡利弊，找出各个目标方案的优劣所在。

（4）目标决断。在决断选定目标时，要注意从以下三个方面权衡各个目标方案：①目标方向的正确程度；②可望实现的程度；③期望效益的大小。所选定的目标，三个方面的期望值都应该尽可能大。目标决断，还必须掌握好决断时机。因为战略决策不同于战术决策，战术目标决策常常会时间比较紧迫，回旋余地很小，而战略目标决策的时间压力相对不大。在决策时间问题上，一方面要防止在机会和困难都还没有搞清楚之前就轻率决策；另一方面又不能优柔寡断，贻误时机。

三、数字化赋能战略

（1）SWOT理论。SWOT分析是基于内外部竞争环境和竞争条件下的态势分析，S(strengths)是优势、W(weaknesses)是劣势、O(opportunities)是机会、T(threats)是威胁。运用这种方法，可以对研究对象所处的情景进行全面、系统、准确的研究，从而根据研究结果制定相应的发展战略、计划以及对策等。

将与研究对象密切相关的各种主要内部优势、劣势和外部机会及威胁等，通过调查列举出来，并依照矩阵的形式排列，利用系统分析的思想，把各种因素相互匹配起来加以分析，从中得出一系列带有决策性的结论。

（2）数字化赋能战略。数字化是指在某个领域的各个方面或某种产品的各个环节都采用数字信息处理技术。什么是数字化转型，怎样实现数字化转型，这是实业界和学术界关注的焦点。在学术界，许多学者从价值链或产业链的角度对制造企业数字化转型升级的内涵和效果等进行了研究。

"赋能"就是给谁赋予某种能力或能量，通俗来说就是，你本身不能，但我使你能。我们处在VUCA(易变、不确定、复杂、模糊)的时代，会出现太多的可能性，已经无法进行有效的事前规划，我们必须习惯于赋能。而数据赋能，就是智能商业的典型特征，不懂得使用数据，就像在一片黑暗中前行，会走弯路，甚至走错路。

本部分有追浪弄潮：广博文具"数字化赋能战略"之路一个案例。

第二节　战略理论与实践相关案例

［案例］　追浪弄潮：广博文具"数字化赋能战略"之路[①]

一、案例正文

　　摘　要：中国传统文具制造行业龙头企业宁波广博集团股份有限公司在管理团队的带领下，面对互联网＋、产业转型、外贸依存度高等剧烈变化的内外部复杂环境，顺势调整企业战略，积极推进企业数字化能力构建，并赋能于企业研发设计、生产制造、服务营销环节，实现企业转型升级。企业四次蝉联中国民企500强。案例旨在引导学生探究数字化赋能战略实施原因和影响因素，思考数字化战略对传统制造业价值创造的推动作用。

　　关键词：广博文具；数字化赋能；传统制造；转型升级

0　引言

只有夕阳产品和技术，没有夕阳产业。

——王利平

　　2001年，宽敞明亮的办公室里，一身西装革履的王利平早早地到了，他望着起家时购买的第一台单色印刷机，回顾往昔，不禁感慨。企业从贴牌加工到行业龙头，从单一文具生产到多元业务经营，多次跨越，王利平已经将广博文具视为自己一手带大的孩子。而如今这个孩子长大了，却面临着市场需求疲软、创新不足、低价竞争加剧等困境。

　　"砰、砰、砰"，敲门声打断了他的思绪，"董事长，大家都到齐，等您过去开会了。"杨远秘书进来了。语罢，他们便一同前往会议室。

　　会上，王利平说："各位，相信大家已经意识到了新电商、新业态的发展很快会对全

---

①　案例来源：中国管理案例共享中心，已获授权使用。

中国乃至全世界的制造业带来席卷性的威胁，所有的制造行业尤其是传统制造业所面临的痛苦将远远超出想象，以前制造业靠电，现在制造业靠数据，我们不能再等了，也等不起了……"

参会的高管们想着董事长说的话，思考着广博文具该如何在危中寻机……

1 风口浪尖

1.1 甬江之畔

1992年浙江宁波甬江之畔，王利平临危受命，担任宁波市鄞县石碶镇铝合金门窗厂厂长，就是这个负债80多万元、留下27个近半年没有领工资的员工的"烂摊子"改变了王利平的命运。王利平当时觉得中国学生规模正在不断扩大，每年的文具需求量更是不断增长，于是开始带领员工生产笔记本，同年还将企业更名为"鄞县彩印包装厂"，短短一年的时间，厂子就扭亏为盈。次年，企业进行改制，宁波东方印业有限公司成立，王利平出任董事长兼职总经理，购买了第一台01号单色印刷机，开始向彩印包装行业发展。

1.2 铁打江山

国内市场的开拓只是第一步，有着前瞻性思维的王利平早已将眼光放在了更远处。1994年，王利平挎着背包首次参加广交会，但当时企业小，社会影响力不大，"削尖脑袋"都挤不进去。为了能获得国外订单，王利平只好借朋友的展位，提心吊胆地"混"进去，苍天不负有心人，这次"狼狈"之行让企业收到了头一份外贸订单——英国伊格尔顿公司的"马票本"，开启了外贸之路。

虽然外商定牌加工不愁销路，效益也不错，但王立平却不满足，因为这样始终受到代理商的牵制。"品牌是广博文具不断创新的力量，是广博走向世界的通行证"，这个想法一直萦绕在他脑中。于是，1996年广博文具确定将"广博"作为企业注册商标，1997年获得自营出口权，广博文具开始远销东南亚、欧洲、中东、美国等80多个国家和地区，年销售额达100亿余元。经过十余年的发展，广博与世界文具巨头Staples、Officemax等公司建立了紧密的战略合作伙伴关系，成为沃尔玛、家乐福这些"巨无霸"跨国零售商的最大文具供应商之一，外贸业务逐年扩大。2012—2014年，三年间广博文具的国外营业收入分别达到69199.47万元、51478.96万元和48544.78万元，占据当年总营业收入的

66.67%、61.01%和53.84%，远远高于我国当时文具企业平均32.00%的出口率（见图3–1）。

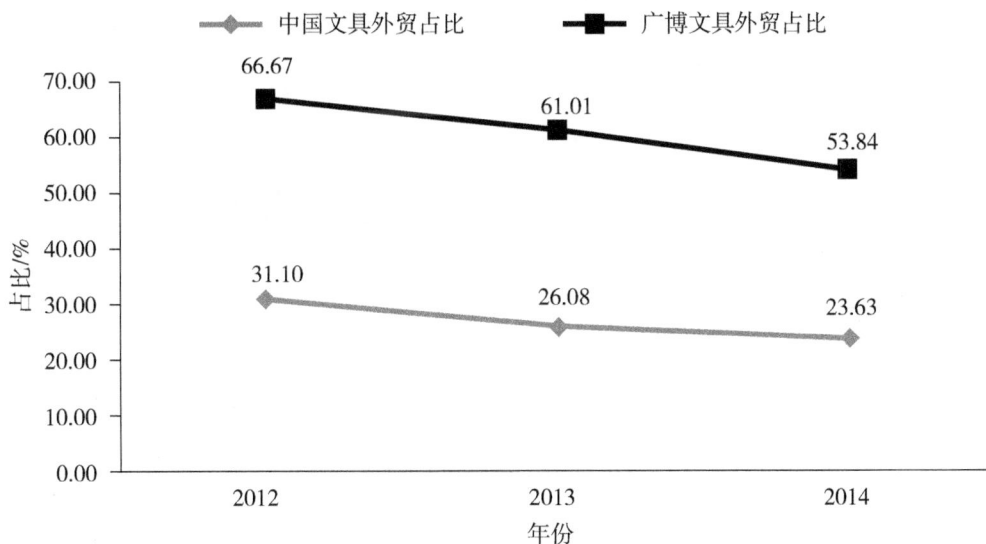

图3–1 2012—2014年广博文具外贸占比[①]

1.3 龙争虎斗

随着国家二胎计划的实施和学生、办公人士消费市场的扩大，庞大的文具市场吸引了众多企业纷纷加入，但看似繁荣的市场背后却暗流涌动。2010—2013年，相关企业年均注册量达8.6万余家，2014年之后行业进入快速发展时期，2019年实现了前所未有的巨大增幅，全年新注册企业达75.5万家，同比增长97%，是10年前的11.2倍，且70%以上的企业集中在长三角和珠三角两大区域（见图3–2）。

以广博文具为代表的文具类企业呈现龙争虎斗之势。以宁波为龙头，宁海为基地，加上周边的温州、台州、丽水、义乌、桐庐等5个地区，浙江省已形成了世界最大的文具产业圈，其数量众多、规模中小、物美价廉，是全球文具的采购中心和OEM(original equipment manufacture，代加工)基地。虽然文具用品行业不断壮大，但企业质量与规模仍旧良莠不齐。其中，注册资本在100万元以内的文具用品相关企业占据了总量的63%，注册资本在1000万元以上的相关企业则仅占总量的4%。

---

① 数据来源：根据https://www.chyxx.com/和广博文具年报数据整理。

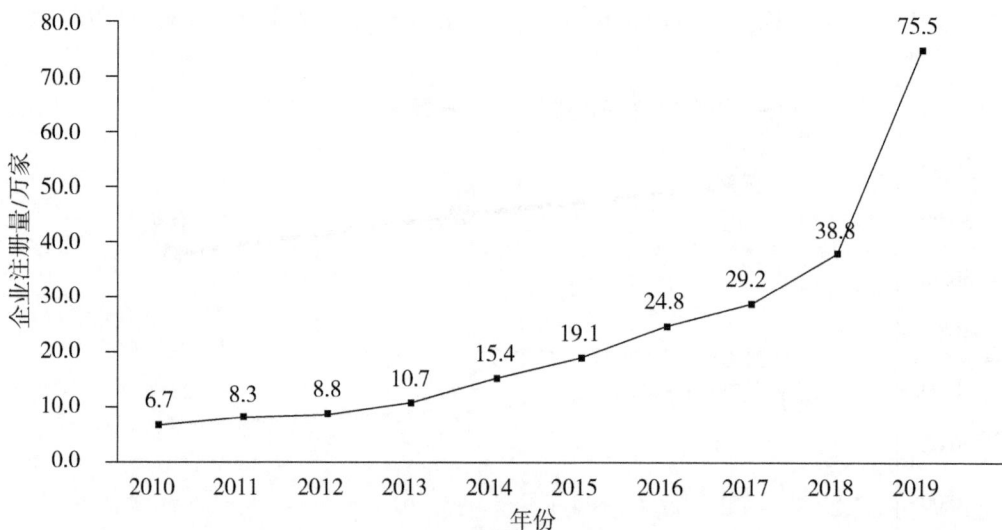

图3-2 2010—2019年文具用品企业注册量[①]

2013年,王利平在中国文教行业年会上的一次主旨演讲中就提到,"我们高喊了那么多年的'远洋出海',但事实上最终还是在'滩头作业'。王利平认为,"这样的模式即使有利可图,但由于市场集中度低,同质化竞争致效益低下,核心技术和发明缺失,企业社会化程度和市场化水平不高,没有产生具有国际影响力的品牌,导致与国外文具行业差距大,所以不得不仰仗全球经济大环境。而一旦出现经济不景气,就极可能对企业甚至行业的发展造成巨大冲击。传统制造业必须弯道超车。"

1.4 云奔潮涌

2008年起,在互联网深度渗透的浪潮中,无纸化办公不断冲击传统文具品类需求,智能手机、平板电脑日渐普及,书写的频率正在降低,越来越多的消费者在购买文具时不仅仅局限于书写记录的功能,逐渐追求"独一无二",追求私人定制,"人人都要做自己的设计师,I DIY"。

2010年,王利平去了日本京都手账预约展销会后,更是坚定了他想要创新、想要利用互联网颠覆传统文具的念头。当时,他头一次在展会上看到各种塑料制、尼龙制、布制等手账,而这在中国市场上二三十元一本的俗称"日记本"的文具经过主题定制、个性设计、精准营销,摇身一变价格高价200～300元/本,王利平不觉心头一惊,他感叹文

---

① 数据来源:https://www.qcc.com/(仅统计企业名称、品牌产品及经营范围为"文具用品"的企业)。

具行业要面对的不是某个产品的淘汰,而是生活及工作方式的改变,广博文具想走得更远,并不容易。

同时国家也提出要大力推动互联网与制造业融合,国务院、工信部等先后发布了《中国制造2025》《大数据产业发展规划》《工业互联网平台建设》等重要文件,在重点领域推进智能制造、大规模个性化定制、网络化协同制造和服务型制造,这也为广博文具的发展迎了新的生机。

2012年,王利平当选"风云浙商"时上台接受采访,他说:"新经济的冲击加快了传统产业洗牌的步伐,文具行业同样无法独善其身。制造业需要互联网思维,广博集团将牢牢把握互联网时代客户的需求,努力从制造向创造转变,通过互联网科技提升传统制造业。"

2　乘风破浪

王利平是这么说的,也是这么干的。2012年春节刚过,在一次内部会议上王利平提出要将传统的文具产业与时髦的互联网结合起来,要走在同行的前列,这样才不会被时代淘汰。那么该怎么做呢? 虽然大家都认为这是大势所趋,但当时对那些成天钻在车间里搞生产,已经习惯了上门找客户的管理层来讲,"'互联网＋文具'是大姑娘上花轿,头一回"。"怎么在平台上卖文具? 卖给什么样的人? 平台哪里来? 搞了互联网会对以前的生产销售有什么影响?"等等,都是大家最关心也是最茫然的问题。

但王利平从来就是敢想敢做的人,这一次也不例外,他说:"办法总比困难多,如果我们不抓住先机,未来我们将失去更多!"

2.1　大浪淘沙

做互联网产业最贵的就是数据,没有平台哪来数据? 俗话说:背靠大树好乘凉,2012年起广博文具开始谋划互联网平台收购之路。

西藏山南灵云传媒有限公司是第一个被广博青睐的企业。灵云传媒成立于2013年11月,是一家网络精准营销服务提供商,主要从事导航网站广告、女性时尚网站品牌广告、特价导购三大主营业务。广告客户方面,与灵云传媒有合作关系的主要客户包括如唯品会、乐蜂网、苏宁易购、糯米网等知名电商平台,也有如爱卡汽车、易车网等汽车网站,以及9377等知名游戏网站。虽然公司成立较晚,但业绩可谓十分耀眼。2013年度和2014年1—9月分别实现营业收入94.18万元和2.42亿元,净利润分别为−13.28万元和3156万元。经过多次调研、评估、商谈，2014年12月，广博文具通过发行股份加支付现金的方式，收购西藏山南灵云传媒有限公司100%的股权，这家注册资本仅500万元的公司溢价估值高达8亿元人民币，评估增值率达2097.81%。

在并购公告中，广博文具称，之所以评估增值率高主要是看中灵云传媒所在行业政策的支持及市场需求的持续增长，灵云传媒核心团队良好的管理优势及客户供应商关系，在内外部双重有利因素的推导下，灵云传媒具备持续增长的潜力和空间，业绩增长预期对其股东权益价值的贡献相对合理。此次收购使得公司快速切入互联网营销领域，短时间内获取了灵云传媒的客户资源和渠道资源，为公司其他产品提供了互联网整合传播营销服务，降低了进入新业务领域的管理和运营风险。并购次年，广博文具2015年全年营业收入超过14亿元，增长率达到60.58%。

有了第一次的成功经验后，2016年广博文具乘胜追击，旨在打造互联网跨境领域顶级服务商，提升企业长期盈利能力。公司向汇元通控股、宁波韦德、宁波融畅以22.85元/股的价格发行不超过4739.65万股，并支付现金1.65亿美元（人民币10.83亿元）购买上海汇元通商务服务有限公司100%股权，交易总价不超过3.3亿美元，评估增值率达3311.43%。

汇元通成立于2007年，是一家提供连接中国和世界其他地区创新支付服务的公司，以个人货币兑换业务为成熟业务、跨境支付服务业务为成长主力业务、电子旅行支票业务为潜在培育业务，三项业务形成梯次发展格局，在行业内拥有领先的跨境支付服务解决方案的专业能力，在跨境支付领域积累了丰富的客户资源与良好的客户口碑。本次交易使广博文具获得更加充足的海外商户资源，收购后两年间汇元通业绩暴增，营业收入净利润分别增至24278万元和9810万元。

经过两次收购，广博文具的盈利能力有了大幅增长，不过，王利平紧张的神经仍未放松，2018年，他一鼓作气再次把目光转向了移动端业务，这一年广博文具斥资约12亿元收购杭州掌优科技有限公司100%股权。掌优科技属于软件和信息技术服务业，主要从事移动互联网广告推广服务，在广告策划、广告类型、广告设计、广告魅力和效果及品牌营销方面有极大优势。

经过多次并购，广博文具摇身一变，成了追逐数字制造的弄潮儿（见表3-1）。对于这种现象，原浙江省委常委、宁波市委书记王辉忠说："没有创新，我们就只能一直蜷缩在价值链的底端。而有了创新，我们就能创出品牌，'中国制造'也就能升级为'中国创造'，浙江产业就能由此攀向价值链的高端。"

表3-1　2014—2018年企业并购事件

序号	被并购公司	并购年份	并购对价	主营范围
1	灵云传媒	2014年	8亿元人民币	媒介代理、时尚资讯、电商导购
2	汇元通	2016年	3.3亿美元	投资咨询、商务咨询、经济信息咨询
3	掌优科技	2018年	12亿元人民币	广告策划、广告类型、广告设计

数据来源：http://www.10jqka.com.cn/。

2.2 苦练内功

对于一个深耕传统文具30年的企业要在互联网大潮中走出一条阳光大道谈何容易？除了借助外力之外，必须苦练勤练内功。2012年起，广博又先后自建了科研平台、知识管理平台、招标平台和跨境电商平台四大平台，实现了各个业务点信息集成和数据共享，提高了管理效率。

广博文具明白好的产品离不开研发设计人才，王利平深谙此理，他对于人才的看法是"一个都不能少"。数字化时代企业需要既懂大数据分析又懂业务的综合型人才。2013年起，企业通过51job、58同城、BOSS直聘等网站加大对外发布大数据计算、分析、处理等技术人才招聘广告投放，广纳贤才。

2013年，企业又自建了科研平台并进行大量创新投入，到2018年广博文具在科研上的投入就达到15766552.67元人民币，研发人员占比达到6.95%，形成了以广博研究院为核心，包括文具技术中心、技能大师工作室和技术开发部门为一体的企业科研开发结构体系。该平台先后与浙大宁波理工学院、上海龙门环保纸业有限公司、浙江美丽华印刷材料科技有限公司等国内外8家高等院校或同行合作，内容从对文具前沿技术的研究到新产品、新工艺、新材料、新设备的开发均有涉足。曾经名噪一时的手账系列产品就出自该研发平台。

2014年，广博文具自建知识管理平台，从原来单一的平台系统纳入办公协同系统，对行政、运营、财务、人力资源、安全等管理制度操作规程进行流程优化设计和运行管理，统一规范了知识体系的管理，提升了审批的效率，使知识管理平台更具系统性和前瞻性。同年，企业又进行了招标平台的建设，利用该招标平台将数据信息及时发布到平台上，经过认证的供应商可以在招标平台上直接投标，对大批量采购的物资，在最后开标的2小时内进行集合竞价，最大限度地确保得到最低的采购价格。

2016年，广博文具投资发起的跨境电商B2B交易平台公司——宁波环球淘电子商务有限公司，成为国内第一家线上文具行业垂直电商平台，主营货物和技术进出口业务、网络销售和咨询服务。该平台致力于打造透明、便捷的跨境网购新渠道，它的平台采用社交分享经济模式，与国际品牌商及大型海外企业直接合作，减少中间环节，将传统行业所需的广告及渠道成本，给到分享平台的环球明星，实现个人零投入、零库存、零风险。环球淘还汇聚了来自超过80个国家20000个海外优质商品，能为广博文具提供供货渠道以及各类来自一手海外货源地的正品商品。

环球淘上线一个多月，流水就超1000万元。广博股份总经理王君平兼任环球淘董事长及总经理，他说："我们的目标是要打造一个海外厂商产品进入中国市场的一站式交易服务平台。我们现在就是要打造这样的平台，利用自己的优势和海外团队，将海外供应商的商品引进到环球淘平台上来，再销售给各B2C电商平台客户，这样就节省了消费者购买商品所要花费的时间和成本。"

2.3 日新月异

数字化时代商业智能的一个重要特性是数据可视化，通过适当的图表类型以一种视觉上吸引人的方式显示信息，使每个人都能更快更好地理解数据。这就需建立"数据仓库"，提供数据存储环境，去揭开数据后面隐藏的商业秘密。于是，2014年6月，广博文具自行研发启用BI[①]智能化大数据系统，并实行"一个平台、两个统一、三个层级"的战略。"一个平台"就是利用数据分析软件；"两个统一"就是保证在整个系统建设过程中，统一基础数据来源、统一分析规范；"三个层级"就是形成了各模块的初步信息化及模块之间的交联互通，建立广博文具的核心业务数据层，全面采集、整合和存储研发、生产、管理、营销等数据，并应用大数据分析工具和引擎实现决策支持，使得管理层得到决策数据时更加精准、及时。该大数据系统的成立可为广博文具每年直接节约工资、社会保险等成本支出数百万元。

除了搭建数据存储、数据分析环境外，广博文具还加强了对数据的主动监控、主动维护、主动服务，进行数据警告系统的打造，实行更多次数的自检。比如，公司实行24小时响应机制，提供24小时专人专线服务，针对客户问题反馈在2个小时内给予明确响应，5个工作日内完成客户要求的维修及退换货服务，随时响应顾客的服务、投诉和咨询需求，解决了后顾之忧。

---

① BI(business intelligence)，商业智慧或商务智能，是指用现代数据仓库技术、线上分析处理技术、数据挖掘和数据展现技术进行数据分析，以实现商业价值。

3 风流博浪

3.1 网红定制，跨界IP

万物互联，对文具产品的设计势必提出了一个古老而又弥新的话题，那就是"个性化定制"（见图3-3）。不过，原来大规模生产的传统文具怎么可以具有个人意义呢？新颖设计、独特创意是产品的灵魂所在，也是吸引潜在顾客的重要砝码。比如，广博文具出品的"会解题的本子""奶茶主题，有温度又有香度的本子""会讲故事的杯子""捏一捏舒压本"等，这些设计灵感均融入了消费者的个性化需求，让文具有真情实感。

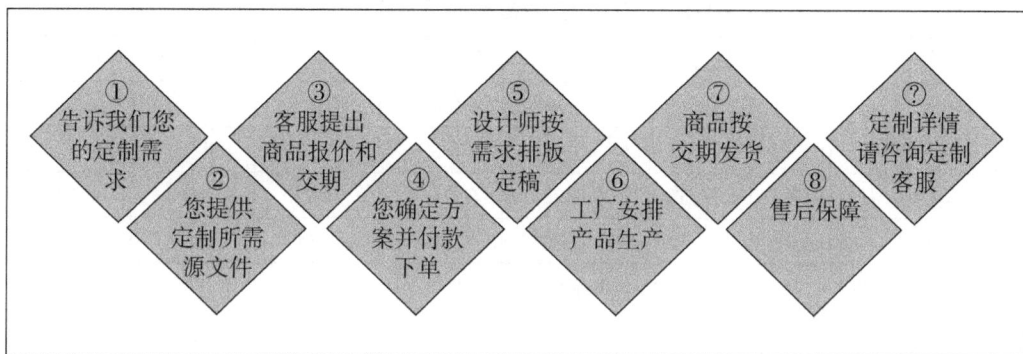

图3-3 广博文具个性化定制流程

2009年，广博文具成立了Kindor时尚文具品牌，采用原创设计，拥有自己的手账结构设计专利，受到年轻用户们的追捧和二次传播，渐渐成为国产手账第一品牌，2017年手账产品走上了IP授权[①]道路。

2018年，广博文具在优酷、天猫平台以及衍生品授权方阿里鱼三方协助下，推出一款名为"既见君子"联名手账，该联名手账的封面设计师采用了中国风传统绸缎布面刺绣，里面暗藏卡插和笔插这样比较实用的设计，还附赠一枚古风书签，直指追剧受众和粉丝群体。手账刚刚上架，就引起了哄抢，在不到1分钟的时间里，预订数据就超过了500本！1小时内，备货的5000本全部预售完毕，并加订2万本。这款定价129元，价格不菲的手账，何以能够引起如此大的轰动？原来，这是广博文具联合当红电视剧《知否？知否？应是绿肥红瘦》推出的手账产品，除此之外，还有名为"海棠依旧""有吉有

---

① IP(intellectual property)指的是知识产权。IP授权指的是版权方（IP所有者）或者其代理商将IP授权给客户使用，客户可以根据授权方的指引在一定的范围内使用该IP。

庆""盛明兰心"等在内的十余款手账以及和纸胶联名的系列产品。其实，这已经不是广博文具第一次"触电"了，在热播剧《凉生，我们可不可以不忧伤》中，广博文具旗下的FIXX就有过多次惊艳亮相，凭借其超高的颜值和时尚的设计成了粉线热议的焦点。随后，广博文具又将目光瞄准了与各大IP合作，光是迪士尼系列，就推出了"美女与野兽""米老鼠""唐老鸭"联名系列产品，此外，还同Hello Kitty、《加勒比海盗》、黄油相机等知名IP合作推出众多衍生系列产品，个性十足的文创产品吸引了大量粉丝。

2019年，Kindor已不满足于影视IP圈，开始跨界到二次元圈层，携手游戏圈。其同知名手游"阴阳师"联名推出的纸胶带和贴纸系列产品，一经问世也引起了热议。小创新大改变，多次的IP联姻大大提升了文具产品的附加值（见表3-2）。

表3-2　2012—2017年文具类产品附加值率变动情况

文具类别	2012年	2013年	2014年	2015年	2016年	2017年	平均值
本册	0.38	0.37	0.33	0.41	0.32	0.31	0.350
相册	0.33	0.36	0.33	0.30	0.32	0.31	0.325
包装物	0.58	0.52	0.57	0.46	0.58	0.56	0.545
办公用品	0.35	0.30	0.22	0.23	0.34	0.33	0.295

数据来源：根据广博文具2012—2017年年报数据整理。

3.2 生产"多快好省"

自2011年以来，广博文具受互联网影响，传统业务的营业利润逐年下降，尤其是2013年，利润缩水了24.27%。2014年起，广博文具从智能IB系统出发，采用大数据技术分析，对症下药，利用互联互通、数据集成、信息分析过程，在生产制造过程中选择了点、线、面三个层次，"点"是指单个工序上的机器换人技术改造，"线"是指引进先进生产流水线，而"面"则是数据集成体系的建造，车间数据变得透明化，生产制造变得"多快好省"。这一波操作完美实现了广博文具营业利润的逆袭。2015年当年，广博文具的营业利润就增长了25.26%，之后每年，广博文具的营业利润稳步上升（见图3-4）。

"多"。广博文具的工厂并不只是做一家客户的订单，以往订单多意味着生产线增多，有了数字化生产的柔性改造升级，一条生产线可以变得更灵活，替代了更多的生产线。比如工厂接了四个品牌的动漫型笔记本订单，这类产品除了外观上的差异，功能和装配差异并不大，用数字化生产的一条生产线就能搞定。

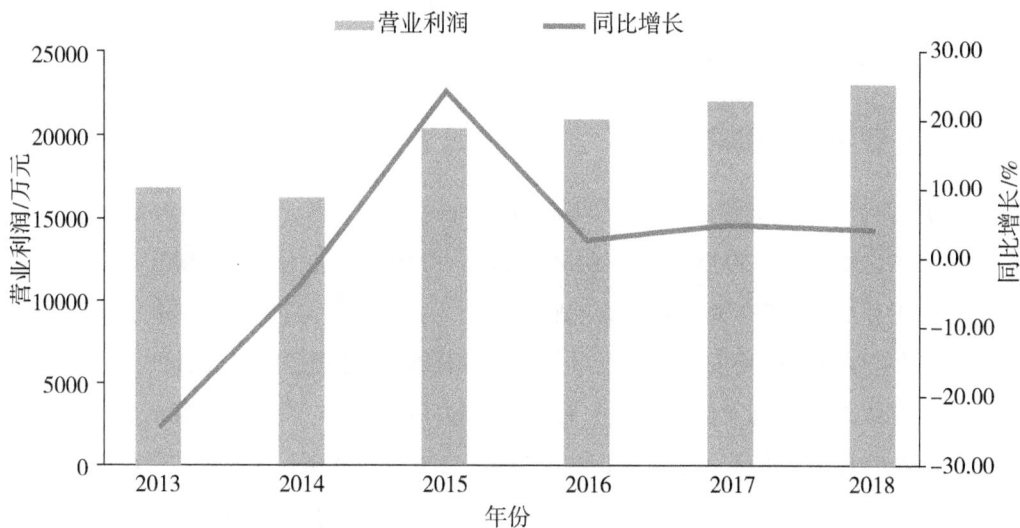

图3-4　2013—2018年广博文具营业利润变动情况[①]

　　"快"。广博文具通过集成数据系统平台分析发现，在开学季，高校较多的城市对文具的需求会高很多，在年终大促、淘宝的购物节，顾客也大都会选择囤货，于是广博文具就加大了对这类城市的经销商及在各大电商平台上的促销，吸引他们多订货，同时在那之前一两个月就开始产能规划，以满足促销需求。如2018年天猫的"618大促"时，在旗舰店购买广博文具与Kinbor联名的手账本就可提前找客服报暗号领取299～150元的优惠券，企业通过对消费者加购的数量及优惠券领取的数量进行预测，再具体对产品的生产产量及时进行调整。

　　"好"。一方面，广博文具通过数字化生产对原材料品质进行监控，主动分析趋势变化，发现潜在问题，及早做出预警，以便能及时解决，保证产品质量；另一方面还采用了大数据技术测试设备，通过捕获和分析传感器生成的信息，可以及早发现生产线故障，好让工程师可以即时执行最适合的决策，及时避免产品质量问题的发生。通过大数据改造后，广博文具的产品质量直通率提高了3%～5%。

　　"省"。实时的数据就像广博文具的"智能管家"，为广博文具降低了成本。例如，广博文具某分厂有两条老式生产线和一条进口生产线。老式生产线一天产量100箱，共2.5万个文件夹，所需工人数28人，进口生产线需要3人。通过大数据改造后，广博文具分厂利用自行研制的全自动文件夹制造机，每分钟能生产文件夹120个，理论日产能超过

---

① 根据广博文具2013—2018年年报数据整理。

了30个熟练工人。如今，广博文具这个车间里两条老式生产线已被"淘汰"，生产工人只需6人，大大降低了生产成本，增加了利润。

3.3 深度营销，嗨翻网络

从1992年企业创立至今，广博文具的实体门店近5000家，成为国内首屈一指的综合文具一体化供应商。30年扎根市场，不忘初心。2019年金秋十月，广博文具也迎来了一场重大的盛会，在华东商贸物流重地临沂与万千渠道伙伴共同谋划召开"千城万店、点亮新程"终端建设战略发布会。发布会上，广博股份总经理王君平极具创见性地提出了广博文具终端未来的发展方向——终端门店数字化管理与联盟伙伴模式，并用数字"113"形象地概括了执行思路，即"1个销售地区、1支合作队伍及300家终端客户合作"。

线上营销更是广博文具目前的重头戏。由于客户的需求千差万别，因此有必要针对不同的客户提供不同的产品，这也是文具运营商获得市场竞争优势的十分重要的途径。广博文具针对消费者的特点，在数据收集时了解每一个目标客户独有的ID号，进行对应的数据分析整理，按照不同目的形成不同类数据，如某种产品、价格范围、销量大小、使用情况等。广博文具通过这些信息对客户进行标签定义，通过公众号、旗舰店等网络媒介的精准营销服务可以实现消费者对信息的主动接受，从而不会错失宝贵的机会。例如，广博文具往往瞄准文具类粉丝群体进行关键词推送和需求推送，有热爱动漫的、手账的、联名系列产品等的客户，使得客户回头率大大提高，而在以前经常会发生短信发了200万条，回信息者只有50人的尴尬局面。

2020年年初的首次网络直播更是广博文具的一场营销盛宴。活动中，广博文具特邀宁波电视台知名主持人和广博文具的产品经理、设计师进行销售直播，吸引了9万余人次的连线关注，引发互动、提问、点赞人次高达2.58万次，现场人气爆棚，万众瞩目。

目前流行的社群营销、B2B直播推广新品、B2C直播吸粉带货等营销方式定期不间断地在广博文具轮番上演，吸引着越来越多的消费者。

4 尾声

时间来到了2020年5月，在广博文具复工复产总结视频会议中，王利平说道："各位同事，作为文化产业的传播者和专业制造商，我们应该不断地以海纳百川的宽广胸怀，积极学习和借鉴世界著名企业的管理经验和文化内涵，不断为社会创造出更为丰盈的市场价值和文化理念，把成为中国文具领域的先行者和领航者始终作为我们的发展目标！ 2020年,我们的企业正面临着新的挑战与机遇,当前全球新冠肺炎疫情蔓延,对国内产业链、供应链及外贸出口造成较大影响,我国外贸进出口形势可能还会进一步恶化。习近平总书记2020年3月29日至4月1日在浙江考察时强调,危和机同生并存,克服了危即是机。[①]那么我们该如何在危中寻机是我们广博文具人迫切需要思考的问题。"

电脑前的广博文具人回想着董事长的话,思考着广博文具的未来之路……

Chasing the Wave: The Road of Guangbo Stationery's "Digital-Empowerment Strategy"

Abstract: This case demonstrates the experience of Ningbo Guangbo Group Co. Ltd., one of the leading enterprises in China's traditional stationery manufacturing industry, in actively promoting the digital-empowerment strategy. Under the leadership of the management team, the enterprise faces the complex internal and external environment of Internet+, industrial transformation, and high dependence on foreign trade. The company accordingly adjusts its corporate strategy, actively promotes the construction of corporate digital capability, and is empowered by corporate R&D, manufacturing, service marketing, which in return benefits the transformation and upgrading of the enterprise who ranked the top 500 private enterprises in China four times. Through the discussion of this case, students are guided to explore the reasons and influencing factors of the implementation of digital empowerment strategy, and contemplate the role of digital strategy in promoting the value creation of traditional manufacturing.

Keywords: Guangbo Stationery; digital empowerment; traditional manufacturing; transformation and upgrading

二、案例使用说明

(一) 教学目的与用途

(1) 适用对象及课程:本案例属于描述型案例,主要适用"战略管理""数字经济"等课程中有关于数字化赋能战略、数字化能力、数字化赋能竞争优势等内容的案例讨论,

---

① 习近平:危和机同生并存,克服了危即是机[EB/OL].(2020-04-02)[2022-08-25]. http://health.people.com.cn/n1/2020/0402/c14739-31658776.html.

适课对象层次包括本科生、研究生、MBA学员。

（2）教学目标：本案例通过组织学生对案例进行分析和讨论，达到提高学生分析和解决问题的能力，并试图使学生明确、探讨和思考以下几方面的内容：

①了解数字化赋能战略的概念，会应用专门的方法对数字化赋能战略选择的内外环境进行分析和识别，并掌握分析步骤。

②运用战略能力、数字化能力相关理论，分析数字化赋能战略的能力构建及企业获得能力的途径，并理解数字化能力的动态性。

③运用数字化竞争优势相关理论，分析数字化赋能战略的竞争优势，理解数字资产的优越性和特殊性。

④运用战略突破相关理论，讨论数字化赋能战略选择的可复制性和可拓展性。

（二）启发思考题

（1）运用SWOT分析法结合内外环境，分析为什么传统制造业广博文具选择数字化赋能战略？

（2）结合广博文具数字化能力构建过程，试分析主要是什么能力促使企业数字化赋能战略取得成功？广博文具又是如何构建这些能力的？

（3）结合广博文具发展成效，归纳数字化赋能战略的竞争优势主要体现在哪些方面？并总结数据资源优势。

（4）结合广博文具数字化战略突破过程，你认为其数字赋能战略是否存在可复制性和可拓展性？这种战略对其他传统制造业有何借鉴意义？

（三）分析思路

教师可以根据自己的教学目标有针对性地灵活使用本案例，引导学生在对广博文具数字化赋能战略发展历程了解的基础上着重分析部分专业领域的相关问题。这里提供本案例的指导性分析思路，仅供教学时参考。

首先，本案例建议从互联网技术、大数据技术、区域链等快速发展的背景引入，依据数字化赋能战略理论，运用SWOT分析法分析广博文具数字化赋能战略选择前企业面临的内外环境，充分理解战略转型的动因。同时，引导学生思考数字经济时代对传统制造业发展的重大冲击，进而帮助学生树立传统制造业转型升级的改革意识。

其次，依据战略能力、数字化能力理论，归纳总结广博文具数字化赋能战略能力，分析企业是如何获得数字化能力的，并渗透数字化能力的动态特性。

再次,依据数字化竞争优势和资源相关理论,分析广博文具数字化赋能战略在企业研发、生产、营销等方面赋予的竞争优势,理解数字资产作为一种新型企业资源与传统企业资源比较的优越性。

最后,结合广博文具数字化赋能战略的发展历程,分析广博文具数字化赋能传统制造业模式的可复制性和可拓展性,同时展望数字化赋能战略的可持续性。

本案例的分析可以围绕广博文具"数字化赋能战略环境分析——数字赋能战略的能力构建——数字化赋能战略的竞争优势——数字化赋能战略的复制性"这一逻辑链条进行,对广博文具战略发展的过程进行分析讨论,启发学生结合本案例的思考题进行思考(见图3–5)。

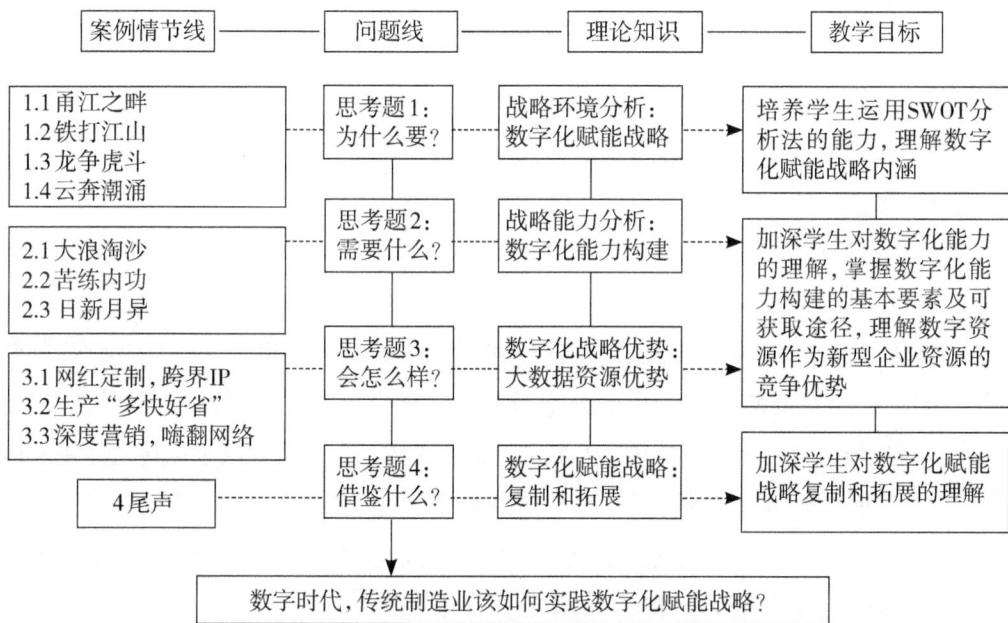

案例情节线	问题线	理论知识	教学目标
1.1 甬江之畔 1.2 铁打江山 1.3 龙争虎斗 1.4 云奔潮涌	思考题1: 为什么要?	战略环境分析: 数字化赋能战略	培养学生运用SWOT分析法的能力,理解数字化赋能战略内涵
2.1 大浪淘沙 2.2 苦练内功 2.3 日新月异	思考题2: 需要什么?	战略能力分析: 数字化能力构建	加深学生对数字化能力的理解,掌握数字化能力构建的基本要素及可获取途径,理解数字资源作为新型企业资源的竞争优势
3.1 网红定制,跨界IP 3.2 生产"多快好省" 3.3 深度营销,嗨翻网络	思考题3: 会怎么样?	数字化战略优势: 大数据资源优势	
4 尾声	思考题4: 借鉴什么?	数字化赋能战略: 复制和拓展	加深学生对数字化赋能战略复制和拓展的理解

数字时代,传统制造业该如何实践数字化赋能战略?

图3–5 案例逻辑框架

(四)理论依据及具体分析

问题一:运用SWOT分析法结合内外环境,分析为什么传统制造业广博文具选择数字化赋能战略?

(1)理论依据:SWOT分析、数字化赋能战略

①SWOT分析

·含义。SWOT分析是基于内外部竞争环境和竞争条件下的态势分析,S(strengths)是优势、W(weaknesses)是劣势、O(opportunities)是机会、T(threats)是威胁。运用这种

方法，可以对研究对象所处的情景进行全面、系统、准确的研究，从而根据研究结果制定相应的发展战略、计划以及对策等。

·分析方法。将与研究对象密切相关的各种主要内部优势、劣势和外部的机会及威胁等，通过调查列举出来，并依照矩阵的形式排列，利用系统分析的思想，把各种因素相互匹配起来加以分析，从中得出一系列带有决策性的结论。

从整体上看，SWOT 可以分为两部分：第一部分为 SW，主要用来分析内部条件；第二部分为 OT，主要用来分析外部条件。利用这种方法可以从中找出对自己有利的、值得发扬的因素，以及对自己不利的、要避开的东西，发现存在的问题，找出解决办法，并明确以后的发展方向。根据这个分析，可以将问题按轻重缓急分类，明确哪些是急需解决的问题，哪些是可以稍后解决的事情，哪些属于战略目标上的障碍，哪些属于战术上的问题，并将这些研究对象列举出来，依照矩阵形式排列，然后用系统分析的思想，把各种因素相互匹配起来加以分析，从中得出一系列相应的结论，而结论通常带有一定的决策性，有利于领导者和管理者做出正确的决策和规划。

②数字化赋能战略

数字化是指在某个领域的各个方面或某种产品的各个环节都采用数字信息处理技术。近些年来什么是数字化转型，怎么实现数字化转型，是当前实务界和学术界关注的焦点。如华为认为数字化转型是通过新一代数字技术的深入运用，构建一个全感知、全链接、全场景、全智能的数字世界，进而优化再造物理世界的业务，对传统管理模式、业务模式、商业模式进行创新和重塑，从而实现业务成功。金蝶认为数字化转型是企业借助数字化解决方案，将物联网、云计算、大数据、移动化、智能化技术应用于企业，通过规划及实施商业模式转型、管理运营转型，为客户、企业和员工带来全新的数字化价值提升，不断提升企业数字经济环境下的新型核心竞争能力。

在学术界，不同学者对"数字化转型"的概念理解也各不相同，许多学者从价值链或产业链的角度对制造企业数字化转型升级的内涵和效果等进行了研究。Gemini（2017）认为，数字化转型利用数字技术从根本上提高企业的绩效，且运用数字技术可以消除行业内层级之间的数据壁垒，提高运行效率。Ahmed（2016）认为数字化转型是组织内部及其周围使用数字产品、系统和符号等应用的新发展。也有学者如 Berman（2012）则认为，企业数字化转型的内涵是通过重塑客户价值主张和利用数字技术改造运营模式，促使传统制造企业的价值创造和商业模式发生变化，使企业在数字经济中不断提升自己的竞争力。我国学者王华（2018）、李超凡（2020）认为数字化转型是利用数字技术解决企业产品和服务问题,将公司的实际运营和日常管理与数字技术真正融合,在企业全面转型升级的基础上,加强公司和客户以及市场之间的沟通与交流,持续推动市场、商业体系、客户的全面创新和变革,进而提升运营效率和经济效益。孟凡生(2018)认为,制造企业数字化转型是将数字化技术与制造技术全面融合,通过在制造全过程、生产全流程的每个环节全面采用大数据管控,实现大数据精准管理,使生产过程和资源配置达到最优。郑卫华(2018)认为,制造企业转型的目标是部署多种技术,在企业所有业务流程领域进行数字连接,创建一个学习型敏捷组织,以不断适应变化的环境。

"赋能"就是给谁赋予某种能力或能量,通俗来说就是,你本身不能,但我使你能。我们处在VUCA(易变、不确定、复杂、模糊)的时代,会出现太多的可能性,已经无法进行有效的事前规划,我们必须习惯于赋能。而数据赋能,就是智能商业的典型特征,不懂得使用数据,就像在一片黑暗中前行,会走弯路,甚至走错路。

本案例所讲的"数字化赋能战略",即企业充分利用互联网、大数据、云计算、区块链等新一代数字技术,赋能于企业生产方式、组织方式、产品模式和商业模式的创新,通过数字化手段加快企业转型升级,寻求创新发展的新路径,从而实现企业的发展战略目标。数字化赋能战略产生的主要原因为技术更迭、跨界颠覆、强强联盟生态的构建、为满足顾客需求的变革,它对企业而言不再是生产变革和消费变革,而是协同变革。

(2)案例分析

问题一属于引入式问题,教师可引导学生进行讨论,由此激发学生的兴趣,营造良好的课堂氛围。

①SWOT分析法应用

根据题目广博文具"数字化赋能战略"之路可知,此题运用SWOT分析法从国内环境、国际背景两个维度进行分析。学生在通读案例正文第一部分后应重点把握关键细节,从广博文具发展过程中的内部优势、劣势及外部机会、威胁着手进行分析。广博文具是一家优秀的传统文具制造企业,结合SWOT模型,对广博文具大数据赋能战略选择的内部环境做如下分析(见表3-3)。

通过上述SWOT分析矩阵可以清楚地看出,广博文具在产品口碑、产品质量、客户资源、制造硬件、改革意识等方面占据优势,且数字化转型是未来传统制造业的大势所趋,但同时考虑不利因素方面,如传统文具同质化严重、国内外同行竞争激烈、行业门槛较低等。因此,广博文具通过现有资源进行整合,充分利用互联网、大数据、云计算、区块链等新一代数字技术,启动数据化转型战略,推动企业的生产方式、组织方式、产品模

表3-3　SWOT环境分析

内外部条件	优势strengths	劣势weaknesses
	1.社会形象：国内老品牌，多年经营积累了良好的口碑，客户群体较为稳定，容易收集数据 2.企业家意识：企业管理层具有强烈的改革创新意识，新事物接受能力强 3.政策红利：国家对传统制造业的扶持不断，政策效应显现	1.外贸依赖：企业外贸依存度大，对欧美市场的依赖性比较强 2.电子文具冲击：电子文具产品的快速更迭对传统制造业带来冲击
机会opportunities	SO：发挥优势，利用机会	WO：利用机会，克服劣势
1.消费需求：个性化消费盛行，文创产品更具新生命力 2.市场空间：国内市场潜力大，利润空间小，仍有发展空间 3.网络时代：电子商务兴起	1.利用企业长年积累的客户资源，快速进行客户数据资源的收集、分类和应用，精准定位目标市场 2.结合当前传统制造业发展趋势和企业硬件优势，企业家果断采用数字化转型战略，走在时代前沿	1.抓住消费者个性化需求，利用大数据实现个性化定制，满足消费者需求 2.挖掘国内市场利润空间，推动企业的规模化定制生产方式，改变传统文具业被电子文具替代的尴尬局面
威胁threats	ST：利用优势，规避威胁化	WT：减少劣势，规避威胁
1.同业部分：市场集中度高，规模不大，同行竞争激烈 2.国外市场：国外品牌巨头市场占有率高	1.根据数据资源进行个性研发和设计，提高产品的个性化和竞争力 2.采用跨界联名等方式改变产品模式，注重广博品牌的自我营销	1.以优质个性的文具产品吸引消费者，推动商业模式的创新，不断扩大市场份额 2.确保品牌质量，维持品牌影响力，牢固市场地位

式和商业模式的创新，设计研发个性化、定制化的网红文创产品，实现精准制造、精准营销和精准服务，提高企业核心竞争力，加快企业的转型升级，才能保持传统文具的常青之路。

②SWOT分析法应用延伸：战略制定与环境能力识别的关系

在组织学生运用SWOT分析法对广博文具的内外部环境进行分析的基础上，授课教师可以进一步引导学生思考企业的战略识别过程，让学生了解到数字化赋能战略选择过程应考虑的因素：一是企业战略转型成功与否的关键因素在于环境识别能力，对于企业内外部环境要有充分的认识；二是战略制定并非企业对环境变化的盲从，而是基于企业所进行的一系列分析和认识基础上的理性行为；三是环境识别能力是在对环境信息收集、综合分析的基础上，对企业面临的机遇和威胁进行的识别，化解企业危机，解决的是企业全局性、长期性问题。

问题二：结合广博文具数字化能力构建过程，试分析主要是什么能力促使企业数字化赋能战略取得成功的？广博文具又是如何构建这些能力的？

（1）理论依据：战略能力、数字化能力

①战略能力

战略能力是指使企业长期生存或取得竞争优势的能力。它一般有两大构成要素：资源和能力。资源是企业拥有或者能够获取的资产；能力是企业有效使用或配置这些资源的方式（见表3-4）。简而言之，资源就是"我们拥有的"，能力就是"我们擅长的"。

表3-4　战略能力组成

战略能力		
资源：我们拥有的	能力：我们擅长的	
机器、房屋、原材料、产品、专利数据库、计算机系统、盈亏平衡、现金流、资金的供应、管理者、员工、合作者、供应商、消费者	物质	使用的途径、效率、生产率、营销
	财务	融资能力、管理现金流、应收应付账款能力
	人力	员工如何获得并利用经验、技能、知识，建立关系，激励别人，创新
战略能力的构成		

②数字化能力

数字化能力近几年才被学术界所提出，国内外对大数据能力的研究均处于起步阶段。关于数字化能力的研究，如Lavalle等（2011）在其研究中提到数据筛选、整合、分析及应用能力，认为这种深度的商业分析能力可以帮助企业获得差异化竞争优势；而在国内的研究中，程刚、李敏（2014）首先提出数字化能力的概念，他们结合数据的特点和价值、企业大数据活动的过程，认为大数据能力是企业在开发、管理和利用大数据过程中所培育的大数据意识以及收集、存储、分析和使用大数据的能力。

本案例基于数字化、动态能力等领域的理论和相关实践，认为数字化能力是指企业对数字化相关资源（数字化资源、数字化基础设施、数字化技术、数字化人才）进行识别、获取、整合并加以利用，以支持和满足各类业务需求，从而帮助企业提升适应动态环境的能力。

与此同时，根据数字化的特征以及结合数据被运用到整个活动的过程，可将数字化能力划分为三个维度：数据感知识别能力、数据整合能力以及深度分析与洞察能力。数据感知识别能力是指企业内部通过组织对大数据基本理论及应用实践的广泛讨论，从而形成的对大数据相关资源的价值及其发展趋势的快速辨识能力；数据整合能力是指企业持续获取、整合、配置以及更新大数据相关资源的能力；深度分析与洞察能力是指企业对海量数据进行深度分析和挖掘，从中提取有价值的信息，并通过可视化技术将信息进行动态化、交互式地进行展示，从而获得新洞见、新机会的能力。因此，数字化作为企业的一种资源和工具，并基于此进行商业模式的创新过程中，企业数字化能力是影响其成功与否的重要因素。

（2）案例分析

①广博文具数字化战略能力构建

第一，数字化基础设施能力构建。数字化基础设施能力的构建主要解决企业的硬件条件。广博文具主要通过自我搭建的方式设立科研平台、知识管理平台、招标平台和跨境电商平台四大平台谋发展（见表3-5），对新产品、新工艺、新材料、新设备进行改进，实现了协同办公、流程设计优化和统一规范，实现了定时进价、降低招标成本，同时拓宽了国际贸易路径，提高了企业的管理效率，为数字化赋能战略的实施提供了坚实的平台保障。

表3-5　企业自建平台

序号	平台	主要功能
1	科研平台	新产品、新工艺、新材料、新设备开发改进
2	知识管理平台	办公协同、流程设计优化、统一规范
3	招标平台	定时进价、降低招标成本
4	跨境电商平台	开放、多维立体多边经贸模式、拓宽国际路径

第二，数字化资源能力构建。大数据赋能战略实施的前提是要有海量的数据。对于企业来说好的资源是基础。企业的数据资源主要通过并购的方式获得。2014—2018年，企业先后三次以超高溢价支付方式并购了"云灵传媒""掌优科技""环球淘"和"汇元通"电商平台，这三家企业在媒介代理、时尚资讯、广告策划、网络销售、商务咨询等方面有强有力的竞争力和数量庞大的消费者及粉丝队伍，与平台合作，是广博文具数字化赋能战略的捷径。同时引导学生思考，结合企业30年的发展，实体门店数量巨大，企业可利用终端产品贴近消费者的便利性，通过KA商超门店、直营店、加盟经销商等终端销售渠道的便捷性获得顾客大量的后台数据，拉动大数据的快速检索和处理，及时响应顾客需求，改善产品品质，是大数据赋能战略实现的前提条件。

第三，数字化技术能力构建。广博文具通过自我研发BI智能系统的方式升级数据处理系统，完善数据的分析、监控和维护能力。基于BI智能化大数据分析系统，形成大数据开发流程，将企业内外部多方面零散大数据进行输入、挖掘、输出，围绕大数据理念，"以用户为中心"进行大数据赋能的演进，包含了用户行为描述、用户行为分析需求转化、产品输出商业化三个关键过程（见图3-6），改造传统生产经营流程和模式，为企业生产经营提供科学的数据依据,提升公司整体运行能力以及企业的核心竞争力。同时,企业实行"一个平台、两个统一、三个层级"的实施方案,提示隐藏的模式和关系,为公司提供决策依据,是大数据赋能战略实现的技术保障。

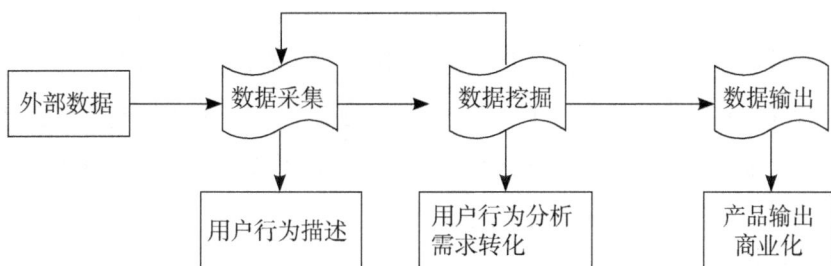

图3-6 企业大数据开发演化闭环

第四,数字化人才能力构建。企业大数据赋能战略的实施关键是人,主要包括管理层和核心技术人员。广博文具自2013年起通过51job、58同城、BOSS直聘等网站加大对外发布大数据计算、分析、处理等技术人才招聘广告投放,广纳贤才,同时采用股权激励、技能培训、关爱员工等方式精选和留住技术骨干,打造优秀的数据处理团队,为大数据赋能战略目标实现提供人力保障。

②数字化能力获取的延伸:数字化能力的动态性

学生通过对广博文具数字化能力构建的归纳进行点评和引导,结合动态能力理论启发学生进一步思考:数字化能力的获取是一劳永逸的吗? 如何保持这种能力优势? 通过思考,可得出如下结论:一是企业想要具备长期成功的基础,战略能力就不能处于静止状态而应动态变化;二是动态的能力可以表现为相对正式的组织体系,如招聘和管理开发流程,或者表现为重大的战略活动,如通过兼并或战略联盟这些方式。

问题三:结合广博文具发展成效,归纳数字化赋能战略的竞争优势主要体现在哪些方面? 并总结数据资源的优势。

(1)理论基础:数字化赋能竞争优势、大数据资源

①数字化赋能战略竞争优势

竞争优势(competitive advantage)理论由哈佛大学商学研究院迈克尔·波特教授提出,波特的国际竞争优势模型(又称钻石模型)包括四种本国的决定因素(country specific determinants)和两种外部力量。四种本国的决定因素包括要素条件,需求条件,相关及支持产业,公司的战略、组织以及竞争。两种外部力量是随机事件和政府。波特认为,一国的贸易优势并不像传统的国际贸易理论宣称的那样简单地取决于一国的自然资源、劳动力、利率、汇率,而是在很大程度上取决于一国的产业创新和升级的能力。

由于当代的国际竞争更多地依赖于知识的创造和吸收，竞争优势的形成和发展已经日益超出单个企业或行业的范围，成为一个经济体内部各种因素综合作用的结果，一国的价值观、文化、经济结构和历史都将成为竞争优势产生的来源。

数据作为一种新的要素条件在数字经济时代是必不可少的，它不同于过去的信息是基于文档流动的，而是基于模型的、几何的、制造工艺的流动，在企业的经营管理、产品设计、生产制造、产品营销的每一个环节去流动，这是企业实现数字转型的基础和条件，也是数字化转型的本质，从而促进企业进行业务创新、产品创新、组织创新和商业模式的创新，也是数字化赋能战略的竞争优势所在。

②大数据资源

"大数据"作为企业新型的资源，需要新的处理模式才能具有更强的决策力、洞察发现力和流程优化能力，从而拥有海量、高增长率和多样化的信息资产。我们可以将其理解成巨量资料，它指的是所涉及的资料量规模巨大到无法通过目前主流软件工具，在合理时间内达到攫取、管理、处理并整理成为帮助企业经营决策更积极目的的资讯。目前，普遍认可的是大数据具有"5V"（volume、variety、velocity、veracity、value）特征。每个特征的具体意义如下：

·大数据体量巨大（volume）。数量巨大，包括采集、存储和计算的量都非常大。大数据的起始计量单位至少是 P（1000个T）、E（100万个T）或 Z（10亿个T）。

·大数据种类繁多（variety）。种类和来源多样化，包括结构化、半结构化和非结构化数据，具体表现为网络日志、音频、视频、图片和地理位置信息，等等。不同类型的数据对数据的处理能力提出了更高的要求。

·流动速度快（velocity）。数据也具有时效性，超过了某段时间后，数据就失去了原本的作用和价值。数据增长速度快，因此处理速度也要快，时效性要求高。这是大数据区别于传统数据挖掘的一个显著特征。

·大数据的真实性（veracity）。大数据的内容与真实世界息息相关，要保证数据的准确性和可信赖度。研究大数据就是从庞大的网络数据中提取出能够解释和预测现实事件的过程。

·价值密度低（value）。在大数据时代，最重要的是挖掘更多有价值的信息。因为大数据中数据价值密度相对较低，可谓是浪里淘沙却又弥足珍贵。

纵观"5V"特征，大数据无非就是体量很大的数据集，但关键在于人们对数据处理能力的提升、数据量的累积、分析方法的发展、思维的转变等，这些才是"大数据"这个词的真正含义。

（2）案例分析

①广博文具数字化赋能战略竞争优势

第一，案例中所涉广博文具的数字化赋能战略竞争优势主要表现在产品的研发、生产、销售服务方面。

·个性化研发设计，提高产品附加值。广博文具数字化赋能战略的实施使企业产品研发上实现了个性化大规模定制，顾客成为企业产品的设计者，通过对产品结构和制造流程的重新构建，运用现代化的技术手段，以大规模生产的成本和速度，为单个客户或小批量多品种上市定制产品，实现了低成本、高效率。同时企业追逐潮流，与网红IP、游戏产品进行跨界合作，利用其大量的粉丝数据资源，积极推进个性化、时尚化产品的研发和设计，提高了企业的知名度和产品附加值。

·推动智能制造，提高良品率。数字化赋能战略加速了企业从"制造"走向"智造"的过程，从BI系统出发，利用互联互通、数据集成、信息分析过程，选择"点线面"结合三层次，实现生产制造的"多快好省"。主要表现为生产线变得灵活，可覆盖更多生产线；提前预测生产数据，做好精准生产和排程；确保产品的良品率和降低企业生产成本。

·实现精准营销服务，提升企业价值。通过大数据信息的处理能够锁定目标客户，通过对用户进行细分，获取潜在的市场规模，从而找准产品开发的切入点，实现对客户的精准推送、精准营销，主动预见服务隐忧，提升服务质量，加强客户黏性。具体是守住线下终端营销，启动终端店数字化管理与联盟方式，点亮新征程；地理线上采用当前潮流营销模式，如社群营销、B2B直播、B2C直播，为企业带来了极大的经济效益。

第二，数字化赋能战略竞争优势的延伸。

在组织学生总结数字化赋能战略优势时，授课老师可以进一步引导学生从价值链理论的视角（见图3-7），思考企业战略转型的影响，让学生了解以下核心内容：一是企业发展战略选择正确与否关系到企业未来的样子，能为企业找准市场定位，促进企业发展战略的实现是内部控制最高层次的目标。二是企业发展战略的实施是一个复杂的过程，只有所有相关目标领域全力推进，才有可能将发展战略描绘的蓝图转变为现实；战略制定并非企业对环境变化的盲从，而是基于企业所进行的一系列分析和认识基础上的理性行为。三是企业发展战略的实施是一个系统工程，有效实施能够实现企业价值链重构和转型升级。

②大数据资源的优势

教师在对大数据赋能战略成效进行总结时，引导学生从企业资源理论角度思考信息资源要素的价值。国家目前已经把数据作为生产要素，这对企业而言意味着数据将

```
                          ┌──────────────────┐
                          │   传统制造价值链   │
                          └────────┬─────────┘
                          ┌────────┴─────────┐
            ┌─────────────│    大数据赋能     │─────────────┐
            │             └────────┬─────────┘             │
            ▼                      ▼                        ▼
    ┌──────────────┐       ┌──────────────┐        ┌──────────────┐
    │   内部优化    │       │   纵向延伸    │        │   横向延伸    │
    └──────┬───────┘       └──────┬───────┘        └──────┬───────┘
           ▼                      ▼                        ▼
    ┌──────────────┐       ┌──────────────┐        ┌──────────────┐
    │  大数据利用   │       │  大数据支持   │        │  大数据分析   │
    └──────┬───────┘       └──────┬───────┘        └──────┬───────┘
```

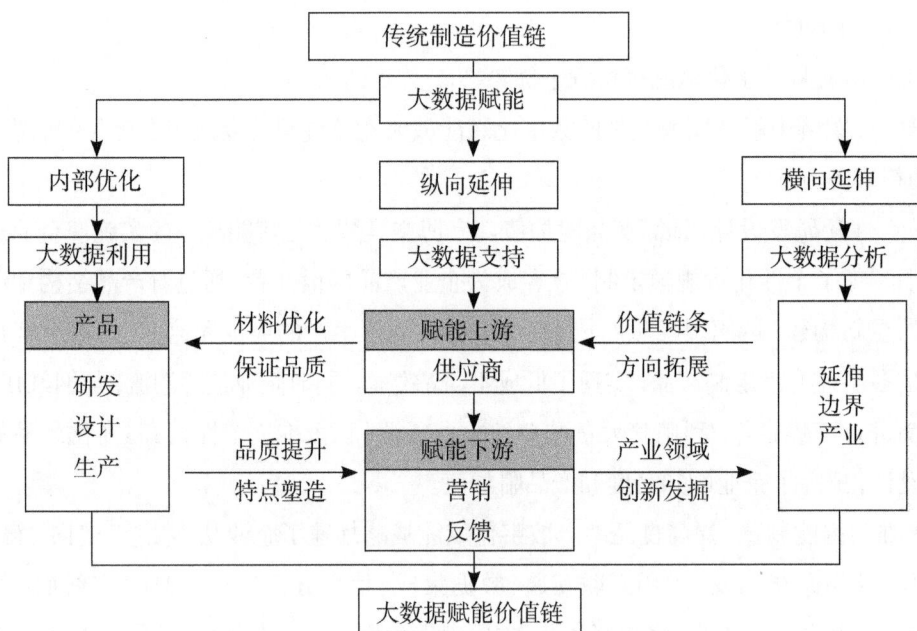

图 3-7　传统制造业数字化战略赋能价值链

会变成资产。当数据变成一种资产，中间的经营模式所带来的创新性都将和土地、资本、劳动力、技术这四种原有的生产要素不一样。企业应更好地理解数据要素的市场化配置方式和市场化配置技巧，能够像利用土地要素、资本要素、人才要素一样来利用数据要素，把数据要素变成推动中国制造业发展价值创造的根本性因素。

本案例将"大数据"作为传统文具制造业的新资源，利用数据资源的及时性、感知预测性等特点，成为企业研发设计、生产制造、销售服务等的决策依据，大大提升了企业的效率和产品附加值，创新了传统制造经营模式。其主要优势表现为：一是大数据是创新发展的资源，大量数据的实时感知和预测等特点确实可以在企业降低成本、缩短生产周期、提升效率、细分产品定位、优化流程和决策等方面扮演重要角色。二是大数据作为决策依据的属性，能够精准分析供给与需求，减少生产经营中的盲目性，让传统产业创新经营模式，实现智能生产。三是大数据具备新型经济资源的属性，同时能够与传统制造业融合而产生新型生产性服务业，实现产生新业态，推动产业升级。

问题四：结合广博文具数字化战略突破过程，你认为其数字赋能战略是否存在可复制性和可拓展性？这种战略对其他传统制造业有何借鉴意义？

（1）理论基础：战略突破

①战略突破

纵观企业管理史的演变，可以发现管理走过了从控制型管理到持续改进型管理再到突破型管理的过程。任何持续的改进都会有它的极限,按照边际效应递减规律,这种持续改进的成本也会越来越高。当改进的极限将达到时,需要采取革命性的创新路径来大幅度提升企业的经营绩效,这种管理模式称为突破式战略管理。

战略突破应对之策一般有以下五种情况:

第一,中长期、分层次看待外部环境所发生的改变、趋势和影响。借助宏观、微观与产业、行业、市场的组合,对企业的外部环境、趋势进行预判,分析影响要素,按照短、中、长三个时期,客观反映外部环境变化对公司现在和未来所造成的影响,深度挖掘发展的大机会和较高的潜在风险。结合企业资源和能力,组合出进攻型、防御型、转型类、迂回型、退出型等不同战略。

第二,针对战略规划、战略执行和战略回顾,结合外部环境变化和内部能力资源配置,确保公司战略与外部环境、内部能力资源的动态配置平衡,兼顾公司在市场竞争中的持续、机动和灵活。公司战略调整后,从领导力推动变革,战略转型方向与路径选择,战略描述、衡量、协同、管理,战略共识与迭代,战略转型管控与执行纠偏等方面着手,摆脱"习以为常"的战略惯性。

第三,围绕竞争和盈利的可持续性,明晰公司战略目标和达成路径,聚焦运营环节战略重点,有所为而有所不为,不求大而全,只求良好战略时间节奏下的重点突破;实施基于战略能力与资源配置差距的分析,从战略重要性、紧急程度、竞争壁垒、难易程度等维度建立能力与资源配置优先序,配套建设战略能力与资源。

第四,针对已形成的核心竞争优势,深度分析所面临的"降维"和"升维"的替代竞争威胁,做好战略模拟,明确防御性竞争策略;优化和创新商业模式,探索、培育并实践适合企业的"降维"和"升维"竞争的全新要素,完成商业模式与竞争策略的模拟组合,评价"降维"和"升维"竞争要素效用,打造新生代的企业核心竞争能力。

第五,打破传统战略驱动下的客户价值与企业价值定位,保持客户价值与企业价值的良好平衡。重新审视客户价值创新模式,聚焦客户价值创新要素。通过对价值创新要素的增加、减少、强化和弱化,实现差异化客户价值定位的同时,合理控制运营成本,实现竞争中的相对成本领先,兼顾客户价值最大化的同时,实现企业盈利和价值的可持续性增长。

(2)案例分析

本题为开放性题目,旨在推动学生深度思考。在讨论过程中,教师可鼓励学生各抒己见,但是教师在讨论过程中应当保持中立,可适当引导学生结合自身工作经验参与讨论。讨论的主旨应始终围绕广博文具的数字化赋能战略的突破管理及应对策略知识,给同行企业借鉴。教师主要可以从以下两方面进行总结。

①数字化转型所需的思想变革

对广博文具数字化赋能战略的发展过程进行梳理，对数字化赋能战略环境、战略能力和战略优势进行总结，提炼富含在案例中的变革思维。一是企业家需要明确自身应明确转型升级的定位。比如方向和重心，借助大数据信息化手段发展，考虑清楚用户在哪里、重心放在哪个平台、平台的用户群体是谁、怎么运营、自己开发平台怎么运营、怎么处理数据、如何运用数据等，了解资源的优化配置，预测所面临的风险。二是大数据已经成为当前企业的新要素资源。新商业时代以来，新概念、新理念漫天飞舞，大量的知识、信息涌入，让人们应接不暇。早先粗放式的企业运营思想早已不再适用当代企业，环境改变了，企业的运营思想也要跟着改变，深挖数据，精确细节，控制资源浪费的精细化管理思想是大势所趋。三是明确数字化战略下企业的价值优势。以数据收集、积累、分析、开发为基础，对管理及生产过程进行精细控制，把握产品质量精品特性，处理质量精品与零缺陷之间的关系，建立确保质量精品形成体系，实现精细化管理过程，提高企业的核心竞争力。

②数字化转型所需的技术变革

"数据"是需要新处理模式才能具有更强的决策力、洞察发现力和流程优化能力，是海量、高增长率和多样化的信息资产的集合。大数据技术的战略意义不在于掌握庞大的数据信息，而在于对这些富有意义的数据进行专业化处理，在于提高对数据的"加工能力"，通过"加工"实现数据的"增值"，但是这种挑战不容低估。重点可以体现在"云"计算、"链"建设和"端"创新方面。

广博文具作为传统制造业转型成功的优秀企业，通过构建以大数据为基础的运营体系，并作用于企业的设计、研发、生产、管理、售后服务等全业务流程，为企业提质增效与转型升级提供了新的路径和模式。在大数据加速赋能发展方面的探索和实践对同行企业发展具有鲜明的借鉴意义。

（五）背景信息

1. 企业发展历程

广博集团股份有限公司创建于1992年，是一家集办公文具、印刷纸品、塑胶制品和进出口贸易等为一体的现代企业集团（见图3-8），主打产品为纸品本册、相册相框、学生文具、时尚文具、低碳一族文具等，是我国境内第一家文具A股上市企业。目前拥有14家控股子公司，在美国洛杉矶、中国香港等地设立海外分公司，在我国境内拥有30多家营销分支机构,拥有浙江、江苏两大生产基地,2016年起蝉联中国制造500强,是我国境内最大的文具一体化供应商之一。

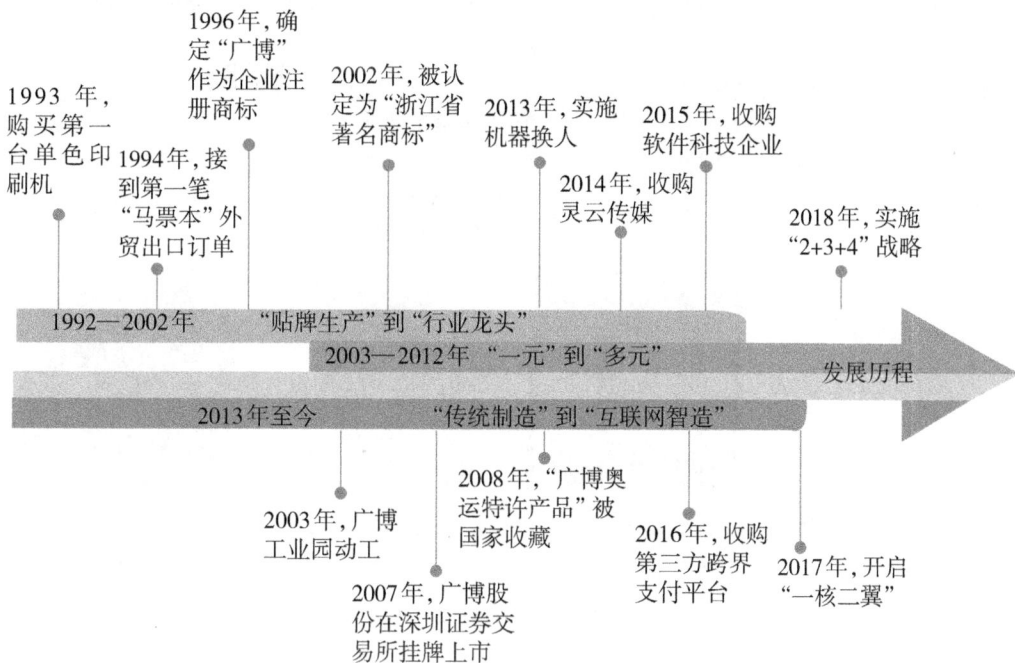

图3-8　广博文具发展历程

2. 企业特色产品

广博文具一直以来对自身的定位就是要做文化产业的传播者和专业制造商,适应当前信息化和绿色环保发展趋势,根据顾客的消费需求开发了动漫系列文具、手账文化系列文具及绿色低碳等特色产品(见图3-9)。

(1)传统文具

传统文具是广博文具的起家产品,主导产品有文具和办公用品,其中包括纸品本册、相册相框、学生文具、低碳一族文具、文件管理用品、桌面办公用品、办公生活用品、办公电子产品、纸张耗材、书写工具等。

(2)动漫系列文具

广博文具把动漫元素融入产品设计之中,先后开发了定位于学生消费群体的"Panda""Hello Kitty""Mickey Mouse"授权图案文具等多系列产品,通过卡通授权模式提升公司产品在综合学生用品领域的竞争力,更是利用动画片的风靡带动产品的热销。

(3)手账系列文具

作为本册的专业生产厂家,广博文具敏感捕捉手册产品的商机,采用高品质的手账

| Hello Kitty公主梦套装 | 青花手账 | 捷克狂想曲和玛格丽特手账 | 黑骑士商务礼盒 |

| 樱花专利手账 | 甘蔗纸产品 | 石头纸产品 | 大豆油墨印刷产品 |

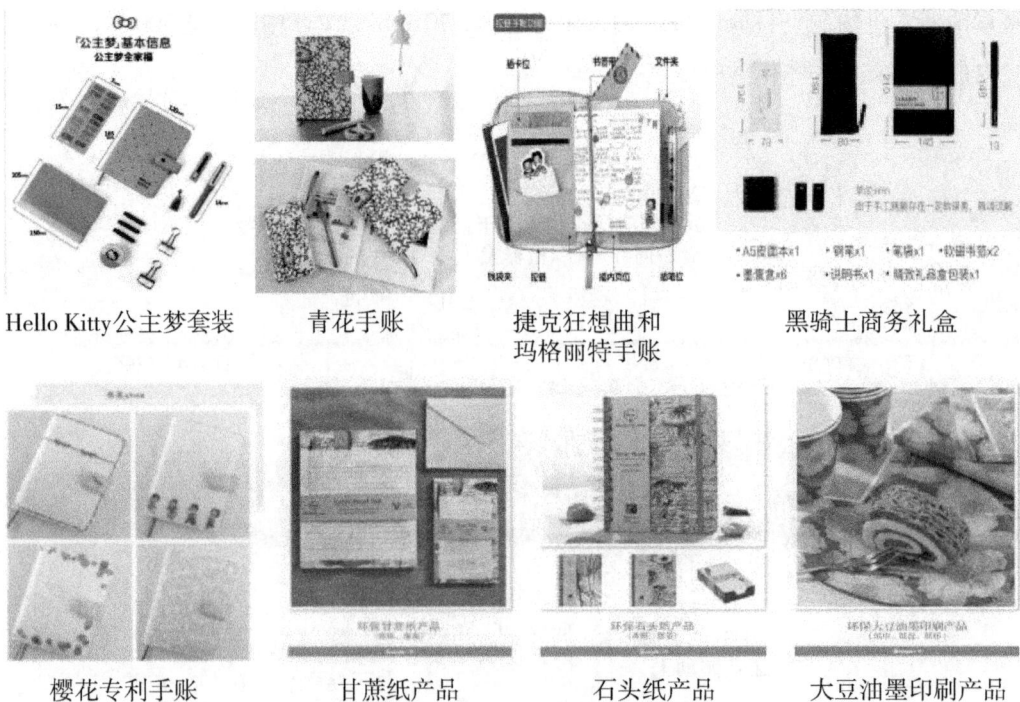

图3-9　广博文具特色产品表

纸张，先后开发了樱花系列款、插扣款、晚安专利款、拉链款捷克狂想曲和玛格丽特、中国风云中白鹤款和青花系列款、商务黑骑士款等手账，产品以其突出的创意、个性化和文艺风的设计为公司创造了超千万元的销售收入。

（4）低碳一族系列文具

广博文具一直研发以环保概念为主题的低碳环保系列产品，打造差异化产品。如信纸和便条采用环保甘蔗纸，本册和便签采用环保石头纸，本册和笔筒采用环保菁浆纸，纸巾纸盘和纸杯采用环保大豆油墨印刷，还利用棉浆纸做成手册，广博文具这些绿色环保产品也是获得了一致好评。

3. 企业荣誉概况

广博文具部分荣誉汇总见表3-6。

表3-6 广博文具部分荣誉汇总

级别	获奖名称	获奖时间	颁奖部门
国家级	全国民营企业500强	2016—2019年	全国工商联
	国家印刷示范企业	2013—2016年	国家新闻出版广电总局
	国家文化出口重点企业	2015—2016年	商务部
	中国十大综合办公文具品牌运营商	2014年	中国办公文具协会
	中国轻工业文教用品行业十强企业	2014—2016年	中国轻工业联合会
	中国轻工业百强企业称号	2014—2016年	中国轻工业联合会
省级	浙江省工业设计中心	2015—2017年	浙江省经信委
	浙江省文化出口重点企业	2015—2016年	浙江省商务厅
	浙江省文化重点企业	2015年	浙江省文化厅
	浙江省企业技术中心	2016—2018年	浙江省经信委
	浙江省专利示范企业	2015—2017年	浙江省知识产权局
	浙江省著名商标	2012—2015年	浙江省工商行政管理局
市级	宁波市市长质量奖提名奖	2015年	宁波市人民政府
	高新技术企业	2014—2017年	宁波市科技局
	宁波民营企业50强	2014—2015年	宁波市工商业联合会
	宁波市工业设计中心	2014—2017年	宁波市经信委

（六）关键要点

1. 关键点

（1）广博文具的数字化赋能战略选择原因是什么？

（2）广博文具数字化赋能战略需要具备什么样的能力？如何构建？

（3）广博文具数字化赋能战略对传统制造业带来了何种优势？

（4）广博文具的数字化赋能战略是否可以复制和拓展？

2. 关键知识点

（1）数字化赋能战略：充分利用互联网、大数据、云计算、区块链等新一代数字技术，赋能于企业生产方式、组织方式、产品模式和商业模式的创新，通过数字化手段加快企业转型升级，寻求创新发展新路径，从而实现企业发展战略目标。

（2）数字化赋能战略环境分析：通过SWOT分析法对企业发展战略制定的影响因素进行分析，包括企业现有资源、企业能力、企业核心竞争力、宏观环境、行业环境及竞争对手、经营环境等。

（3）数字化赋能战略能力构建：企业对数字化相关资源（数字化资源、数字化基础设施、数字化技术、数字化人才）进行识别、获取、整合并加以利用，以支持和满足各类业务需求，从而帮助适应动态环境。

（4）数字化赋能战略优势：通过数字化赋能，企业实现研发设计个性化、生产制造智能化和营销精准化等。

3. 能力点

（1）加强学生分析归纳能力、逻辑思维能力、理论结合实际的能力等。

（2）加强学生对中国传统制造业转型的认知，激发学生的爱国主义热情。

（七）建议课堂计划

本案例可开设专门的案例讨论课来分析。表3-7是按照时间进度提供的课堂计划建议，仅供参考。

1. 教学计划安排

表3-7　教学计划安排

课程阶段	教学活动	时间/分钟
课前预习	a.提前发放教学案例，提出启发思考题；b.课前要求学生完成案例阅读和相关理论阅读，完成个人思考，并安排学生组织分组，进行小组讨论，提前提交结果	课前一周
课中实施（90分钟）	简要前言：简要的课堂前言，通过介绍广博文具数字化赋能之路，结合马云在2018年世界人工智能会议上的讲话，明确本次案例讨论的主题是"数字时代传统制造业数字化赋能战略的实践"，为课堂讨论开头	5
	小组发言：根据先前分好的小组，随意指派每一小组中的一名成员作为代表，到讲台上做关于此案例的PPT演示	30
	进一步讨论：引导全班进一步讨论（讨论的主要内容为各组演示报告中没有提及的内容，以及存在分歧意见的内容）	25
	案例总结：归纳总结各小组发言的内容，梳理案例设计中的理论思想，并结合理论知识，梳理案例逻辑	15
	拓展话题：a.结合广博文具案例，分析数字化时代下传统制造业大数据赋能战略的发展趋势。b.还可以运用哪些战略管理、组织行为理论来分析广博文具？	15
课后计划	提交报告：学生以小组为单位，采用报告的形式提交更为具体的案例分析报告	课后一周

2. 开场白

各位同学，马云在2018年世界人工智能大会上曾经讲过这样两句话，我想作为我们今天这个案例的导读一起来体会。第一句：未来10~15年，传统制造业面临的痛苦将会远远超过今天的想象，企业如果不能从规模化、标准化向个性化和智慧化转型，将很难生存下去。第二句：人工智能是技术，但是人工智能又不是具体的一项或者几项技术，人工智能是我们认识外部世界、认识未来世界、认识人类自身，重新定义我们自己的一种思维方式，我们在重新定义自己未来的一种生活方式。

短短两句话道破了互联网时代传统制造业的生存压力和生存困境，我们的传统制造企业到了该重新定义自己和规划自己的发展战略、盈利模式、商业模式的时候了，如何在数字化时代实现转型升级，准确把握新一轮科技革命和产业变革趋势，成为传统制造商们亟须思考的问题。

今天我们就带着这样的思索一起走进我国境内第一家文具A股上市企业——宁波广博集团股份有限公司，去体会传统文具制造业面临的危机与挑战，去感受王利平董事长及其团队在选择和确定"数字化赋能"战略时所经历的历程，并通过对企业风险控制举措的剖析来共同揭示企业成功转型的秘密！

参考文献

[1] Berman S J. Digital transformation: Opportunities to create new business models[J]. Strategy & Leadership, 2012, 40（2）: 16–24.

[2] Bounfour A. Digital Futures, Digital Transformation: From Lean Production to Acceluction[M]. New York: Springer International Publishing, 2016: 20–21.

[3] Gimpel H, Rau D, Roglinger M. Understanding Fin Tech start-ups—A taxonomy of consumer–oriented service offerings[J]. Electronic Markets, 2017（4）: 1–20.

[4] Lavalle S, et al. Big data, analytics and the path from insights to value[J]. MIT Sloan Management Review, 2011, 52（2）: 21–32.

[5] 程刚, 李敏. 企业大数据能力培育机制研究[J]. 现代情报, 2014（3）: 7–11.

[6] 李超凡. 数字化转型对企业业绩的影响路径研究——以海尔智家为例[D]. 郑州: 郑州航空工业管理学院, 2020.

[7] 孟凡生, 赵刚. 传统制造向智能制造发展影响因素研究[J]. 科技进步与对策, 2018, 35（1）: 66–72.

[8] 王华. 油气企业数字化转型需求与实践[J]. 计算机与应用化学, 2018（1）: 80–86.

[9] 郑卫华. 制造企业数字化转型路径研究：机遇工业4.0成熟度指数[J]. 科技与经济, 2018（4）: 51–55.